全国高等院校文秘专业通用教材

吕发成　方国雄◎著

秘书学基本原理

MISHUXUE JIBENYUANLI

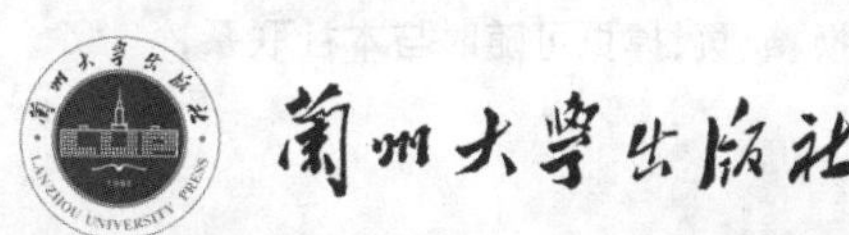

兰州大学出版社

图书在版编目(CIP)数据

秘书学基本原理 / 吕发成,方国雄著. —3 版. —兰州:兰州大学出版社,2012.3(2018.3 重印)

ISBN 978-7-311-00467-5

Ⅰ. 秘… Ⅱ. ①吕… ②方… Ⅲ. ①秘书学—教材 Ⅳ. ①C931.46

中国版本图书馆 CIP 数据核字(2012)第 053232 号

策划编辑 张爱民
责任编辑 高燕平
封面设计 刘 杰

书 名 秘书学基本原理
作 者 吕发成 方国雄 著
出版发行 兰州大学出版社 (地址:兰州市天水南路 222 号 730000)
电 话 0931-8912613(总编办公室) 0931-8617156(营销中心)
0931-8914298(读者服务部)
网 址 http://press.lzu.edu.cn
电子信箱 press@lzu.edu.cn
印 刷 白银兴银贵印务有限公司
开 本 787 mm×1092 mm 1/16
印 张 13.25
字 数 297 千
版 次 2012 年 3 月第 3 版
印 次 2018 年 3 月第 7 次印刷
书 号 ISBN 978-7-311-00467-5
定 价 25.00 元

(图书若有破损、缺页、掉页可随时与本社联系)

第三版序言

《秘书学基本原理》1992年4月由兰州大学出版社第一次出版,2001年6月再版，面世至今已20年。在这期间,多次重印,得到了高等院校师生的肯定,也得到了社会各界的青睐,1994年还荣获全国秘书学论著二等奖。2012年初春,兰州大学出版社张爱民先生慧目厚爱,亲临陋舍约我再次修改,这就促成了第三版问世。

毋庸讳言,秘书学理论专著面世的不少,然而出类拔萃者仍是凤毛麟角。并不是因为这门学科有多高深,而是由于它是一门理论与实践紧密结合、内容随时代快速更新的学科。它的综合性涉及哲学、史学、文学、社会学、文化学、政治学、经济学、管理学、心理学、写作学、领导科学、信息科学等诸多领域,它的专业性又要求秘书职业理论的扎实功底和秘书活动实践的丰厚积累。正因为如此,高等院校的秘书专业需要思想明晰又紧贴社会现实的教材,社会各行各业的秘书人员也需要提升业务的教科书。也正因为如此，为社会奉献一本秘书学专著,不知不觉成了我几十年的追求。从20世纪70年代进入秘书行列(在生产大队当文书),到大学毕业后从事秘书性质的工作,直到现在我仍然是秘书行列中的一员,可以说对秘书学的研究情有独钟。在学术之路上,在工作实践中,关注秘书学、钻研秘书学、讲授秘书学、实践秘书学,成了我的事业中不可缺少的部分。

为使第三版的质量有所提高,这次做了通篇的修订。一是重新考量了整体框架,按照“是什么、为什么、做什么、怎样做”的逻辑思路矫正全书的结构,使支撑理论体系的枝干更为贴切而强劲。比如将秘书学学科体系的三大部分用图示的方式勾勒轮廓,将第八章秘书活动的类别分为经济系统的秘书活动、政治系统的秘书活动、社会事业系统的秘书活动、私人秘书活动,进而在政治系统的秘书活动中分述党务部门、国家权力机关、国家行政机关、国家司法机关的秘书活动,线条就更为清晰,逻辑上更加严密。二是根据新的有关规定(如公文处理的新规定)和社会生活新的实践,对每一章中因时过境迁已不适用的部分做了更新,将粗略的部分加以细化。比如将第五章第二节中文书运行的18个环节补充为20个环节,这就更符合如今的秘书活动实践。三是注重时代特色,在第十章秘书队伍的建设中增加了秘书国家职业标准;将第十二章修改为“秘书活动的变革”,概览21世纪世界新格局的背景,而且加重了信息化特别是办公自动化的分量,力图体现与时俱进的新风貌。

付梓之际,欣慰又忐忑。任何一门学科,都不是定义和结论的集合,而是科学研究过程本身,其理论体系随着时代的发展和学术的探究而处于不停的升华之中。推陈出新就是永恒的进化。感谢方国雄先生的支持,在第一版中撰写了秘书活动的职能环境和秘书活动的管理两章,再版时又写了秘书活动的一般方法和社会主义市场经济条件下的秘书活动等内容;感谢众位读者的厚爱;感谢兰州大学出版社和张爱民先生!但愿第三版的《秘书学基本原理》能有耳目一新的感觉。伏案笔耕多年,自知才疏学浅,只是呕心沥血,诚如袁枚所说:“白日不到处,青春恰自来。苔花如米小,也学牡丹开。”这正是我的心境。

愿聆听方家指教。

吕发成

2012年3月于兰州

目录

第一章 绪 论

秘书学基本原理，顾名思义，就是关于秘书学的一些基本道理。它是秘书学学科体系中具有普遍意义的基础理论，所探讨的是秘书活动的基本规律。

作为基础理论，秘书学基本原理只能从人类社会丰富生动的秘书活动实践中抽象出来。没有秘书活动实践，就不可能有秘书学这门科学，也就不可能有秘书学基本原理。秘书活动是一种职业行为，这种职业行为有很多具体表现方式，诸如沟通信息、辅助决策、撰拟文稿、管理文书、组织会议、督促检查、协调关系等等，由此构成了复杂的内容。职业即社会劳动分工。在社会分工尚不明确的时代，秘书职业行为和其他职业行为混为一体，特别是与宗教活动、领导活动和管理活动混为一体。随着社会分工的逐渐明晰化，秘书活动与其他职业活动也分道扬镳了。于是，当秘书行为从宗教活动、领导活动、管理活动以及其他社会活动中分离出来时，便有了秘书职业；当秘书活动固定在部分人员身上时，就产生了专职的秘书人员；当秘书活动以集团的方式进行时，就有了秘书机构；当秘书活动的职责被社会授予个人时，就有了秘书职务；当秘书活动与其他社会职业活动相结合时，就形成了各种行业秘书；当社会对秘书活动提出各种要求时，就有了秘书职业的各种规范；当秘书活动的特点逐渐被人们所认识并加加探讨研究时，就产生了一门新兴科学——秘书学。这样，从普遍意义上探索秘书活动规律的理论基石——秘书学基本原理的问世便是自然而然的了。

秘书活动这种社会现象在人类生活中已有漫长的历史，不仅经久不衰，而且随着社会发展越来越显示出蓬勃的生命力。然而，探讨秘书活动规律的科学——秘书学，在中国大地上的出现，却是20世纪80年代的事。这种理论远远落后于实践的原因是多方面的。除了许多客观因素之外，研究者们对秘书活动规律的独特性缺乏足够深刻的认识是一个重要原因。正如陈独秀早在1918年就曾批评过的那样："中国学术不发达之最大原因，莫如学者自身不知学术独立之神圣。譬如文学自有其独立之价值也，而文学家自身不承认之，必欲攀附《六经》，妄称'文以载道'、'代圣贤立言'，以自贬抑。史学亦自有其独立之价值也，而史学家自身不承认之，必欲攀附《春秋》，着眼大义名分，甘以史学为伦理学之附属品。音乐亦自有其独立之价值也，而音乐家自身不承认之，必欲攀附圣功王道，甘以音乐为政治学之附属品。医药、拳技亦自有其独立之价值也，而医家、拳术家自身不承认之，必欲攀附道术，如何养神，如何练气，方'与天地鬼神合德'，方称'艺而近于道'。学者不自尊其所学，欲其发达，岂可得乎？"[1]秘书学的研究也存在类似的问题。

秘书活动与其他社会实践活动一样，处于不断发展演变之中。因此，秘书学的基础理论也在不断更新。现代科学观告诉人们，任何一门学科，都不再是定义和结论的集合，而是科学研究过程本身，其理论和方法随着时代的发展和实际研究的进展而处于不停的变动之中。在这个动态过程中，曾经影响一时的观点还来不及成为永久的定义，新的见解便大有取而代之趋势；也正是在这一推陈出新的进程中，科学的思考向着相反的两个时间度不断朝纵深发展：人们在走向未来，提出前无先人的见解的同时，不断地回溯前人曾有过的哪怕是片言只语的观点，在现代科学所达到的高度上，发掘出可望发展成最新理论的思想胚芽。这样，在学科发展的任一瞬间，才能呈现出"百花齐放、百家争鸣"的壮观局面。只有纵观学科史上出现过的百家之言，横视世界各国的研究成果，才能在各种学术观点组成的动态网络之上，高屋建瓴地把握一门学科的基本脉络及其发展趋势。从另一方面说，科学发展的这种跨时空的特点，从根本上改变了人们对陈旧理论和最新理论的简单的两分法，一切在学科史上起过重大影响的见解，都有可能在学科发展的某一个明天重新登上学科的前沿。[2]于是，基本理论的范围当然也就不能局限于今日为人们公认的那些观点，而要包括古今中外一切曾经有过影响的实践典型和学术成果。这不仅是自然的，而且是必然的。秘书学的研究也应如此。

第一节　秘书学与秘书学基本原理

一、秘书学的研究对象

秘书学是研究秘书活动及其规律的一门科学。

秘书活动是人类基本的社会活动之一。古今中外的秘书活动，主要包含两大类型：一类是以秘书为特定职业的人员所进行的职业活动，另一类是不以秘书为特定职业的人员间或从事的秘书性质的活动。前者是指被某一团体任命的秘书、被某一个人聘任的秘书以及虽未被正式任命或聘任而社会承认其秘书职务的人员所进行的职业活动；后者是指虽然没有被正式任命为秘书，社会上也不以"秘书"相称的其他人员所从事的兼职性的或偶然性的秘书活动。比如普通公务人员、办公室主任，以及从秘书职业中分离出来的信息工作人员、政策研究人员、信访工作人员等等，也经常从事一些秘书性质的活动，这也是秘书学研究的对象。这和文学既要研究专业作家、文学家的作品，也要研究非专业作家、文学家的作品是一样的道理。

[1]《陈独秀著作选》第 1 卷，第 389 页，上海人民出版社 1984 年版。

[2]顾晓鸣等：《多维视野中的文化理论·导言》，第1页，浙江人民出版社1987年版。

当然,秘书活动本身有它特定的内涵和外延。秘书活动是一种特定的职业活动,只有从事这一职业或靠近这一职业的人员才有可能进行这种活动。这就使秘书活动带上了职业行为的色彩。文学作品是人人可以写、人人可以读的,因而它的职业色彩并不十分明显;而秘书活动却不是人人都可以从事的,只有以秘书为特定职业或接近这种职业的人员才有可能、有必要从事这种活动。比如公文,就不是人人可以写、人人可以读的(有些公文要家喻户晓,人人皆知,而大多数公文都限制一定的阅读范围)。既然秘书活动是一种职业行为,那么,我们可以得出这样的结论:秘书学是一门职业行为科学,它所研究的是秘书活动及其规律,即秘书活动发生、发展、演变、本质、特点、规范以及主体、客体等等。它属于社会科学的一个门类。秘书活动这种职业行为的特点决定了秘书学与领导科学、管理科学、写作学以及文书学、档案学的关系甚为密切。就秘书学本身而论,应当由"秘书学原理"、"秘书史"和"秘书技能"三大部分构成一个完整的体系,这样才能与高等教育所要求的"基础理论、基本知识和基本技能"等"三基"训练相吻合。

构成秘书学学科体系的三大部分各有其特定的范畴。概括如图 1–1 所示:

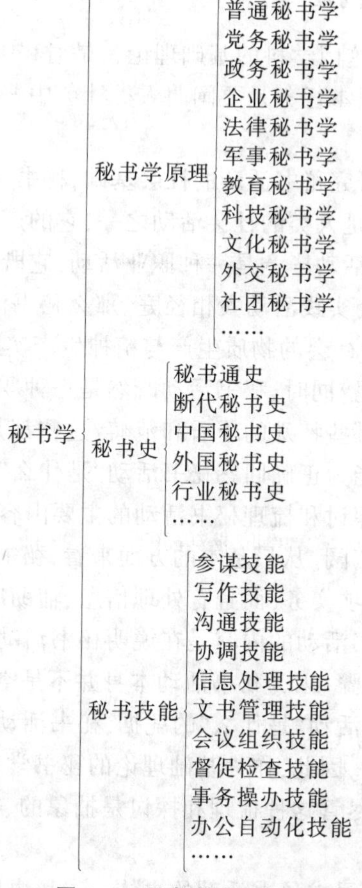

图 1–1　秘书学学科体系构成

这样的框架是建立于基本理论、史论与方法论三者紧密结合而又严格区分的基础之上的。其中,秘书学原理应当阐明秘书学的一些基本道理,高屋建瓴地抽象和概括秘书活动的基本规律(包括一般意义上的秘书活动规律和社会各行业的秘书活动特有的规律),阐明秘书活动“是什么”和“为什么”;秘书史则应经络分明、典型详尽地总结秘书活动产生和发展的轨迹,展现古今中外秘书活动实践的轮廓,表现秘书活动的本来面目;秘书技能则应侧重于方法与技巧的论述,体现较强的实用价值,说明秘书活动应该“做什么”和“怎样做”。当然,将这三大部分截然割裂,让它们之间互不连接是不可能的。秘书学原理必须涉及秘书活动的史料与秘书活动的技巧,否则,原理就成了无源之水、无本之木;秘书史当中必须涉及原理与方法,不然,秘书史只能成为一本流水账,最多也就是一本大事记;秘书技能当中也要涉及原理和史料,否则就难以让人们相信为什么要这样做而不那样做。而如果将这三者合而为一,在一本专著当中既要说明秘书活动“是什么”和“为什么”,又要表现秘书活动的本来面目是怎样的,还要说明秘书活动应该“做什么”和“怎样做”,这是难以做到的;即使勉强凑合而成,也难免肤浅、粗疏。只有在遵循基本理论、史论和方法论三者紧密联系的前提下,将它们分别作一番细致的研讨,才有益于秘书学这门新学科的体系建设。

二、秘书学基本原理的内涵

秘书学基本原理是秘书学这门学科的基础理论，是对秘书活动这种社会现象在普遍意义上进行的抽象与概括。它的根本任务是要阐明人类社会中普遍发生的秘书活动是什么,为什么是这样,其基本规律如何。

第一,秘书学基本原理要研究秘书活动的社会基础,秘书活动的基本性质、基本特征、基本矛盾与基本范畴。秘书活动是人类的社会活动之一,它的产生、发展与变革都与社会生活紧密地联系在一起。然而秘书活动毕竟是一种职业活动,它既渗透在社会生活的各个方面、各个角落,又与其他职业的社会实践活动大相径庭。那么秘书活动与社会生活又是什么关系呢？换句话说,秘书活动与人类社会的物质生产与精神生产实践是怎样联系着的呢？秘书活动有哪些社会功能、社会价值呢?同时,秘书活动既然是一种职业活动,它又有哪些区别于其他社会活动的独特的性质?有哪些特殊的矛盾和范畴?这些都是秘书学基本原理必须从理论上回答的问题。只有这样,才能为正确回答秘书活动“是什么”和“为什么”奠定理论基础。

第二,秘书学基本原理要探讨和梳理秘书活动的主要内容。秘书活动是具有丰富内涵的职业活动,它包容的范围相当广阔。从最基本的方面来看,秘书活动不仅有撰拟文稿、管理文书、操办会议、处理事务等等专项实务,而且有处理信息、辅助决策、协调关系、督促检查等等综合职能。表面看来,梳理秘书活动的内容是在说明秘书活动是在“做什么”,实质上却是探讨秘书活动“是什么”的必要步骤。因为秘书活动本身并不是空洞无物的,它所包含的实实在在的内容是唯一能够说明秘书活动“是什么”的凭据,秘书活动的特点、规律、功能、价值就体现在它的具体活动的内容当中。因此,作为基础理论的秘书学基本原理必然要对秘书活动的具体内容做一番梳理和探讨。尽管这种梳理和探讨是抽象的、概括的、高浓度的,而不是具体的、详尽的、微观化的。

第三，秘书学基本原理要寻求秘书活动的主体——秘书队伍的建设以及秘书活动的管理途径。由于秘书活动是一种职业活动,它的职业主体的状况如何,对这一职业活动怎样管理,都对秘书活动起着不可低估的影响。因此,秘书人员的生成特点,秘书职业的素质要求,不同行业对秘书岗位的不同标准,秘书队伍的培养、建设及优化组合,秘书活动的科学化管理等等,都必须在理论上作出回答。

第四,秘书学基本原理还要论及秘书活动的职能环境。这既是对秘书活动规律的深入发掘,又是对秘书学基础理论的必要扩展。作为一种职业行为,秘书活动必然有它特定的职能环境。离开了一定的职能环境,秘书活动就无以开展。因此,研究秘书活动本身的同时,不可忽视对其职能环境的探究,就像研究一棵树也必须研究它的土壤、水分等生存条件一样。

秘书学基本原理将以上这些方面作为其有机组成部分, 对夯实和丰富秘书学的基础理论是十分必要又十分有益的。

第二节 秘书活动的实践轨迹

列宁曾经指出:“为了解决社会科学问题,……为了用科学眼光观察这个问题,最可靠、最必需、最重要的就是不要忘记基本的历史联系。考察每个问题都要看某种现象在历史上怎样产生, 在发展中经过了哪些主要阶段, 并根据它的这种发展去考察这一事物现在是怎样的。”[1]列宁在这里阐明了历史唯物主义的一个基本观点,这就是:要真正认识一种事物,就必须搞清它的来龙去脉,考察它发生发展的全部历程,才能发现其规律性的东西。因为人们“对人类生活形式的思索,从而对它的科学分析,遵循着一条同实际相反的道路,这种思索是从事后开始的,是从已经完全确定的材料、发展的结果开始的。”[2]正是在这个意义上,恩格斯把社会科学统称为“历史的科学”。秘书学的研究也应该如此。

一、秘书活动萌生的基础

秘书活动是人类社会发展到一定历史阶段的产物, 它的萌生建立在人类群体出现的基础之上。换言之,人类社会中有了集团的形成,有了组织者、领导者、管理者的出现,有了沟通各方面信息的必要,有了辅佐领导、协助管理的职能需求,秘书活动的出现就成为必然。

地球上的根本矛盾是人与自然界的矛盾。人类要生存、要繁衍、要进化、要达到一定的文明程度,就必须与自然界不断地抗争,必须向自然界不断地索取。在“人猿相揖别”的原始社会早期,人类只是以简单的方式单独地、直接地从自然界中获取生活资料——采集野果、猎获野兽、捕捉鱼类来饱肚暖身。然而,在森林丛生、野兽出没的环境里,单个人的力量是不足以自卫和谋生的。“凡人之性,爪牙不足以自守卫,肌肤不足以御寒暑,筋骨不足以从利辟害,勇敢不足以却猛禁悍。”[3]人类之所以能以有限的生命力与无限的大自然抗争,关键就在于集体力量的无限性。生存的需要迫使原始人类相约成群,结为集团。于是便有氏族部落的形成,便有部

[1]《论国家》,《列宁选集》第4卷,第43页,人民出版社1972年版。
[2]马克思:《资本论》第1卷,第55页,人民出版社1975年版。
[3]《吕氏春秋·恃君览》。

落首领的出现。在这种条件下,沟通各种信息、记录部落活动、辅佐领导管理的秘书活动也就萌生了。我国最早的氏族部落形成之后,其首领轩辕黄帝身边就有仓颉记其言,沮诵记其行,孔甲作二十九篇法戒之辞。由此可以看出,集团的出现,是秘书活动萌生的基本条件。

用中介的方式进行辅佐,是秘书活动一萌生就体现出的特点。这里的中介表现为两个环节:一是沟通信息,成为信息与决策之间的中介;二是上传下达,成为决策与执行之间的中介。在秘书活动萌生之初,第一个环节表现得极为充分,而且是通过一种特殊的途径来表现。最早的秘书活动是借助于原始宗教来进行的,或者说最初的秘书活动就包容在原始宗教活动当中,即借助于原始宗教活动,将神的意志(特殊的信息)传给决策者(部落首领),以此来发挥其辅佐功能。马克思曾经指出:在原始社会,"宗教是这个世界的总的理论,是它包罗万象的纲领。"[1]原始宗教是在原始社会极其低下的生产力条件下,由于人类的理性思维极不发达,因而在与自然界的斗争中软弱无力,对变幻无常的自然界既要依赖又感到恐惧和神秘而自发产生的。不论是大自然崇拜、动物崇拜、植物崇拜,还是图腾崇拜、鬼魂崇拜、祖先崇拜,人类都把希望寄托于一种超自然的神,凡事都依神的意志而行。神鬼之意这种特殊的信息怎样才能探知呢?于是就有充当人神之间的媒介的巫、祝、贞等等,进行卜筮活动,即用占卜、筮法来探求神的意愿,并将神的意愿传达给集团首领,使他们依据这种特殊的信息来做出决策、采取行动。将卜筮活动认定为秘书活动的源头,是因为卜筮活动中包容着秘书活动的基本内容——录事与传言。卜筮首先要用特殊的方法探求神的意志,并且记录下来,这就表现了秘书活动的录事功能。卜筮还要代神传言,将神的意志传达给人类,这又表现了上传下达的功能。录事和传言是后世秘书活动不可脱开的基本内容,因而可以认为,原始的秘书活动即包含在卜筮活动之中。

包容在卜筮活动中的原始秘书活动有两大特点,一是秘书活动的范围极其广泛,作用也极其重要;二是秘书活动中充斥了想象的成分和虚幻的色彩。原始人的一切行动几乎都要受到原始宗教的制约,因而,卜筮秘书的活动就成了所有社会活动中最重要的职业行为,其活动范围大到可以左右原始部落的一切行动。如出猎需要卜筮,捕鱼需要卜筮,征战需要卜筮,婚丧嫁娶也要卜筮。这样,卜筮秘书的活动权力也就高高地凌驾于部落首领之上。《尚书·洪范篇》中说:你(国王)有大疑难的事,自己先想一想,再和卿士(高级贵族)商量,和卜筮商量。龟和筮一致赞同,即使王和其他人反对,事情仍然可行。龟和筮的意见不一致,就不可采取行动。龟筮一致反对,即使王、卿士、庶民都赞同,也不可行动。由此可见,龟筮有决定原始部落行动的最高权力。[2]在古罗马,宗教祭司制相当发达,占卜祭司因地位显赫,"没有一件重要的国事不需要问过神的意旨以后而可以进行。"[3]这里不难看出,部落首领的决策必定要受到卜筮秘书活动的制约,原始秘书活动作用的重要和范围的广泛由此可见一斑。

原始秘书活动是充斥了想象成分和虚幻色彩的。恩格斯指出:"一切宗教都不过是支配着人们日常生活的外部力量在人们头脑中的幻想的反映。在这种反映中,人间力量采取了超

[1]《马克思恩格斯选集》第1卷,第1页,人民出版社1972年版。

[2]参见范文澜:《中国通史》第一册,第58-59页,人民出版社1978年版。

[3]〔前苏联〕科瓦略夫著,王以铸译:《古代罗马史》,第224页,三联书店1957年版。

人间的力量的形式。"[1]它确信超自然的、超人间的神秘力量的存在,确信人的生活命运是由这种超自然力量主宰和支配的,确信人们的特殊活动,如崇拜、祈祷等宗教仪式、宗教行为可以取悦于这种力量,从而赐福于人。而这一切都是对社会生活歪曲的、虚幻的反映,充斥了人们的想象成分,原始秘书活动正是这样。但无论如何,原始秘书活动仍然是后世秘书活动的基础,它已经体现出了秘书活动的基本内容与职能。

二、秘书活动的长足发展

进入阶级社会之后,秘书活动发生了两点根本性的变化:秘书活动在带上了浓重的阶级色彩的同时,又脱出了虚幻的人与神之间的中介地位,而成了社会管理活动的一个组成部分。这样,秘书活动的范围明显缩小,其地位明显下降,成了人与人之间的中介。每个时代的秘书活动都为当时的统治阶级服务,都在为维护统治阶级的利益而尽职尽责,这是无可否认的事实。在我国古代社会,就有占卜史官辅佐奴隶主实施神权的统治;有祭祀官组织祭祀,筹备制订祭祀程序,安排祭祀仪式;有作册史官宣示王命,制作册命文书;有记言史官记录王的言行和王朝大事,保管文书典籍。在古希腊、罗马的奴隶制国家里,也有着各个方面的秘书活动。随着王权统治的强化,国家机器的完善,秘书活动日臻成熟。秘书活动主体由个体扩增为群体,秘书活动中逐渐有了明确的职能分工和完备的程序。中国古代的秘书活动是有典型意义的,我们试用摘要列表的办法来勾勒它的粗线条轨迹:

表 1-1　中国古代秘书机构与职官的主要职能

朝代	秘书机构与职官	主要职能	例　注
尧舜	巫、祝 纳言	为王占卜,指导国事。 出纳帝命,上传下达。	《尚书·尧典》:"帝曰,龙,朕塱谗说殄行,震惊朕师,命汝作纳言,夙夜出纳朕命,惟允。"
商	太史寮 太史 史 乍册	 统管王室活动,起草文书,发布文告。 书刻卜辞,记录王室活动。 镌刻、保管文书。	杨剑宇《中国秘书史》:"商代朝廷出现了秘书机构——太史寮,其长官为太史,下隶有不同层次分工各异的史官,主要职掌为负责商王的册命及祭典等事宜。"
周	太史寮 太史 小史 内史 外史 御史	 总掌起草文书、编写史书、管理档案,组织祭祀。 掌邦国之志、贵族家谱。 拟制简册,宣示王命。 掌四方之志。 收受保管文书。	潘林杉《中国古代秘书通论》:"太史寮则是为王室服务的秘书处,其长官太史地位很高,与三公卿士相当,是周天子和王室的秘书长。"

[1]《马克思恩格斯全集》第 20 卷,第 341 页,人民出版社 1971 年版。

续表 1-1

朝代	秘书机构与职官	主要职能	例　注
春秋—战国	太史 右史 左史 (秦)尚书 御史 (齐)掌书 (魏)主书 (赵)御史 (楚)左徒	掌起草文书,策命诸侯卿大夫。 记录王的言语和口授命令、文告。 记载王的行动和宫廷内外政治军事大事。 掌管文书 记录王事 应对诸侯,各国略同。	《礼记·王藻》:"动则左史书之,言则右史书之。"《史记·廉颇蔺相如列传》:"……赵王鼓瑟。秦御史前书曰'某年月日,秦王与赵王会饮,令赵王鼓瑟。'"相如怒,固请秦王为赵王击缻……"相如顾召赵御史书曰'某年月日,秦王为赵王击缻'。"
秦	御史大夫 御史 尚书、令史、主簿、奏曹等	掌天下文书,兼行使监察。 起草文书,办理文牍事项。 同在少府办理文书。	《汉书·张丞相列传》:"秦时为御史,主柱下方书。"《通典·职官志》:"秦少府遣吏四人,在殿中主发书,谓之尚书。"
汉	尚书台(署,省) 尚书 尚书仆射 (郡)主簿 (州)书佐 (县)令史	伴王左右,掌管章奏文书。 协助尚书分担文书事务。 典领文书,掌管印鉴。 起草抄录文书。 草拟处理文书,掌印鉴。	左言东《职官与科举》:"文书的收发、保管与诏令的起草,归尚书台负责。"《后汉书·李固传》:"今陛下之有尚书,犹天之有北斗也。斗为天喉舌,尚书亦为陛下喉舌……尚书出纳王命,赋政四海,位尊权重,责之所归。"
魏晋南北朝	秘书(监)令 中书省 中书监 中书令 中书侍郎 中书舍人 门下省 侍中 尚书省 尚书令	典尚书奏事,掌出放敕令。 典司经籍,起草文书。 掌奏事。 撰拟诏诰、呈奏案章。 直侍王左右,掌奏事。 掌文书事务。	《文献通考》:"及魏武佐汉,初建魏国,置秘书令,典尚书奏事。"瞿蜕园《历代官制概述》:中书监"只等于皇帝的秘书长,脱不了幕僚的性质"。汪士铎《南北史补志未刊稿·职官志》:"其管枢密,则中书也。"
隋	内书省 内书舍人 通事舍人 内书侍郎 门下省 纳言 尚书省 尚书丞	掌拟诏。 掌宣奏。 兼草拟诏令。 掌诏命审核、驳正。 收发、传令、承办文书。	潘林杉《中国古代秘书通论》:"不论拟令、审令的内书、门下省,还是负责传达帝命的尚书省,都起着秘书幕僚作用,是皇帝的秘书处而已。"

续表 1-1

朝代	秘书机构与职官	主要职能	例注
唐	中书省		《旧唐书·职官志》:中书省职掌“侍奉进奏，参议表章”,“凡诏旨敕制及玺书册命，皆按典故起草进画，既下则署而行之。”“制敕既行,有误则奏而正之”。“凡大朝会,诸方起居,则受其表状而奏之。”李阳冰《草堂集·序》:(李白)“出入翰林中，问以国政,潜草诏诰”。《旧唐书·则天皇后纪》:初设匦使院,“申天下之冤滞,达万人之情状”。
	中书令	掌军国之政令。	
	中书侍郎	参议邦国之庶务,朝廷之大政。	
	中书舍人	掌章奏文书。	
	门下省		
	侍中	出纳帝命,顾问答对。	
	侍郎	掌机密文件,审议公文。	
	给事中	掌封驳诏命章奏。	
	尚书省		
	尚书仆射	掌朝廷事务。	
	翰林院	翰林、集贤、学士三院官员皆协理批答四方章表疏议,起草制诏书敕。	
	翰林供奉		
	翰林承旨		
	集贤院		
	学士		
	学士院		
	学士		
	匦使院		
	知匦使	处理信访事务,使下情上达。	
	(军)参军事	以下几类，皆在军队或地方掌管文书事务。	
	(州)掌书记		
	判官		
	孔目		
	(县)主簿		
宋	政事堂		杨剑宇《中国秘书史》:“宋代中央秘书机构的职能就由政事堂、中书、门下、尚书三省、枢密院及三司分别兼行。”《文献通考》:都承旨“承宣皇帝旨命,通领枢密院务。”
	孔目房	掌文书案牍。	
	勾销房	掌印堂符信。	
	中书省	此三省的职掌与唐代略同。	
	门下省		
	尚书省		
	翰林学士院	起草机密文书。	
	枢密院		
	都承旨	专掌机要文书。	
元	中书省		潘林杉《中国古代秘书通论》:“元代中书省所设参知政事、参议中书省事，都是主管秘书文牍事宜……翰林兼国史院,重要职责是起草皇帝诏令……翰林蒙古院主管译写文书。”
	参议府	总掌文牍事务	
	翰林兼国史院	掌制诰、修史	
	翰林蒙古院	拟制、翻译、颁布文书。	

续表 1-1

朝代	秘书机构与职官	主要职能	例注
明	内阁 中书科 制敕房 六科给事中 通政司 司礼监 文书房	起草诏诰。 缮写文书。 协助皇帝对口掌管吏、户、礼、兵、刑、工各部的秘书事务。 收受臣民奏本，参与议决大政。 掌内外章奏初阅、批答，记述传达皇帝命令。 草拟文书。	潘林杉《中国古代秘书通论》："明内阁自始至终都属于秘书幕僚性质，故内阁纯系皇帝的秘书处……内阁首辅实为皇帝的秘书长，内阁辅臣等于皇帝的机要秘书，他们都是皇帝的秘书人员。"
清	国史院 秘书院 内阁 军机处 军机大臣 军机章京 通政司 奏事处 南书房	掌记皇帝起居、诏令，起草诰命、册文，修撰各朝实录。 撰拟涉外文书，拟制敕谕，抄录奏疏本章。 办理本章，承宣谕旨，组织大典，收存档案。 拟写谕旨，批办文书，参与政务。 收发处理文书，缮写诏旨，查核奏议，封存档案等。 收受题奏，查核本章，负责信访。 收受密奏，传宣谕旨。 起草诏诰，发布政令。	杨剑宇《中国秘书史》："清朝中央秘书机构经历了从内三院到内阁，从内阁到军机处的演进过程。"《清史稿·职官志》：内阁职掌"钩国政、赞诏命、厘宪典，议大礼。"梁章钜《枢垣记略》："章疏票拟，主之内阁。军国机要，主之议政处。""军机处为办理枢务，承写密旨之地，以严密为要。军机大臣传述朕旨，令章京缮写，均不应有泄漏。"

纵观古代社会的秘书活动，不难看出：秘书活动始终与国家的管理活动紧密联系在一起，成为国家管理中不可或缺的组成部分。秘书活动的主体(秘书人员和秘书组织)随着国家体制的变化而变化，总的趋向是由简到繁，由单一化到多层次。秘书活动的范围时大时小，但撰写处理文书一直是秘书活动的主要内容。文书的拟制与执行，是国家管理的主要手段之一。"百官以书治职，万民以契明事"，[1]秘书活动在国家管理中的重要作用显而易见。由此可以得出结论：秘书活动的产生和发展是人类文明的体现，是人类社会从蒙昧时代经野蛮时代走向文明时代的重要标志之一。秘书活动及其成果，是人类文化的重要组成部分。因而，秘书活动应当之无愧地在人类文化之列占据一席之地。

三、社会主义条件下秘书活动质的变革

社会主义开创了历史新纪元。1949 年中华人民共和国的成立，改变了中国历史，也深刻影响了世界历史发展的进程。中国走上社会主义道路，人民当家做主，国家空前统一，开启了中华民族伟大复兴的历史新纪元。秘书活动也发生了质的改变。

其一，秘书人员不再是仆从和工具，而是领导者的参谋助手，只有工作上的分工不同，没

[1]（唐）李鼎祚：《周易集解》。

有人格上的贵贱差别。秘书与领导在工作目标、事业利益上趋向一致;组织规范与纪律要求对秘书和领导都同样起着制约作用。秘书在工作上应适应领导者的需要,而在职能活动中更要符合党和国家对办文、办事、办会的程序和规则。也就是说,秘书作为一种特定的社会职业,在工作行为、操作规范、职业道德、职业技能等方面都有了一些有别于其他职业的标准与要求。

其二,秘书机构发挥综合职能。新中国的秘书活动,从秘书机构的设置、职能的划分、人员的配备以及秘书活动的程序标准,都形成了一套完整的体系。各行各业的秘书活动都以党政机关的秘书工作为基本模式,有些机构中虽然有的不以"秘书"冠名,而实质上所进行的都是秘书活动。在我国的各类社会组织中,"办公室"这个模糊概念有着特定的含义,基本上是"秘书部门"的代名词,而且几乎是每个单位都必须设置的机构。一个很小的组织或团体中,即使没有其他机构,也必然有"办公室"这样一个机构存在。这种状况就决定了秘书部门必然担负着多方位的综合职能,不仅要参与决策、撰写处理文书、沟通信息,而且要组织协调、办理事务、接待来信来访,甚至还要担负一部分后勤保障工作。正因为如此,秘书部门有时将文书档案、决策咨询、政策研究、信息处理等职责分置于各个专门机构或人员,职责明确而清晰。其他各种社会行业,基本上都是按照党政系列的模式设置秘书机构,进行秘书活动的,但在某些方面是各自发挥优势而取其所长。比如在企业界,许多秘书人员虽然身在企业政务岗位,却冠以工程师、经济师、统计师的头衔;在科教文卫组织中,有助理研究员、主任医师等头衔的秘书也大有人在。在基层单位,一身多职的秘书更是屡见不鲜。但无论以何种形式出现,秘书活动的主要职责都是发挥参谋助手的作用。

其三,秘书人员来源广泛。我国的秘书人员主要来自三条渠道:一是从本行业其他岗位的人员中选拔而来,二是从某一行业转入另一行业当秘书,三是经过专业教育渠道而走上秘书岗位。前两种人员从不是秘书到成为秘书,经过了以师带徒的过渡阶段,主要靠的是经验传授。这两种类型的秘书人员在我国现有的在职秘书人员当中占绝大多数;而后一种经过专业培训的秘书人员,目前在我国还为数较少,我国在秘书人员的选拔中还没有用统一的标准去衡量。虽然我国目前各行各业中秘书队伍的构成千差万别,但我国的秘书工作规范已基本上形成体系。早在1951年4月,中共中央办公厅和政务院秘书厅召开的全国秘书长会议上,就讨论通过了关于各级秘书工作机构、公文处理办法、保密条例、处理来信来访的规定以及加强文书处理工作和档案工作的决定等一系列文件,对秘书工作机构、基本任务、基本原则和制度都做了明确的规定,对秘书人员也提出了基本的工作要求。新中国建立60多年来,不断地制订、修改和发布关于秘书工作的规定、办法、条例等等,使得秘书工作始终围绕各个时期的情况变化而不断完善,为社会主义建设事业起到了很大的推动作用。

四、当代世界各国的秘书活动概况

20世纪以来,世界各国的秘书活动都发展很快,这不仅表现在世界上所有国家、所有地区、所有社会团体,不论其社会制度如何,发展水平怎样,组织机构大小,不论是在政治领域、经济领域、军事领域、文化领域,都有自己的秘书活动;而且表现为秘书活动的机构日趋系统,秘书活动的人员日趋增多,秘书活动的目标日趋明确,秘书活动的要求日趋严格,秘书活动的科技化程度越来越高。更重要的是,各个国家、各个集团都对秘书活动越来越重视,秘书活动在很大程度上成了一个国家、一个团体工作效率的标志。

由于国情不同,各国的秘书活动都有差异。

英国的秘书活动较为庞杂。按照牛津字典的解释,秘书大致包括三类人物:一为公司、企业、办事处或营业所的雇员,其任务是处理通信、整理记录、安排约会等。有地位或有财富的人士,几乎都有私人秘书,将秘书作为一种特殊的雇员对待。二为高级职员,是不以盈利为目的的团体会社的秘书,负责通讯、记录事宜,尽义务而不拿报酬。三为国家机构的秘书,在政府机关内工作,一般分为政务级、执行级、文书或办事员级、打字和计算机操作四个级别,分别负责不同的工作。英国内阁中设有内阁秘书处和常务秘书,其职责是向大臣提供各种政策方案以及在执行方案中出现的各种情况材料。英国大臣的私人秘书一般由常务秘书提名,由大臣任命。除首相的秘书是副大臣一级的以外,多数私人秘书都是高等的执行级官员。这类私人秘书系公务员,因此并非雇佣性质,而是长久性的工作。他们的主要职责是把大臣的意见下达到各部,并为大臣全面安排工作日程。英国的文职官员都由文官局管理,秘书人员也当属其内。

法国总统府除设有总秘书处外,还设立总统府办公厅私人秘书处。总秘书处是总统借以监督和指导各部事务的重要机构,其成员可直接参加为国务会议作准备的各种部际会议,主要任务是同各部联系并及时向总统汇报情况,在总统、总理和各部之间起"交换台"的作用——总统的各种决定要经总秘书处发出,总理府和各部的信息也要通过总秘书处转达给总统。总统府私人秘书处主要负责总统个人的日常事务。法国各部的部长办公厅实际上是部长的私人秘书处,主要职责是处理部长的政务信件,代替部长同各方联系,为部长个人服务,对部长个人负责,与部长共进退。

美国的秘书活动是很有特点的。其一是重信息。现代科学技术导致了信息革命的到来,管理者要指导工作、评价每日的业务、计划和组织新项目、应付各种变化、处理人事问题等等,就必然要依靠丰富的、及时的信息。而秘书的作用除处理日常工作外,大部分都是围绕信息方面帮助领导工作。收集、加工、储存、传递信息,这已成为现代美国秘书活动中极为重要的任务。其二是专业化。美国经济发达,社会分工很细,因此秘书活动的专业性很强。不仅政府部门有大批的政务秘书,社会各界还有法律秘书、教育秘书、医学秘书、财经秘书、工艺秘书等等。其三是知识化。美国的秘书普遍要求大学毕业并在高等学校受过专业培训,必须掌握秘书专业知识、外语知识及速记、打字等多种技能。其四是女性化。美国秘书人员中半数以上是女性,这不仅是由于为秘书岗位优越的地位所吸引,而且美国人认为妇女思维敏捷、耐心细致,适合办公室工作。

尽管各国的国情不同,社会制度各异,但从总的趋势看,世界各国的秘书活动都呈现扩张、融合和发展的趋势。在科学技术发展速度不断加快,生产规模及生产复杂性急剧增长的情况下,管理领域需要加强力量。这就不仅导致了佐助人员数量的绝对增长,而且导致了社会对秘书活动要求的高效化。以美国为例,20 世纪 70 年代,美国就有 280 多万秘书人员,80 年代增加到 400 万。据美国劳工局统计,到 90 年代,每年还需要增加近 3.5 万名专业秘书人员。技术的先进、激烈的竞争,促使秘书活动高效化。很多国家的公文投递、传阅、处理已大量采用电脑。秘书人员将信息资料存入微电脑的记忆装置内,只要掌握操作程序,就可以迅速准确地获得资料。再加上联机遥控等新技术的运用,解除了秘书活动中许多手工操作的繁琐环节,使秘书活动的效率成倍提高。为了适应社会发展的需要,各国的秘书教育也蓬勃兴起。维也纳的"欧洲女秘书高等专科学院",培养了众多的高级秘书人才;英国、日本都有完备的秘书专业教育培训鉴定体系;美国的1300多所高等学校设置了秘书系(专业),每年都有一大批学员获学士、硕士学位。中国的秘书教育近年来也发展迅速,除有200多所高等院校开办秘书专业外,还有很多电大、夜大以及党校、职业中专、职业高中都开设秘书专业课程,积极为社会培养秘书人才。社会的发展使秘书活动受到全社会的重视,这是历史的必然,也是时代的需要。

第三节 秘书学研究的历史与现状

理论是实践的总结、抽象与升华。当一种事物的实践积累达到一定的厚度,人们对它的感性认识达到一定深度的时候,便会有明晰的理性思想产生并发展起来。在秘书活动出现以来的漫长岁月中,人们对秘书活动的规律不断地进行探索,从各个侧面逐步进行理性的总结和研究,终于使秘书学作为一门独立的学科在20世纪树起了自己的旗帜。然而,"每一时代的理论思维,包括我们时代的理论思维,都是一种历史的产物,在不同时代具有非常不同的形式,并因而具有非常不同的内容。"[1]

一、我国古代对秘书活动规律的探索

任何一门学科的研究,最初都是从零碎的、分散的、一点一滴的探索做起,这符合马克思主义哲学观从特殊到一般的认识法则,也符合从归纳到演绎的逻辑规律。人们对秘书活动规律的探索,起初也是零星的、微观的、从某个侧面入手的。日积月累,集腋成裘,于是就有一门新兴的学科诞生。秘书学的研究也正是这样。我国古代对于秘书活动规律的探索总的来看是零碎无序的,或是汇集秘书活动某一方面的成果;或是在探讨其他社会活动规律的过程中,夹杂对秘书活动某种职能的探索;或是有汇集而无理性总结,有描述而无抽象认识,有片言断语而无系统序列。

汇编资料是科学研究必不可少的环节。在这方面,我国古代的有识之士为秘书学的研究奠定了厚实的基础。"六经"之一的《尚书》就是上古时代文献的汇编,它收录了虞、夏、商、周四个朝代的28篇文献,[2]其内容大多属于"公文"的范围。孔颖达《尚书正文》云:"检其此体,为例有十:一曰典,二曰谟,三曰贡,四曰歌,五曰誓,六曰诰,七曰训,八曰命,九曰征,十曰

[1]恩格斯:《自然辩证法》,《马克思恩格斯全集》第20卷,第382页,人民出版社1971年版。

[2]《尚书》因版本不同,篇数也各异。学术界公认秦博士伏生收藏整理并用隶体写成的《今文尚书》为善本,内收28篇。除此还有孔安国家传本《古文尚书》等版本有伪,不以为凭。

范。尧典、舜典二篇，典也。大禹谟、皋陶谟二篇，谟也。禹贡一篇，贡也。五子之歌一篇，歌也。甘誓、泰誓二篇，誓也。仲虺诰、汤诰、大诰、康诰、酒诰、召诰、洛浩、康王之诰八篇，诰也。伊训一篇，训也。说命三篇，微子之命、蔡仲之命、顾命、毕命、冏命、文侯之命九篇，命也。胤征一篇，征也。洪范一篇，范也……”简而言之，《尚书》中有各类文告，有刑律条例，有战争讨伐动员令，有统治者的讲话记录，这些都是古代秘书活动的成果。正是在这个意义上，可以说《尚书》是我国历史上第一部秘书活动的资料汇编，在秘书学史上有着奠基性的作用。再如《唐大诏令集》与《宋大诏令集》，[1]也是在秘书活动的资料汇编方面值得注意的两部书。这两部书收集了唐宋两朝600年间以帝王、皇太子、诸侯王、宰相、郡县主、将帅等封建职官名义发布的各种公文，卷帙浩繁，包容广博。从形式上看，有诏、制、赦、诰、表、敕、册文、批答、德音、谥议等十多种体裁；从内容上看，涉及政事、征战、讨伐、册封、追赠、改元、册谥、加冠、传位、纳妃、退让、废黜、封建、降黜、诫砺、封号、和蕃、命官、罢免、赏功、贬责、封禅、典礼、巡幸、朝贺、宴集、纪节、戈猎、礼乐、刑法、官制、举荐、按察、贡献、贡举、禁约、田农、赋敛、财利、道释、赈恤、平乱、告庙、诛戮等等方面，政治、经济、军事、文化无不包容其中，是整个唐、宋两代社会生活状况的佐证。不论编纂者当时的思想动机如何，客观上起到了收集秘书活动资料的作用。

文书的撰制是历代秘书活动中最重要的内容。因此，古人对于各类文书的特点和写作规律的探索无疑是秘书学研究的一个重要方面。春秋战国时期，就有人着手研究各类文书的写作规律。《论语·宪问》篇中载：“子曰：为命，裨谌草创之，世叔讨论之，行人子羽修饰之，东里子产润色之。”一份公文的出台，要经过“草创、讨论、修饰、润色”四个阶段，这条资料就明显地表现了时人对于文书制作程序的理性认识。之后，文书撰制方面的研究随着时间的推移而成果愈多。曹丕在其《典论·论文》中指出：“夫文本同而末异，盖奏议宜雅，书论宜理，铭诔尚实，诗赋欲丽。此四科不同，故能之者偏也。唯通才能备其体。”他论及的四科中前三科都是秘书活动中常见的文体。他不仅提出了“雅、理、实、丽”的写作要求，而且指出：“盖文章乃经国之大业，不朽之盛事”，可见他对各类文书特点的敏察和文书撰制重要意义的深刻认识。刘勰在其专论写作规律的巨著《文心雕龙》中，对文书的撰制有着细腻而精辟的论述。这部由50篇论文构成的鸿篇巨制中，有21篇是文体论，共论述了59种文章体裁，其中秘书活动中常用的应用类文体就有12类，即是诏、策、檄、移、章、表、奏、启、议、对、书、记。仅“书”与“记”两类，刘勰就论述了13种文体。[2]他指出：“书”“记”这类文体应用范围很广，包罗各方面的内容，因而名目繁多，种类庞杂。诸如：关于老百姓的统一管理，便有谱、籍、簿、录；关于医药、计算、星辰、占卜方面，就有方、术、占、式；关于申律令、讲兵法，便有律、令、法、制；关于集市上所用的凭证，便有了符、契、券、疏；关于各级官府对公事的质询查问，便有了状、列、辞、谚。

---

[1]宋绶、宋敏求父子编纂。《唐大诏令集》共130卷，1700多篇，成书于1070年。《宋大诏令集》共240卷，3700多篇，成书年代不详。

[2]《文心雕龙·书记第二十五》：“夫书记广大，衣被事体，笔朴杂名，古今多品。是以总领黎庶，则有谱籍簿录；医历星筮，则有方术占式；申宪述兵，则有律令法制；朝市征信，则有符契券疏；百官询事，则有关刺解牒；万民达志，则有状列辞谚：并述理于心，著言于翰，虽艺文之末品，而政事之先务也。”

这些都是用语言文字来表述道理。虽是文章技艺的末流,可也是政事的重要内容。刘勰不仅论述了各类应用文的体裁特征,各类文体之间的区别及相互联系;不仅论述了各类文体的源流演变及其写作方法,同时还扼要地评述了有代表性的作家作品。可以说,这是对秘书写作规律突破性的研究成果,为后世研究开出了一条新路。

对于秘书活动的综合性研究,在古代虽然没有形成体系,但也有令人瞩目的成果。在《唐六典》、《唐会要》、《唐制诰集》等等著作中,有不少探索秘书活动规律的内容。唐翰林学士编撰的《翰林学士旧规》,不仅记载了作为国家最高秘书机构的翰林院日常工作的情况(类似现今的"大事记"或"工作日志"),具有重要的史料价值,而且总结归纳了当时所用的各类文书的格式规程,表现了时人对秘书活动规律的理性认识。清代张廷骧所辑的幕学专著《入幕须知五种》[1] 已与现代的秘书学专著很接近,是政务秘书学和司法秘书学方面的重要研究成果。编辑者张廷骧可以说是较为成熟的秘书学理论研究者,他有许多真知灼见。比如在论述如何物色和任用秘书人选时指出:

> 自古全才难得。习幕而可以佐人者,约有三等。识力具卓,才品兼优,例案精通,笔墨畅达者,上也;人品谨饬,例案精熟,笔下明顺者,次也;人品不苟,例案熟练,而笔墨稍逊者,又其次也。此三者,上等半由天资,半由学力,固未易得。中次二等,皆可勉为,是在立志以求,循序渐进,自可出而问世……其他文理太陋,秉资太钝,似亦不必误入此途,不如早寻他计。故凡有心习幕者,当先自量其才力,而后从事于此,庶不自误生平。

他从德、才、学、识以及专业素质各个方面对秘书人员提出了明确的要求,表现出古人已从秘书活动的主体与客体两大方面对秘书活动规律进行探索的思维轨迹。

总的来看,我国古代对于秘书活动规律的探索是零碎的、不系统的,许多精辟的见解和宝贵的资料都散落在各种史书、政书、志书等各类书中,其根本原因是由于中国古代文化中学科分类不明而致。这样,在为后世留下丰富而宝贵的研究资料的同时,也留下了搜集、钩沉、辩证、校讹、梳理的繁重任务。

二、现代世界各国秘书学研究的状况

20世纪以来,特别是第二次世界大战之后,社会科学有了急剧的发展。围绕着社会生活的各个侧面,形成了一系列的新兴学科。诸如研究人的生产方式的经济学,研究人的权力关系的政治学,研究人的行为规范的法学和伦理学,研究人的群体的社会学,研究人的发展轨迹的历史学,研究人的情感意志的心理学,研究人的生存环境的地理学等等层出不穷。特别值得注意的是,在基础学科继续发展的同时,一批应用性的新学科蓬勃兴起,诸如管理科学、领导科学、预测学、情报学等等,秘书学也由此应运而生。自1942年美国率先成立秘书工作者协会及秘书学会、创办《秘书》杂志之后,秘书学作为一门独立的学科先后在许多国家亮出了旗号。秘书刊物一个个问世,秘书学专著成批地涌现,秘书专业教育不仅进入了高等学府的殿堂,而且设立了学士、硕士、博士学位,有些国家还开办了专门培养秘书人才的秘书学院。我国在40年代就有许同莘的《公牍学史》等一批专著出版,到了80年代,全国各地纷纷

[1]包括《幕学举要》、《佐治药言》、《学治臆说》、《办案要略》、《刑幕要略》,成书于1884年。

成立秘书学会,发表论文、出版专著。许多普通高等院校、成人教育高等学校、党校及中等专业学校都开办了秘书专业,秘书学的科学研究已有不少成果。综观世界各国秘书学研究的这种蓬勃局面,可以看出以下几方面的特点:

其一,不同文化环境下,秘书学的研究呈现出不同倾向。任何一项科学研究都离不开具体的文化环境,社会科学方面的研究更是与文化环境——社会经济基础及与之相关的文化背景、哲学思潮、社会意识、民族传统密不可分。我国的秘书学研究,重理论体系建设,重政治服务功能,重活动群体的和谐与配合;而许多欧美国家的秘书学研究,则重技能操作,重经济商务,重活动个体的素质发挥,在近年来的研究成果中不难看出这种倾向。在我国的秘书学研究进程中,关于秘书学理论体系的建设一直是个热门话题。专家学者们都为秘书学的理论体系进行了各种设计,他们从秘书活动的起源、沿革、性质、特点、地位、作用到功能、职责、机构、管理、人员修养等等方面全面进军,力图成功地构建秘书学的理论大厦。但无论是哪一种设计,都不约而同地将秘书活动的政治服务功能放在首要地位,强调秘书活动本身的政治性,强调它的政治意义、政治价值、政治立场、政治观点以及在国家政治事务中的重要作用,随之也就论及怎样以秘书活动群体(组织)的政治素质来保证出色地完成社会赋予秘书的职业任务。欧美许多国家的秘书学研究者则偏重于技能操作、经济商务以及秘书个体素质的发挥。在目前我们所能看到的国外秘书学著作中,关于这方面的内容连篇累牍。诸如秘书怎样处理情报、怎样打电话、怎样布置会场、怎样接待来宾、怎样协调经济关系、怎样处理商务函件、怎样取悦于上司、怎样与同事相处、怎样表现自身的才能等等,细如牛毛,标准严格得近乎苛刻。

考察这种倾向出现的原因,与社会文化环境密切相关。中国文化有着强烈的政治化的倾向,重政务、轻自然、斥技艺是已经延续了几千年的历史传统。中国的学术研究源于先秦的学术文化,而先秦诸子的学说正是产生于激烈复杂的政治斗争之中。在春秋战国社会大变革的时代,各派思想家站在各自的政治立场上,展开了空前规模的学术大辩论。浓郁的政治斗争氛围,使得先秦诸子学术中历史学、伦理学、政治学、社会学等等直接探讨社会政治问题的学科最先发达起来,又使政治学说成为贯穿先秦各派学术的共同主题和基本内容。故先秦诸子学术中有极为浓重的为现实政治服务的倾向。自此以后,中国文化一直沿着政治化的轨道滑行。这种政治型的文化,体现在学术方面,便是"道""学""治"合一;体现在文学方面,便是"文以载道",强调文学为政治服务;体现在教育方面,便是"为学"不离"从政"、"学干禄"、[1]"学而优则仕";体现在制度方面,则是以政治为核心的文官制度发达最早又最完备。总之,中国文化的各个侧面无不深深地依附于政治,效力于政治,以政治为出发点,又以政治为目的(归宿)。在漫长的封建社会里,这种重政务的倾向与"轻自然、斥技艺"联系在一起,达到了排他的程度,对自然科学以及各种技术十分藐视,甚至斥为"屠龙之术","不急之务"。荀况曾说:"农精于田而不可以为田师,贾精于市而不可为市师,工精于器而不可以为器师。有人也,不能此三技,而可使治三官,曰精于道者也,非精于物者也。"[2]汉儒郑玄把著名工匠公输般(即

[1]见《论语·为政》。

[2]《荀子·解蔽》。

鲁班)列为“作奇技奇器”而应杀的罪人;《汉书·艺文志》将方技36家(医术、匠艺等)列于卷尾;《新唐书·方技列传》说:“凡推步(指天文、历算)卜相医巧,皆技也……小人能之。”可见各种技艺在社会上的地位之低下,与学术体系齐整完善的儒、墨、道、法诸家的政治学说形成了鲜明的对照。直到中国共产党领导中国人民建立新中国之后,自然科学及各种技艺才得到了应有的重视。与中国的传统文化侧重点不同,许多欧美国家在历史上就是重经济、重技艺、重商品生产,重个人才能的发挥。古希腊的君主一般除了具有武功以外,还相当注意科学技术等多种知识的积累。著名的亚历山大一世,就曾从学于被称为西方科学之父的亚里士多德。亚里士多德不仅是哲学家、思想家,而且是著名的物理学家、天文学家和生物学家。许多高级贵族官员都尊重科学技术,这种传统历久不衰,以至于形成了一种“希腊科学精神”。在古罗马史上,“奥古斯都时期就表现出由于加紧的建设与一般技术的发展而引起的对技术问题的兴趣。”[1]在以农业经济为主的人类古代社会,古希腊、罗马的商品生产就较为繁荣,这是整个古代社会绝无仅有的现象。商品经济愈发展,就与多种技艺的结合愈紧密,并且要求在社会生活的各个领域都用经济的眼光看问题。每个社会成员(当然包括秘书人员在内)都须具备经济头脑,从经济利益出发而尽可能地发挥自己的才能。在当今,欧美秘书学的研究中更是倾向于经济方面并注重个人技艺。比如要求秘书人员要懂得经济学、销售学、税务、商法、票据、会计以及商业心理学的一般知识,连秘书人员每分钟能记录多少个字母,每分钟能打印多少个单词等等,都作为鉴定标准明确地规定出来,而且不同岗位上的秘书人员还要求达到不同的能级标准,这就充分体现出注重技能的倾向。

其二,秘书学的整体发展呈现出不平衡状态,一些分支学科的研究超前于基础理论建设,而另一些分支学科的研究还处于空白状态。秘书学是社会科学的一个门类,但它还包容了许多分支学科,诸如党务秘书学、政务秘书学、军事秘书学、企业秘书学、科技秘书学、教育秘书学、法律秘书学等等都是它的分支学科。正如系统的文艺理论专著问世之前就有《乐记》、《诗品》、《文赋》等等出现一样,秘书学的研究也正呈现着一些分支学科的研究超前于基础理论研究的状况。我国现已出版的秘书学专著中,绝大多数属于秘书学的一个分支——政务秘书学的范畴。虽然从名目看来有《秘书学》、《秘书学概论》、《秘书学通论》、《秘书工作概论》等等的不同,但内容都以论述政务秘书活动为出发点和归宿。因此可以说,我国的政务秘书学研究已是成果累累,这是有目共睹的。然而政务秘书学固然是秘书学整体当中的一个极为重要的分支,但它毕竟不是能在最普遍的意义上概括一般的秘书活动规律的基础理论,更不能代替秘书学这个庞大的学科系统中的其他分支学科。因此,我们必须看到,在政务秘书学发展极为迅速的今天,不仅秘书学的系统的基础理论建设还很薄弱,而且还有许多分支学科(诸如党务秘书学、军事秘书学、法律秘书学、科技秘书学、教育秘书学以及私人秘书学等等)还成果稀少,有的甚至尚无人问津。诚然,任何一门学科的发展进程中,都会有其中的几个分支在研究上超前而起引导作用。但一门学科的发展,应力争基础理论的研究与各分支学科的研究同步并进。如果一些分支学科理论的研究大大超前,而另一些分支学科的研究严重后滞,以至于迟迟无人问津,那么整个学科体系就难免会出现无法掩饰的缺陷。

---

[1]〔前苏联〕科凡罗夫:《古代罗马史》,第704页,三联书店1957年版。

其三,秘书学理论体系的构建与指导社会应用实践的需要还有一段明显的距离。理论来源于实践,又对实践起指导作用。完全脱离实践的理论是空想的、无用的理论;而陷入对实践的描述不能自拔,则充其量只能是实践的积累,不能起到指导实践的作用。在秘书学的研究当中,目前还没有完全处理好理论与实践的辩证关系。在我国,专门从事秘书学研究的机构目前还是凤毛麟角,而进行秘书学研究的人员基本上来自两大系统:一部分是各高等院校、党校等教育部门中的教学科研人员;另一部分是各个社会系统秘书岗位上的实际工作者。这两类研究人员有着不同的研究指向,或是应秘书教育的急需而进行研究,其成果是为了直接教给教育对象秘书活动是“做什么”;或是局限于对眼前的秘书工作现象和经验的描述,由此而总结出秘书活动为了收到良好效果而应当“怎样做”。不可否认,这两种研究都有其现实意义,尤其是有直接的应用价值。但不论是叙述“做什么”还是总结“怎样做”,都难以称之为严格意义上的系统的基础理论,都与基础理论存有一定的距离。科学意义上的基础理论,不仅要论述“做什么”和“怎样做”,更为重要的是论述秘书活动“是什么”和“为什么”,即在归纳丰富实践的基础之上,高屋建瓴地概括出抽象的规律来指导实践。这样的基础理论就必然体现出滞后性、现实性与超前性的统一:它必须科学地总结古今中外早已出现过的丰富的实践经验,因而总是滞后实践;它同时与当时正在进行的实践过程相吻合,因而不能放弃对现实的指导作用;它还要面向未来,经得起时间的考验,因而必须内含超前性的思维导向。这样的理论体系才能称之为基础理论。因此,秘书学研究的任务还很艰巨,道路还很漫长,需经过艰苦的努力,才能建成科学的、完整的秘书学的理论大厦。

第二章　秘书活动的基本特征

毛泽东同志曾经指出:“科学研究的区分,就是根据科学对象所具有的特殊的矛盾性。”“如果不研究矛盾的特殊性,就无从确定一事物不同于他事物的特殊的本质,就无从发现事物运动发展的特殊原因或特殊的根据,也就无从辨别事物,无从区分科学研究的领域。”因此,“对于物质的每一种运动形式,必须注意它和其他各种运动形式的共同点,但是,尤其重要的,成为我们认识事物的基础的东西,则是必须注意它的特殊点,就是说,注意它和其他运动形式的质的区别。只有注意了这一点,才有可能区别事物。”[1]对于秘书活动的研究也正是这样,必须抓住这种职业活动与其他活动的质的区别,抓住它不同于其他事物的基本特征,才能发现这种职业活动特有的规律。

第一节　本质的中介性

“中介”是一个蕴含丰富的哲学概念,其基本意思是:介于中间的事物,介于中间的联系。所谓中介性,是指一事物的运动全过程都介于其他两种事物之间的特性:它的发生,需要其他两种事物的存在作为前提;它的成长,需要其他两种事物的延展作为条件,它的活动处处受到其他两种事物的制约——这正是秘书活动的本质特征。

一、秘书活动的主体处于中介地位

有史以来的秘书活动证明，秘书活动的主体——秘书部门或秘书人员——始终处于中介地位。秘书活动最早的发生包含于原始宗教活动之中。从事原始宗教活动的主要是巫、觋、贞、祝一类人物,他们的作用是代鬼神发言,沟通人与神之间的联系——将人的愿望上告于

[1]《毛泽东选集》一卷本,第283-284页,人民出版社1967年版。

神灵，又将神的意志转达给人类，从而充当人与神之间的信息媒介。他们处于人神之间的中介位置。虽然他们的原始宗教活动并不就是严格意义上的秘书活动，但无可辩驳的事实证明，它确实是秘书活动的源头。以此为基点，我们考察秘书活动几千年来的演变，就不难发现这样的规律：无论其活动主体是沿着巫—史—中书—尚书—秘书这条个体单线演化，还是沿着太史寮—中书省—参议府—办公厅(室)这条群体结构渐进，始终没有脱开中介位置。原因很简单：任何一个国家、一个部门、一个社会集团，都必然由领导者、管理者和被领导者、被管理者组成，倘若舍弃了一方，另一方也就失去了存在的条件和依据。秘书活动的主体正处于这两方的中间地带。

在现代社会中，秘书活动主体的中介地位更为明显。从一个组织的内部结构来看，秘书部门正处于枢纽位置，是贯通上下、联系左右的中间环节：

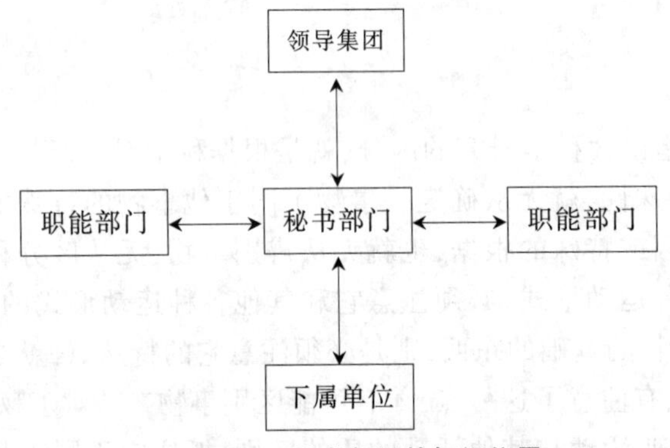

图2-1　秘书部门的枢纽位置

由图2-1可见，不论是领导集团与职能部门和下属单位之间的上下联系，还是职能部门相互之间的左右沟通，以及职能部门与下属单位之间的交叉联系，都要经过秘书部门这个中间环节。仅从文书的运行过程就能清楚地看到这一点。以本组织名义发出的文书，领导集团审批同意之后，经秘书部门的处理才能发往职能部门及下属单位；下属单位向本组织的行文需经秘书部门才能送到本组织的领导集团或职能部门手中。职能部门向上和向下行文也需经过秘书部门才能发出，职能部门相互之间的文书往来也要经过秘书部门才得以实现。可见，在一个组织内部，秘书部门处于中介位置是无疑的。

再从一个组织与社会各界的联系中也能看出这一特点。一般来说，一个组织要与社会各界进行联系，都要经过秘书部门才能实现交往；而社会上的其他集团或个人——无论是间接的上级领导，还是其他的社会组织或社会公众，与本组织的有关领导、有关部门进行联系，也要经过秘书部门。

由此看出，秘书部门确实处于中介位置，它是决策层和执行层的转换中介，是各个职能部门的联系中介，是内外信息交换的中介。在一个组织内部，它是构成组织整体的各有机体正常运转的枢纽；当组织对外发生联系时，它又是连接内外的桥梁和纽带。这种中介位置，正是秘书部门能够发挥综合职能作用的基础。

二、秘书活动本身处于认识和实践的中介点

如果从秘书活动的形态来考察，就会发现，秘书活动正处于人们的各种认识活动转化为实践活动的中介点上。人类社会的整个活动就是实践—认识—再实践—再认识的相互转化过程。人类的实践活动总是有意识、有目的的活动。正如马克思所说："蜘蛛的活动与织工的活动相似，蜜蜂建筑蜂房的本领使人间的很多建筑师感到惭愧。但是，最蹩脚的建筑师从一开始就比最灵巧的蜜蜂高明的地方，是他在用蜂蜡建筑蜂房之前，已经在自己的头脑中把它建成了。劳动过程结束时得到的结果，在这个过程开始时就已经在劳动者的表象中存在着，即已经观念地存在着。他不仅使自然物发生形式变化，同时还在自然物中实现自己的目的，这个目的是他所知道的。"[1]人类总是根据自己的需要和可能有目的地进行实践活动，而这种实践活动的一般过程是：提出目标—制订计划—采取措施—付诸实践。在这个将认识转化为实际行动并转化为物质效果的过程中，秘书活动所能起到的便是中介作用。

第一，秘书活动并不占据人们认识活动的终极（相对的，在一定条件限制下的），它不是对某种认识作出是否正确、是否全面、是否实施、是否终止的定论，最后的抉择是领导活动的内容。秘书活动在决策（某项具体认识相对的终极）中，只是以中间状态介入和辅助，而不能最后"拍板定案"。当一种新生事物出现在社会上的时候，秘书人员在其职能活动中只是及时而准确地搜集有关信息，并把它提供给领导作为参考。这条信息是否加以利用以及怎样利用，那是领导活动要解决的事。当组织的运转遇到一定障碍，发生一定困难的时候，秘书活动只承担反映情况的责任；采取什么措施消除障碍，需要领导活动做出决定，秘书活动无权定夺。当上级领导布置了任务时，究竟该怎样贯彻执行，秘书活动只能产生建议性方案，而最终的拍板也需领导活动作出。当下属单位发生了一定的问题，或社会公众对本组织的某一方面工作提出意见或建议时，秘书活动只能沟通情况；问题究竟怎样解决，是领导活动的任务。这一切都证明，秘书活动始终处于人们认识事物的中间状态，不能得出最后的认识结论。

第二，秘书活动也不能直接作用于实践客体。也就是说，秘书活动与改造客观世界的直接实践还有一定的距离，并不能直接与客观物质对象发生联系，而只能是间接地介入和参与。一个工厂的秘书人员能参与生产计划的制定，但他自己不能开动机器、生产产品，以保证计划指标的完成。一个学校的秘书可以参与制定教学计划，但他不能亲自到课堂上授课，实践教学任务。再如，法律秘书不能直接办案、医学秘书不能直接给病人治病等等，都是同样的道理。职业的中间性，使得秘书主体的职能活动只能表现出中介形态，这都证明秘书活动的中介性地位和作用。譬如要搞一项工程，秘书人员搜集了大量的资料供领导决策（作出正确的判断），又将决策以文件（或其他）形式下发实施，秘书人员既不是决策者，也不是实施者。显而易见，他们所起到的只是沟通上下的中介作用。

三、秘书活动的功用呈辐射状发挥

秘书活动所指的对象是多方面的，而不是单向性的。秘书活动必须顾及上下左右，因而

[1]《马克思恩格斯全集》第23卷，第202页，人民出版社1974年版。

便体现出中介特性。如果说在旧时代,秘书活动过分地强调为首领服务、为长官服务、为上司服务、为直接雇主服务的话,那么在现代社会中,人们已经意识到了这种观念的片面性、狭隘性和不合理性,而且用明确的要求和实际的行动纠正着这种片面指向性。中央领导同志曾明确指出:中央办公厅工作的指导思想是围绕党的总目标、总任务,做好“三服务”,既为中央服务、为中央各部门和各省、自治区、直辖市服务,为人民群众服务。“三服务”指导思想的提出,在秘书学理论的发展史上是一座崭新的里程碑。它既回答了多年来理论界争论不休的问题,又使秘书学的理论研究跃上了一个新台阶,完全符合唯物辩证法的普遍规律。秘书活动要为领导者服务,其大量的活动内容是根据领导者的需要而进行的,这一点毫无疑问。然而如果我们把秘书活动强调成仅仅是为领导者服务,这就不是全面的、辩证的,至少是有缺陷的。事实上,秘书活动不仅要为领导者服务,同时要为各职能部门和下属单位服务,还要为人民群众服务,这三个方面缺一不可。如果忽视了为领导者服务,秘书活动就没有必要;如果忽视了为部门服务,秘书活动就成了管理活动,违背了秘书活动的初衷;如果忽视了为群众服务,秘书活动就成了脱离实际,脱离群众,滋长官僚主义的温床。正因为如此,“三服务”的指导思想才是科学的、全面的、辩证统一的。它的科学之处正是在于摆正了秘书活动的中介功用,将三个方面辩证地统一起来,要求秘书活动的主体站在中介的位置,向上下左右各方面发挥辐射功能。温家宝同志说:“办公厅的业务工作很多,总的说都是为人民服务。”“过去我们讲‘三服务’,实际上是具体的体现在对上服务和对下服务两个方面。对上服务就是为党中央和各级领导服务,自觉地维护党的团结,维护集体领导和民主集中制,维护党的领导权威。对下服务就是为基层党组织服务,为党员和人民群众服务。因为我们的党是全心全意为人民服务的党,所以,无论对上服务还是对下服务,其最终目的都是为人民服务。我们应当自觉地把对上服务和对下服务统一起来,把对党负责和对人民负责统一起来,加强同各级党委的联系,加强同群众的联系。我们要努力增强服务观念,提高服务工作的自觉性和责任性,坚决克服脱离群众,脱离实际的倾向,把各级党委办公厅真正建设成为全心全意为人民服务的工作机关。”[1]这就明确地告诉我们,所谓秘书活动正是处于中间环节的秘书活动主体向四周发散功能的一种活动。虽然这种功能的发散并非对各个方面都是均衡的,但它必须呈辐射状,由此也正表现出它的中介特征。

第二节 成果的隐匿性

人们的任何活动,无论是体力的,还是脑力的,是职业性的,还是非职业性的,最终都会形成一定的成果。工人做工能生产产品,农民种田能获得粮食,士兵打仗能消灭敌人,商人贸易能赚取利润,学生学习能增加知识。但由于社会生活的复杂多样,社会职业的性质不同,因而造成人们的活动成果必然以不同的形态体现出来。有的活动成果是显露性的,比如工人生

[1]温家宝同志1990年1月在全国省区市党委秘书长座谈会上的讲话。载《秘书之友》1990年第5期。

产了多少产品,农民种出了多少粮食,作家写出了多少作品,教师培养出了多少学生等等,都可以用精确的数量和质量来测定。有的活动成果是模糊性的,人们只能看出其成果的大概面貌,以最好、较好、较差、最差等模糊概念来表示,难以用精确的数值去测定。比如某些社会活动组织者的活动,人们只能用“政绩显赫”、“政绩平平”、“毫无政绩”等模糊概念来表示。还有的活动成果是隐匿性的,即从表面的社会现象中似乎看不出其成果的存在,但其成果是确确实实存在着的。秘书活动正是这样,其成果的隐匿性,是秘书活动的又一特点。

隐匿性即指不显露的特性,秘书活动的成果不是显露的。从时间范围来说,自人类社会出现集团以来就有秘书活动。从空间范围来说,几乎凡有人群的地方都有秘书活动。但人们的社会成果当中哪些是秘书活动的成果呢?那一幢幢高楼的崛起,一片片粮食的丰收,一台台机器的运转,一批批商品的流通,一代代人才的成长,一个个国家的繁荣……似乎从任何一种事物中都难以看到秘书活动的成果。然而,事实告诉我们,凡劳动必有成果,不论是破坏还是建设,没有丝毫成果的纯粹意义上的无效劳动是不存在的。那么,秘书活动的成果又在何处呢? 答案只是一个:秘书活动的成果隐匿在服务对象的成果之中。

一、秘书活动的成果包容在领导活动的成果之中

秘书活动的基本任务是为领导服务,其工作性质的辅助性、服务性,决定了它必须根据领导的需要来进行,这也就决定了秘书劳动成果蕴含于领导成果之中。

领导者的基本职能是决策、计划、指挥、协调、控制,而这每一项职能的实现都包含着秘书的活动。决策是领导者最基本、最主要的职能。一切成功或失败,决策的正确与否关系最大。决策包括确立目标、拟订方案、方案优化、付诸实施等环节。确立目标时,秘书人员要进行大量的调查研究,为领导收集、提供足够的信息。拟定方案时,秘书人员要提出多种设想供领导选用。方案选优时,秘书人员要帮助领导分析评价,做出抉择。决策实施时,秘书人员要及时反馈信息,以便于领导拾遗补缺。可以说决策的每一个环节,都离不开秘书活动。计划是实施决策的前奏,是领导者预先考虑行动方针的过程。在这一过程中,秘书人员要帮助领导进行预测,编制实施步骤,落实执行单位,确定具体指标,安排工作进度。指挥是领导者和领导机关推动下层组织和个人执行自己的决定,并通过一定的方式,促使他们努力完成所承担的任务。在一过程中,秘书人员协助领导发布命令,动员下属,奖励或惩罚工作人员等等。协调是领导活动不可缺少的一项工作,但在很多时候,领导者难得抽空或不便于去做矛盾双方的思想工作,秘书人员便义不容辞地承担着这项职责。显而易见,领导活动的成果当中无不渗透着秘书活动的成果。当领导的一项决策取得了成功,一项计划得以实现,一席讲话赢得掌声,一纸命令立见成效时,秘书活动的成果就自然地蕴含于其中了。

秘书活动的成果之所以融入领导活动的成果之中,其根本原因就在于秘书活动与领导活动是同步的。其一,秘书活动与领导活动都是向着同一目标行进,都是为同一项事业的发展而行使职责。其二,在思想认识上,秘书要与领导者保持一致。从政治方面来讲,秘书和领导者都要与党中央保持一致,坚持四项基本原则;从意识、观念方面来讲,两者都应有“全局”、“整体”的意识,都要树立“时间”、“价值”、“效率”、“效益”、“服务”等观念。其三,在实际工作中,秘书人员常从领导者的角度出发来考虑问题,实施职能行为。如在撰写公文时,不论

撰写哪类公文,秘书都必须进入领导者角色,着眼全局,顾及全盘。尤其是在撰写领导讲话稿时,不仅站的高度与领导者相同,就连语气、文章风格亦要符合领导者的个性。领导者授权秘书去处理某件事,这时秘书就扮演着领导者的角色,并根据领导者的意见去办,决不能置领导意图于不顾而自行其是。其四,在接收信息方面,秘书与领导的范围基本相同,领导者外出调查或考察,往往带着秘书。此时的秘书与领导者,都是以调查者或考察者的角色出现。学习政策,阅读书籍和报刊资料的时候,两者的出发点及接触的内容基本是相同的。这样,秘书活动的成果包含在领导活动的成果之中也就不难理解了。

二、秘书活动的成果体现在组织形象当中

组织是社会的器官,社会是组织化的社会。现代人都要依附各种组织而存在和活动,而且人们每时每刻都在接受各种社会组织的服务,如商业服务、治安服务等等。在各种各样的组织中,人们又进行着各种有益的合作,在相互依存中使自己、他人和社会得到发展。可以说,人们的任何活动都离不开组织。秘书活动也是如此。然而,任何组织要在社会上求得生存并不断发展,就要树立起自己的良好形象。一个组织的形象如何,固然与该组织领导人的工作有直接关系,但与辅助领导者的秘书活动也紧密相关。因为秘书活动是维系整个组织运转的不可缺少的要素,秘书部门又是组织对外交往的重要窗口,秘书办文、办会、办事等职能活动,无不体现着组织的形象。秘书活动的成果也就体现在组织形象之中。

一个组织的社会形象,首先表现在办事效率上。而办事的质量与速度,又取决于该组织的机体的运转状况。如果该组织的各有机组成部分运转正常,办事自然顺畅;否则,就会影响效率,损害组织的形象。诚然,组织的正常运转有赖于健全合理的组织机构,有赖于科学的管理体制和方法;但秘书部门作为组织的枢纽,是发挥科学管理作用的综合部门,是推行科学管理方法的关键性机体,在组织内各机构的和谐运转中,秘书活动起着不可忽视的作用。当领导班子内由于信息不畅而产生误解时,秘书活动的信息沟通有利于领导间和谐共事;当上下级之间出现矛盾时,秘书活动的上情下达,下情上达,是消除矛盾的重要手段;当各职能部门之间出现事权交叉、事权冲突的失调状态时,秘书活动能发挥协调作用,使各职能部门分清权力与责任,各自把好关口;当组织内某一方面出现失误时,秘书部门能及时发觉并加以矫正。这些都说明,秘书活动正是以其富有成效的工作维护着组织的形象。

不仅如此,秘书活动中还有许多面向社会的内容,与组织的形象也直接有关。在信访活动中,秘书部门能以把握政策、耐心解释来满足信访者的合理愿望,说服其放弃非法企求,树立本组织公正清廉的好形象;在调查研究的过程中,秘书部门通过准确可靠的定量和定性分析,推出全面、真实的调查成果,为组织树立实事求是的良好形象。特别是在对外交往中,秘书活动更是对组织形象有着直接影响。社会的发展使得各类组织都必须加强对外交往的功能。不同地区、不同部门、不同行业之间的联系和交往,空前广泛。在对外交往中,秘书人员若不卑不亢,言行有节,从容大方,彬彬有礼,使人感到亲切、庄重和信赖,则能使对方通过秘书良好的精神面貌,看到该组织业务的兴旺气象和潜在力量,为组织树立良好的形象。这就有利于本组织与社会各界建立良好的人际关系,促进本组织与外界的合作。由此可以证明,一个组织的社会形象如何,内含着大量的秘书活动成果,这是确定无疑的。

三、秘书活动所取得的是间接效益

秘书活动的本质决定了秘书人员不是直接生产者，不能以产值、产量衡量其效益；秘书人员也不是执掌某一领域、某一层次、某一部门实际权力的决策者或管理者，不能以其决策管理的成效来衡量其效益。秘书活动的效益，一般难以直接反映出来，也很难衡量其大小。秘书常被人誉为“无名英雄”，这除了是对秘书任劳任怨、不为名利的品格称赞外，也是对秘书活动效益特征的生动概括。然而，尽管秘书活动的成果很难用具体的数据指标来表述，但毫无疑问，秘书活动能够使一个单位的工作效益得到提高。秘书活动的结果，无不影响着生产效果、经营效果和管理效果。正是从这个意义上可以肯定，秘书活动所取得的是间接效益。

秘书活动的职能范围，规定了秘书人员不能直接进行决策，不能直接进行管理，也不能直接到社会第一线生产产品。因此，秘书活动的各项职能实践所取得的只能是间接效益。如参谋咨询，辅佐决策，为管理者献计献策等，参谋建议方案被采纳之后，所取得的效益主要表现为领导人的管理效益和决策者的决策效益。秘书出谋献策的间接效益，铺垫在领导的决策效益之中。秘书的沟通协调活动，为失调各方消除了隔阂，解决了矛盾，其效益就体现在各部门和谐融洽、配合默契的工作效益中。秘书人员管理事务，为领导者、管理者节省了时间和精力，解脱了繁杂事务的缠绕，其效益反映在服务对象的工作效益中。秘书人员进行检查督办，有力地敦促决策执行部门把握办事方向，加快办事速度，提高办事质量，其工作效益反映在检查督促对象的工作效益中。秘书人员为领导者和各部门及时准确地提供信息，其效益蕴含在信息使用者的工作效益中。秘书人员撰拟、审核、印制、发送文书，其效益体现在文书的责任承担者、收受者和承办者的执行效益中。秘书人员组织操办各种会议，其效益体现在参与者的与会收获及会后效益之中。诸如信访工作、接待工作、资料工作、保密工作等等，都难以反映秘书活动的直接效益，而只能反映在工作对象或有关方面的工作效益中。

总之，间接效益性是秘书活动的一大特点。秘书人员必须正确地认识这一职能特点，才能够在实际工作中乐于为奋进者铺路，为决策者献计，为迷茫者传递信息，为矛盾者调解纠纷，为倦怠者打气鼓劲，从整体上提高组织效益。由此看来，秘书活动虽然取得的是间接效益，但对组织的整体效益的提高，有着无可替代的作用。如果没有秘书活动，组织的整体效益将受到重大影响。因此，就其重要性而言，秘书活动与其他部门的活动相比毫不逊色。

第三节　主体角色的多重性

人类的任何活动都是主体作用于客体的活动，而活动的主体，都表现为特定的角色。所谓角色，是指占有一定的社会地位、并受到社会成员公认的具有一定特性的人物。因此，角色都是社会角色。换言之，角色即是指一个社会成员所处的地位、所从事的职业、所担任的职务等因素的总和。在戏剧中就有生、旦、净、末、丑各种角色来表现不同的性格；在社会生活这个大舞台上，也需要不同角色的人物来担负不同的使命。角色与社会位置是相互联系，不可分离的。一个人在社会中占有何种位置,他就会成为何种角色。比如在教育岗位上的人主要表现为教师角色,在医疗岗位上的人,主要表现为医生角色。角色必然表现角色行为——一个人接受社会指派的角色以后,便根据社会的期待表现出特定的行为。角色行为是被个人担任的角色所诱发出来的行为。它受自我意识的影响,有时甚至被自我意识所决定。一个人担任了某种角色,社会期望他怎样做,他就会怎样做,这就是被诱发出来的角色行为。一个人意识到他担任某种角色应该去做什么,应该怎样去做,于是就去做什么,就去怎样做,这就表现出角色行为是受自我意识的影响的。就具体的个人来说,角色行为有其统一性和完整性。然而这里还有一个角色规范的问题, 即组织上根据实际工作需要而期望角色应该达到的行为模式或行为标准。将角色、角色行为和角色规范联系起来,即一个人占有一定的社会位置,并为社会成员所公认,就成为社会角色;担任一定的角色的人应该具有的行为,表现为角色规范;而他的实际表现则为角色行为。如果一个人的实际行为同社会所预期的行为相吻合,说明他的角色行为是成功的,是符合角色规范的。因此,每一个社会角色都应要求其角色行为与角色规范最大限度的吻合。

每个人都担任一定的社会角色,但任何人的社会角色都不是单一的、固定的、一成不变的。一个男性,可以同时是家长、公司经理、集团顾问;一个女性,可能同时是家庭主妇、学校教师、科研团体的成员。一般来说,一个人在一个稳定的工作岗位上,其角色是相对固定的,厂长就是厂长,工人就是工人,车间主任就是车间主任。但也有特殊情况,即一个人在一个稳定的工作岗位上担任着多重角色,秘书活动的主体——秘书人员(部门)正是这样。从表面看来,秘书是一种固定的社会角色,要以自己的角色行为尽可能地与社会所要求的角色规范相吻合,完成社会所赋予的使命。然而由于秘书所处的社会地位的特殊性,便决定了秘书人员必须扮演多重角色。

一、助手角色

助手角色是秘书人员在其职能活动中所扮演的基本角色。古今中外都要求秘书人员要当好参谋、助手,这就说明了社会对其角色行为所期望的角色规范。“一个精干而可靠的秘书不仅是经理和工作人员之间的桥梁,而且还应当是经理的左右手。”[1]

秘书人员在其职能活动中,绝大多数情况下是以领导者的助手角色出现的。在决策过程中,秘书人员的职责是搜集资料、提供方案、参谋建议、准备接受领导者的咨询;但不拍板定案,不决定取舍。在文书处理过程中,秘书人员撰拟文稿、核查文书的内容与形式,对公文提出处理意见和办法,提高办文质量,加快办文速度;但不决定一份文书是否执行,以什么方式执行。在筹办会议的过程中,秘书人员要准备会议文件、安排会议事项、记录会议内容、收集会议资料;但不决定会议是否召开,不在会上发表讲话,不决定事项。在日常工作中,凡有领导活动的地方,大都有秘书活动融入其中,而且往往为领导准备于前,延伸于后。这样,秘书活动就在领导活动中发挥着不可缺少的辅助功能, 秘书人员也就时时处处充当着助手的角色。正是这种助手角色,使得秘书与领导的关系格外亲近,相互理解,配合默契。因此,领导经

[1][美]安娜·埃克丝蕾,安娜·约翰逊:《韦氏秘书手册》,第3页,中国新闻出版社1985年版。

常选用自己最信赖的人员来担当自己的秘书。孙中山选配夫人宋庆龄为秘书。美国总统中，约翰尼西·亚当斯和约翰·泰勒都安排自己的儿子为秘书，詹姆斯·波尔克和安德鲁·杰克逊安排自己的侄子为秘书，詹姆斯·门罗的秘书是他的弟弟和两个女婿，麦金利的秘书是在总统竞选中给予其重要支持的约翰·艾迪生·波特，曾任过英国首相的温斯顿·丘吉尔的秘书的斯坦豪斯小姐和戴维斯小姐，都是丘吉尔最坚定的支持者。这些都证明，秘书人员是领导身边最重要的助手之一。然而无论秘书人员多么受到领导的信任、重视、甚至偏爱，其职务和地位都决定了他不能参与领导活动，而必须恪守助手角色的角色规范——不越职越权，不自作主张，不"挟天子以令诸侯"，而以忠诚、勤奋、敏捷的行为辅助领导者、服务于社会各界，这正是社会对于秘书角色所要求的基本行为模式。

二、智囊角色

智囊角色也是秘书人员常扮演的角色。智囊者，智慧集存处之谓。唐代颜师古对智囊的释义是："言其一身所有皆为智冥，如囊之盛物也。"可见智囊是指足智多谋的人们。智囊角色，即是在一定的组织或集团中担负出谋划策职责的社会角色。智囊角色在古今中外的各类组织中都是存在的。古代、近代有智囊人物，现代有智囊系统。不论其表现为个体还是群体，都以运筹谋划、多谋善计为角色特点。由于社会的需要，智囊即成为一种社会职业，现代社会的参谋部、研究室、咨询所等等即是。然而，秘书人员也常常扮演这种角色，其根本原因在于：其一，任何领导者的智能都是有限的，任何人都不可能是无所不知、无所不能的全才，因而就需要有为其出谋献策的角色以辅助之。其二，智囊虽然已成为社会职业，但由于种种条件的限制，不可能在每一位领导的身边都配备专门的智囊系统来为其谋划，这就需要贴近领导者的秘书人员充任这一角色。其三，社会发展的多样化、复杂化，使得领导者经常面临多种多样的问题，政治的、经济的、法律的、人际关系等多方面的矛盾会接踵而来。如果领导者就这多方面的问题一一向专门的智囊机构求教，会误时误事，影响效率。而秘书人员则时时在领导身边，有条件担负起智囊角色的职责。这样，秘书人员就在自己的职能活动中常常扮演着智囊角色——当领导者对某一项的政策界限不够明了时，秘书人员就需提供可靠的政策依据；当领导者对某种新事物尚未觉察时，秘书人员就须及时输送信息；当领导不太清楚某一方面的法律规定时，秘书人员就该提供资证的法律条文；当领导者在某一问题上举棋不定时，秘书人员就应分析利弊得失，帮助其当机立断；当领导者为某一难题而苦思冥想时，秘书人员须积极地出主意、想办法，帮助领导解脱困境。总之，在秘书活动的实践中经常体现着秘书人员的智囊功能，因此，也就决定了秘书人员必然扮演智囊角色。

三、组织者角色

秘书人员在其职能活动中所扮演的又一角色是组织者角色。组织者即是统筹策划安排一个团体活动或一项活动的程序、环节的社会角色。组织者角色和领导者角色，既有相同之处，又有明显区别。二者相同之处在于：都要从全局着眼，站在系统整体的高度，高屋建瓴地审视事物，观察问题，考虑策略；而不同之处在于：在一项活动开始之前，组织者所进行的是发起、策划的活动，而领导者则侧重于在宏观上把握方向。在一个社会集团当中，组织者的职责是筹划安排集团内的各个机构(包括领导者在内)的日常活动;而领导者则定夺各个机构进行活动的方针策略、目的和要求。这样,秘书活动的主体——秘书部门或秘书人员,就经常扮演着组织者的角色。显然,组织者角色和助手角色截然不同。如果说助手角色带有较浓的被动性、从属性色彩的话,组织者角色则较多地体现着主动性的特色。通常一个社会集团中涉及全局性的活动,都是由秘书部门组织安排的。比如一个工厂要在全厂范围内进行一次增产节约、增收节支的教育活动,首先就要提出计划安排,之后,便要召集有关负责人统一认识,决定行动方案和步骤,再按照计划一步步实行。在这一活动中,秘书部门要搜集资料,提出计划,召集有关人员进行讨论。在这一系列的活动中,秘书部门担当的都是组织者角色。再比如召开一次会议,领导者把握的是会议宗旨、会议方向、会议效果;而秘书部门则要准备材料、印发通知、召集人员、安排议程、负责服务。在这一系列的过程中,秘书部门仍然担任着组织者的角色。在日常工作中,秘书部门为领导者安排工作日程,为本集团的整体行动部署程序,都体现着组织者的角色特点。而当领导者授权秘书部门承办某一活动时,秘书部门便集组织者角色与领导者角色于一身了。由此可以看出,秘书部门担当组织者角色是正常的,经常性的。也正由于组织者的角色行为,更加典型地体现了秘书部门的枢纽地位。

四、公共关系活动家角色

秘书人员在其职能活动中还扮演着公共关系活动家的角色。公共关系是指一个组织运用各种传播手段,在组织与社会之间建立相互了解和信赖的关系,并通过信息的双向交流,在社会公众中树立起良好的形象和较高的信誉,以取得理解、支持和合作,从而有利于本组织目标的实现。公共关系的概念虽然是现代社会的产物,但公共关系的思想(运用传播手段来扩大影响,争取社会公众的信任和支持)却很早就体现在人们的社会活动当中。在古希腊,对于沟通技术常常给予很高的评价和奖酬,深谙沟通学问的演说家常被推为首领。古罗马的儒略·恺撒就依靠沟通技术而登上了最高统治地位,他的纪实著作《高卢战记》被人称为“第一流的公共关系著作”。在古代中国,盘庚迁都就曾发表过多次书面讲演,以说服民众,取得支持。美国的各种竞选活动,更是公共关系活动最集中、最激烈、最有代表性的大表演。候选人在竞选过程中周游各地,发表演说,举行记者招待会,访问选民等等,都得依靠大批专家组成的竞选班子为其竞选活动进行设计:到什么地方去,穿什么衣服,说什么话,怎样和人握手,亲吻什么样的小孩等等,一切都是精心设计好的公共关系活动。当社会的发展使得生产方式冲破了自给自足的自然经济的束缚,由封闭式的小生产转变为开放型的大生产的时候,人际交往,社会联系也就越来越密切、越来越频繁。任何个人、任何团体、任何组织以至任何国家, 都不能囿于专业的局限、部门的局限和地域的局限之中而与社会各界“老死不相往来”。这样,任何个人或集团都必然处在多维的、多向的、错综复杂的关系网络当中。人类正视了这种现象,于是职业的公共关系人员和集团便应运而生了。但对一个组织来说,仅仅依靠专职的公关人员和部门进行公共关系活动是远远不够的;而且在我国现阶段,专业的公共关系人员和部门还不多见。因此,各类组织的秘书部门和秘书人员就承担着一部分公共关系职责,扮演着公共关系活动家的角色。这是因为,秘书部门处于各类组织的枢纽地位,担负公共关系职责有许多便利条件:其一,秘书部门能掌握一个组织内部的全部情况,从生产到生活,从政治到经济,从领导到群众,从物质水平到精神状况等等无所不知,因而便于和社会各界进行沟通。其二,秘书部门能掌握社会各界的发展变化的动向,能够比其他部门更迅速、更准确地捕捉信息,这就容易把握社会生活的脉搏而进行有效的公共关系活动。其三,秘书部门要沟通上下、协调内外、联系左右,接触面广,交往量大,因而占有着进行公共关系活动的有利条件。譬如,政府机构的秘书部门要收集社会各界的反映,要对外发布信息,要安排领导经常接触群众,要协调各个职能部门的关系;工商企业的秘书部门要经常保持内外的信息交流,要协调企业与股东、与供应商、与原料商、与用户、与教育科研部门、与社区、与竞争对手等方面的关系;即使是科研团体的秘书部门,也要经常与人事部门、财政部门、原材料供应部门、生产部门以及出版界、学术界等等进行联系。在这些活动过程中,秘书部门要运用各种传播沟通手段,卓有成效地为建立本组织在社会公众中的信誉和良好形象做出努力,这就扮演了公共关系活动家的角色。

由此看来,秘书活动主体的多重角色特征是无疑的。多重角色的扮演,客观上就增加了秘书活动的主体进行其职能活动的难度,因而也就往往发生角色位移、角色混同、角色冲突等现象,秘书活动中超权、越位、不称职等等问题都可以在这里找到缘由。只有扮演好多重角色并能及时进行角色调适,使之与其作用对象角色相容的机构和人员,才能算是合格的秘书活动的主体。然而,不论是智囊角色、组织者角色还是公共关系活动家角色,都是其基本角色——助手角色的转化和延伸。把握住这一点,就是把握住了秘书活动的主体——秘书部门或秘书人员社会角色的本质。

第三章　秘书活动与社会文化

秘书活动是人类的一项基本的社会活动,是社会生活不可缺少的有机组成部分。秘书活动产生于社会生活,又受到社会文化的制约。社会文化的形态决定着秘书活动的基本形态,社会文化的内容决定着秘书活动的内涵,社会发展的水平和程度决定着秘书活动的水平;同时,秘书活动也影响着社会文化的各个层面。

第一节　秘书活动与社会物质文化

人类最基本的活动是物质生产活动。正是在物质生产的基础之上,人类才产生了意识和语言,才与其他动物真正区别开来而进入人类社会。马克思指出:“物质生活的方式制约着整个社会生活、政治生活和精神生活过程”,[1]“在历史上出现的一切社会关系和国家关系,一切宗教制度和法律制度,一切理论观点,只有理解了每一个与之相应的时代的物质生活条件,并且从这些物质条件中被引申出来的时候,才能理解。”[2]因此,应该从“直接生活的物质生产出发来考察现实的生产过程,并把与该生产方式相联系的,它所产生的交往形式,即各个不同阶段的市民社会,理解为整个历史的基础,然后必须在国家生活的范围内描述市民社会的活动,同时从市民社会出发来阐明各种不同理论产物和意识形态,如宗教、哲学、道德等等,并在这个基础上追溯它们产生的过程。……这种历史观和唯心主义历史观不同,它不是在每个时代中寻找某种范畴,而是始终站在现实历史的基础上,不是从观念出发来解释实践,而是从物质实践出发来解释观念的东西。”[3]对于秘书活动的研究也是这样,只有从物质

[1]《政治经济学批判序言》,《马克思恩格斯选集》第 2 卷,第 82 页,人民出版社 1972 年版。

[2]恩格斯:《卡尔·马克思的〈政治经济学批判〉》,《马克思恩格斯选集》第 2 卷,第 117 页,人民出版社 1972 年版。

[3]马克思,恩格斯:《德意志意识形态》,《马克思恩格斯全集》第 3 卷,第 42–43 页,人民出版社 1964 年版。

生产的基础出发，才能弄清它的来龙去脉，发现其中规律性的东西。

一、秘书活动是一定的社会物质生产状态下的产物

迄今为止，人类社会已经走过了300多万年的历程。在这漫长的岁月里，人类99%以上的时间是在原始社会中度过的。原始人类社会的生产力水平十分低下，主要的生产活动是狩猎、捕鱼、采集植物叶果来饱肚暖身。这种生产方式的局限性和所获取的物质生活资料的贫乏状况，就决定了以沟通信息为主的原始秘书活动只能利用自然物来进行。原始人认为"乌龟""蓍草"有灵，"龟千岁而灵，蓍百年而一本生百茎"，于是，原始秘书"巫"就用烧灼甲骨占卜的"卜法"和排列蓍草占卜的"筮法"向人们传达神的意愿，形成了一种尊神文化。"巫"掌握的这种尊神文化，被氏族首领用来探求神意，组织开展狩猎、捕鱼、采集等等生产活动，以及用部落战争的方式获取物质。他们的一切活动，都需要"巫"代鬼神传达旨意来指导。于是"巫"(祝、贞等)就成了跟随同盟或部落酋长的秘书人员。巫以求签问卦、代神传言、预测吉凶为主要职责，因此，"巫"就成了人类在采猎时代出现的"卜筮秘书"。

原始人群部落出现以后，人们在长期的共同劳动中，由于协同动作，交流思想，表达感情的需要，于是就逐渐产生和发展了语言。但由于受时间和空间的限制，语言既不能传到远处也不能长久地保存。为了传递信息和记载事务，人类利用当时仅能获得的物质资料创造了多种记事方法，如用绳子打结叫"结绳记事"，在树木竹子上刻符号叫"列齿于木竹记事"，在骨石上契刻叫"书契记事"，还有"画卦立象记事"，"画图记事"等等，这些方法一直被运用在原始的秘书活动当中。由此可见，秘书活动萌生于一定的物质生产基础之上，并必然受到社会物质生产水平的限制。

二、秘书活动是社会物质文化发展特征的表现

一定社会的物质文化主要表明人在物质生产领域认识、掌握、改造世界的物质力量及其发展程度。人们为了获得衣食住行等所需要的物质资料，必须不断地创造和使用生产工具，进行生产活动，改造劳动对象，以获得生产和生活资料，从而能够创造人类的物质文化，即由物质生产活动所创造的文化。在这里不容忽视的是，社会物质文化的发展水平在秘书活动中得到了有力的体现。换言之，秘书活动生动地体现着社会物质文化的发展脉络。

撰制文书是古今中外的秘书活动中最基本的职能，而文书的物质载体，则是秘书活动表现社会物质文化的最好见证。从"砾石人"时代到"用火人"时代到"尼人"时代(母系社会萌芽)，到"智人"时代(血缘氏族形成)，再到"文明人"时代，人类将多种物质用于制作文书的材料，最早是用石头，之后世界各地用各种不同的地方特产物质来制作文书：中国人用过竹和帛，印度人用过棕榈树叶和树枝，巴比伦人用过泥板，罗马人用过蜡版，小亚细亚人用过羊皮，直到公元2世纪之后，人们才逐渐用纸来书写文书。石头是随处可取的一种天然材料，且适于长期保存，所以它是人类最早用来制作文书的物质材料之一。在古希腊、古埃及、古印度、古代两河流域，都有许多刻在岩石、石板、石碑上的文书。现存最早的石头文书，是大约公元前27世纪埃及古王国时期的"梅腾自传"，用象形文字刻在墓室之上。1799年，拿破仑远征埃及时，士兵们在尼罗河三角洲的罗塞达城郊发现了一块黑色玄武岩石碑，这块石碑上

面,用埃及僧侣体、通俗象形体和古希腊文三种文字,刻着底比斯祭司约在公元前195年献给当政的国王托勒密五世的颂扬其功德的铭文。古希腊人常把有关国家法律、宗教等内容的铭文刻在祭台、供桌、神庙的墙壁、柱子以及神像的台座上,在奥林匹亚就发现了石刻的希腊最古的外交文书——伊利斯与赫赖亚两国的协约。古代印度也盛行把一些重要法律或宗教文书刻在大石柱上,置于显著之地,让臣民们随时见到,以便遵守。著名的古巴比伦的成文法典《汉谟拉比法典》也是刻在石柱上的。不仅如此,英国学者阿尔图·伊文思(1851—1941)对爱琴海地区克里特岛的发掘,就发现了世界上最早的石刻印章。这些印章是用冻石和皂石雕刻而成,印章的形状有三角形、圆锥形、圆筒形或圆形,还有鸽子、小猴、两头鸟等鸟兽形印章,其画面是丰富多彩的。印章作为秘书活动的"专控物品",在这里生动地表现了社会物质文化的发展形态。其一,在米斯诺王国时期,石器生产已达到全盛时代,人们的雕琢工艺已经相当精湛;其二,人们生活中与动物的关系极为密切,正处于由认识动物向征服动物演变;其三,古代克里特人航海业和渔业非常发达。这些都有力地印证了秘书活动对人类物质文化形态的表现。直到现代,秘书的"专控物品"印章中,还处处体现着社会文化。比如我国各级政府机关的印章上都刻有国徽;各企事业单位的印章上都有红五星标记;中国共产党是工农联盟的党,各级党组织的印章上便有铁锤与镰刀相交叉的代表性图案。

物质文化有着地域特征,文书物质载体的就地取材也正体现了这一点。美索不达米亚平原上石头较少,而粘土却很多,于是古代两河流域的早期居民苏美尔人,就将粘土制成软泥版,用削尖的芦秆、骨条或木棒书写在泥版上,然后晒干保存起来,就成了泥版文书。在西亚巴比伦、拉格什乌尔、玛里、尼尼微等古城遗址都发现了大量的泥版文书。尼罗河流域的沼泽地带有一种水生植物纸草,古埃及人把它剥去茎皮,剖成薄片,经过浸泡、槌打、压平、磨光,制成两面光滑的纸草纸,再用灯芯草作笔,蘸着乌贼鱼的汁液和树胶在上面书写,写后还可以把若干片纸草纸粘成长幅或卷成纸草卷,易于书写、收藏,移动和查阅,比石头文书和泥版文书进了一大步。现存最早的纸草文书是在埃及孟菲斯附近的萨卡拉发现的"伊浦味箴言",记载了世界上最早的一次奴隶大起义的情景。英国人哈里斯在埃及底比斯近郊的一个墓室中发现了一份由79张大纸草粘在一起的长达40米的纸草卷,命名为"哈里斯大纸草书",是古埃及传世最长的官方文告抄本。再如古罗马广泛使用的蜡版文书,欧洲、美洲普遍使用的羊皮文书等,都是秘书活动表现社会物质文化的证明。美国的三大立法文件《独立宣言》、《美国宪法》、《人权法案》就是典型的羊皮纸文书。

秘书活动反映一定社会的物质文化,还表现在工具的运用方面。工具是社会生产力发展水平的标志,是社会物质文明最有力的体现。任何工具都是人体器官功能的延伸——起重机是手臂的延伸,车辆是腿脚的延伸,望远镜、显微镜是眼睛的延伸,电话是耳朵的延伸,电脑是人脑的延伸,而这种种延伸——多种工具的发明与使用,都在秘书活动中得到了体现。火的利用给卜筮秘书活动带来了灼骨裂纹兆事传达神意的方便,铜器冶炼术使秘书们能以金鼎铭文记下国家大事和皇王的言行。再如笔的发明、纸的制造、印刷术的出现、打字机的发明、电子计算机的诞生等等,人类物质生产的种种成果,不仅能在秘书活动中得以表现,而且很多工具和手段最初就应用于秘书活动之中。美国幽默作家吉姆·莱特曾形象地说明了生产

工具与秘书活动的关系：[1]

对大多数经理来说，办公室自动化革命似乎只是一个80年代的现象——一个诸如微型计算机、纤维光学、蜂窝式无线电活动电话、第4组传真机、桌面刊印技术、高技术誊印机以及专用小型交换机等种种奇特技术的大杂烩。但是，为了理解办公室技术事实上走了有多远，我们有必要对其发展进程进行全球性和历史性的透视。下面就是这个无人述说过的故事，它告诉我们今天自动化的办公室是如何一步步来到现实中的。

公元前15000年，石器时代的人们感到在居室里工作太使人分心，开始改变工作方式。已发现他们劳动的洞穴空间沿洞壁挖有一些小单元，这就他们的工作站。在那里，劳动者们画了一幅幅红色的图画，再现了柱牙象[2]市场的交换情景，反映了土地的主人取得的进步。

公元前12000年，与农业的出现相一致，世界上第一个蚕豆计数器问世了。

公元前4000年，随着纸莎草纸的发明，埃及人永远结束了无纸办公的梦。

公元前3000年，中国人发明了手控计算器，他们管它叫算盘（自动业务记账和计算的实用系统的简称）。这一发明使青铜时代的人类能计算10以上的数而无须再脱靴子了。算盘的另一优点是携带方便和不用电池。但业已证明它有一个主要的弱点：没有打印输出的能力。

公元前1580年，埃及人发明了扶手椅，这是人类尝试按照人类工程学的原理设计工作站的较早的突破。

公元前600年，亚述人发明了图书馆，这是已知最早的数据库。次年，一场地震把它震塌了，这条消息只好重新输入。

公元前444年，希腊人发明了一日快信投递系统，就像长跑信息从马拉松带到雅典那样。但这个系统却渐渐暴露出一个致命的设计缺陷（要求超乎常人体力的奔跑速度），从而这一理想未能进入实用化——尽管直到今天仍有成千上万的人在为这个工作而顽强地训练。

公元前46年，儒略·恺撒在超过期限两周之后发明了现代日历，但直到他已经大功告成，人们才恍然大悟。

公元600年，誊写圣经的爱尔兰修道士发明了桌面刊印技术，并把这一作书过程描述为“装饰”。修道士们还发明了首字“WTDSIWIDG”——这是一句话的单词首字母缩写，意思是：“你所真实看到的就是你所真实得到的。”

公元1450年，德国的乔汉尼斯·盖丁堡发明了印刷机，使一项印刷革新成为可能。

公元1516年，第一个公共邮递系统在维也纳和柏林建成。寄出的第一个邮件是一张账单，第二个邮件是一些胡投乱寄的广告，第三个邮件是一张支票。前面两个邮件按时送达了，但那张支票至今还在投递途中。

公元1795年，法国的尼古拉斯·杰克斯发明了最早的手指状的书写工具，他把它叫

[1]郑华陵：《办公室现代化进程中的历史性时刻》，载《秘书之友》总第46期。

[2]考古证明，冰河四纪有柱牙象存在，其象牙化石长40cm，直径6cm。

做“铅笔”,但直到差不多5年以后,削笔刀也问世了,人们才想起这位铅笔的发明家。

公元1805年,第一个文字书写器上附带的更改文字软件被发明,人们叫它“擦除器”。

公元1867年,在美国的威斯康星州密尔沃基市,休尔斯、格里堡和休尔发明了打字机。同一年,亨特和彼奇发明了“QWERTY”键盘。次年,另一个重要的突破来到,打字机色带产生了。

公元1875年,爱尔兰人约翰·罗伯特·格里发明了现代速记方法,使全世界讲英语的国家里办公室中的秘书们拼写速度达到了每分钟120个单词。

公元1876年,两个加拿大儿童用一根细绳把几个锡罐头盒连起来,不知不觉发明了第一个专用小型交换机。

公元1913年,一个意大利的墨水制造商发明了紫墨水,为油印机的诞生铺平了道路。

公元1935年,一位洛杉矶商人发明了活动式小汽车电话,但是不可能找到这样长的电话线,所以他的发明终未能进入实用化。

公元1946年,最早的复印机出现了。但只是到办公室的工作人员们发现它在复制奇闻趣事方面的特殊用途,它才成了到处受欢迎的客人。

公元1980,传真机开始盛行。人们惊奇地发现,他们能够在转瞬之间把刚刚照相复制的信息从世界的一边传送到另一边。

吉姆·莱特勾勒的这条粗线条轨迹虽然不能囊括办公用具发展的全部历程,但却生动地说明,各类工具的演变与秘书活动紧密相关,并且能在秘书活动中得到典型的体现。工具的改革本身就是社会生产力发展的标志,而社会生产力的发展不仅能改善秘书活动的物质基础,而且能推动秘书活动观念的变革。这在信息技术推动办公自动化的进程中更有划时代的例证。自1947年世界上第一台电子计算机诞生,到1974年大规模集成电路计算机问世,特别是互联网的形成,高度密集化的信息技术改变了人们的思想观念以及思维方式、工作方式和生活方式。举足轻重的信息处理工作不仅给秘书活动提出了用高效率的现代办公手段取代低效率的传统人工方式的迫切要求,而且推动了社会新的分工。在中国,秘书是仅次于农民、产业工人和商业销售人员的第四大职业;在日本,从事秘书活动的人员比例日益增大,形成了在生产第一线的人员和在办公室工作的人员几乎各占一半的新格局。当蓬勃兴起的新技术革命浪潮把现代办公设备和崭新的信息处理技术推进到办公室内,就引起了秘书活动的一场深刻的变革——办公室硬件的自动化、系统化与办公室软管理的标准化、科学化相辅相成了。从物质的层面看来,似乎只是由计算机、打印机、复印机、传真机、视频设备、多功能电话等等组成了新型的办公自动化系统,然而这种物质条件的改变给秘书活动带来的却是具有划时代意义的历史性变化。标准化、程序化、智能化的秘书活动已经是大势所趋。秘书人员可以从繁重的事务当中解脱出来,把定型的例行业务交给计算机去完成,从而用更多的时间和精力来提高内在素质,提高工作效率,给其充分发挥参谋助手作用创造了良好的条件。

由此可得出结论,秘书活动是一定社会物质文化的产物,是社会物质文化发展水平的表现。它以社会物质文化为活动基础,必然受社会物质文化发展变革的制约与推动。

第二节　秘书活动与社会精神文化

秘书活动是属于社会上层建筑范畴的活动。因此,秘书活动与社会精神文化更有着不可分割的密切关系。

一、秘书活动与社会政治

“政治”是个含义广泛的词。我国古代思想家孔子说:“政者,正也”(《伦语·颜渊》),也就是率领人们走正道之意。他还说:“不在其位,不谋其政。”(《论语·泰伯》)。此处的“政”即政治,意指管理国家、治国平天下的大事。柏拉图、亚里士多德等人也认为,政治是实现正义、为民谋利、以达到最高“善业”的行为。这些都只是涉及了政治的表面现象,并没有深入接触到政治的实质。真正揭示政治本质的,是无产阶级的革命导师们。列宁指出:“政治就是各阶级之间的斗争”;[1]“政治是经济的集中表现”;[2]“政治就是参与国事,指导国家,确立国家活动的方式、任务和内容。”[3]这就明确地告诉人们:政治是阶级之间的关系,阶级之间的斗争,阶级性乃是政治的最本质的特性。而作为阶级斗争的产物和工具的国家,本身就是一个政治事务或政治现象。政治伴随着国家而产生,国家的统治与管理,便是政治的重要内容。而秘书活动与社会政治既有密切的联系,又有其相对的独立性。

首先必须肯定,秘书活动受一定的政治观点的影响,为一定的政治制度服务,从而体现出鲜明的倾向性,这是必然的、毫无疑义的。人类社会的一切活动都要受到社会政治的制约,秘书活动也当然不能例外。从奴隶制时代到封建时代、资本主义时代直至当今的社会主义时代,秘书活动都是在一定的政治环境中进行,受一定的政治需要的制约,为一定的政治制度服务,这是显而易见的。奴隶制时代的“左史记言,右史记事”,所记载的是奴隶主阶级的政治态度和政治行为。一条“王大令众人曰协田”的甲骨文书,赤裸裸地暴露着商王驱使奴隶为其耕种的情景;而西周金文中众多的王命文献,都是奴隶主阶级分封、命官、赏赐、征战、诰诫臣民的内容,明显地反映着统治阶级的政治意志。在古代埃及,有史记载的秘书活动完全是统治阶级施行政治统治的工具。著名的哈里斯大纸草上就有将奴隶作为财产来封赏捐献的真实记载:

(国王)献给(阿蒙)各神庙和神庙牧场的奴隶

在阿蒙之家,上下埃及之王乌谢尔·玛特·拉·美里阿蒙的神庙,在南方和北方,在神庙大臣的监督下,配备着应有尽有的财富。它的头数(奴隶)有六万二千二百二十六

[1]《列宁选集》第4卷,第370-441页,人民出版社1972年版。

[2]《列宁选集》第4卷,第370-441页,人民出版社1972年版。

[3]《列宁选集》第4卷,第370-441页,人民出版社1972年版。

个……

陛下捕获以为俘虏的叙利亚人、努比亚人,这是他献给众神之王阿蒙的家,穆特的家和洪利的家的,二千六百零七头(奴隶数)……

总计八万六千四百八十六头(奴隶数)。

牛,各种牲畜四十二万一千三百六十二只。

……[1]

同样,在底格里斯河上游发现的努西泥板文书当中,更有大量的买卖奴隶的记载:

关于哈比路奴隶的文书

辛·巴勒提是一个哈比路奴女。她自愿来到德希普·提拉的家中为奴隶。假若辛·巴勒提违背此约,逃行其他人的家中,德希普·提拉要把她——辛·巴勒提的眼睛挖出,并且把她卖掉。

(九个人的名字与书写人的名字和他们的画押,略)

(两个证人和书写人的名字,盖印,略)[2]

这些文书自然都是在古代的秘书活动中形成的。从它们本身的内容中,不仅反映出奴隶制时代奴隶主阶级的残忍面目和奴隶们下贱的不足以为人的地位,同时也反映出秘书活动为当时的奴隶主政治服务的一面。在奴隶制之后的封建时代以及资本主义时代都是如此。不论是在东方大地上的"中书出令、门下审议、尚书执行",还是在西方世界中的神权统治、骑士政治当中,秘书活动始终摆脱不了政治的制约。封建时代的秘书活动必然服务于封建专制制度,服务于封建主阶级对农奴和农民阶级的政治统治;资本主义社会的秘书活动也必然体现资本家的政治态度,服务于资本财团及资本所有制的政治需要。而在社会发生巨大变化的时代里,秘书活动的政治色彩则更为明显。革命的阶级或阵营中,秘书活动体现着正义的、革命的、进步的政治愿望;反动的阶级或集团中,秘书活动便体现着落后的、反动的、逆历史潮流的、倒退的倾向。如20世纪上半叶,中国共产党的秘书活动中对公文体式进行了变革,而北洋军阀政府顽固守旧的公文程式的现象,就是同一时代不同政治集团的秘书活动为不同的政治需要服务的例证。在社会主义新中国,其政治特点是以马克思列宁主义为指导思想的中国共产党,领导人民大众实行人民民主专政,人民享受着当家做主的权力,秘书活动中也就必然体现马克思主义的基本观点,体现中国共产党的正确领导,体现无产阶级和人民大众的意志,维护无产阶级政党的权威,维护人民群众根本利益,体现广大人民群众当家做主的政治愿望。

不仅如此,秘书活动的政治性,还表现在各个时代的各种组织对秘书活动主体——秘书部门及秘书人员的政治要求上。奴隶制时代要求秘书人员做奴隶主政治统治的驯服工具;封建时代要求秘书人员忠于君主,严守君君臣臣、父父子子的封建统治信条;资本主义社会要求秘书活动为资本运转效力,资本家要求秘书人员熟悉股票市场,了解雇主事务,精通跨国

[1]转引自周一良,吴于廑编:《世界通史资料选辑·上古部分》第26页,商务印书馆1974年版。

[2]周一良,吴于廑编:《世界通史资料选辑·上古部分》,第103页。

业务；而社会主义国家则要求秘书人员政治上坚定可靠，全心全意为人民服务。中共中央的领导同志明确要求“办公厅的干部应当政治上可靠，思想上敏锐，工作上勤奋，学习上刻苦，作风上严谨”。要求“办公厅工作人员尤其是各级骨干必须在思想上、政治上与党中央保持一致。对党的现行政策持反对态度当然是不允许的；认识不清、游移不定，也做不好助手和参谋工作。这些同志应当通过学习转变认识，改变思想。如长期转变不了，就不适宜于继续在办公厅各个关键岗位工作。”[1]江泽民同志曾反复强调：“办公厅的工作人员要在政治上过得硬，要同党中央保持一致。办公厅发表意见要跟党委一个调，不能两个调。”“中央办公厅要跟党中央保持一致，各省、自治区、直辖市党委办公厅同样要跟党中央保持一致，并且还要跟省、自治区、直辖市党委保持一致，这是党的政治纪律。”[2]温家宝同志则更加明确地指出：“办公厅是党的要害部门，要特别强调坚持坚定正确的政治方向。”“办公厅的所有工作人员，必须在政治上、思想上和行动上坚决同党中央保持一致，坚持一个中心两个基本点，紧紧围绕党的基本路线、方针和政策进行工作；必须自觉维护党中央的权威，维护各级党委的权威，坚决贯彻党委的决定和工作部署。这个标准很高，每个同志都要朝这个目标努力锻炼和要求自己。”[3]我国各级各类组织普遍要求秘书人员加强政治理论学习，学好马克思列宁主义毛泽东思想的和中国特色社会主义理论，学好党的路线、方针、政策，提高理论、政治水平，在日常工作中保持清醒的政治头脑，在大是大非面前能顶住风浪，站稳脚跟，保持坚定的政治立场。在实际工作中，对秘书人员的选拔、任命、提升、晋迁，都把政治标准放在首位；对秘书人员的奖励或惩罚，也首先从政治上着手。所有这一切都足以证明，不论是秘书活动的主体素质还是客体效果，都表现着鲜明的政治倾向性，都必须在一定的政治目标指导下，为一定的政治制度服务。这是明确的，不容忽视的。

然而，毋庸置疑，秘书活动并不是纯粹意义上的政治附属品，而是具有相对独立性的。其一，在阶级出现之前和阶级消灭之后的社会里，秘书活动就不表现政治色彩。马克思主义告诉我们：政治并不是从来就有的，也不会永远存在下去的。政治以国家的产生和存在为其产生和存在的前提和基础。换言之，国家“是关系全部政治的主要的和根本的问题”。[4]当国家随着阶级矛盾的不可调和而出现时，政治也伴随国家而产生，此间的秘书活动也就表现出政治的倾向性。然而，大量的史实证明，阶级产生之前就有秘书活动，国家出现之前就有秘书活动。此时的人类群体仅仅表现为集团，表现为组织，表现为群落，并不带有政治倾向性。因此，给此时的秘书活动也就难以涂上政治色彩。而当阶级消灭、国家消亡之后，人类的各种活动还是需要组织，需要管理，需要沟通，需要协调，秘书活动也就需要存在下去，但也不可能表现出政治倾向性。其二，即使是在阶级社会中，在国家存在的时代里，政治并不是社会生活的全部内容。那种把政治看成涵盖一切，将人们的举手投足都要用政治标准来衡量的观点和做

[1]王兆国同志1985年1月在全国秘书长、办公厅主任座谈会上的讲话。载《秘书实践》第21页，兵器工业部办公厅编。

[2]载《秘书之友》1990年第4、5期。

[3]载《秘书之友》1990年第4、5期。

[4]《列宁选集》第4集，第42页，人民出版社1972年版。

法,实质都会将马克思主义的政治学说引入形而上学的歧途。我们说,阶级社会中的秘书活动与政治制度密切相关,是指秘书活动的主要部分、占主导地位的部分,而并不是秘书活动的全部。事实上,阶级社会中的秘书活动也有相当一部分不表现政治倾向性。例如资本主义政治制度下许多自然科学家的私人秘书的活动,就是帮助科学家搜集资料、处理信息、进行科学研究,任何人也无法确定这种活动的政治倾向性。这就证明,秘书活动确实有它的独立性存在。

秘书活动的独立性,还表现在秘书人员的独立地位上。世界上许多国家,秘书人员属于"职业文官"(文职服务人员)的系列,文官系列的独立性也自然就体现了秘书人员的独立性。英国的文官就是指政府行政部门中除去"政治人员"(又叫政务官)以外的工作人员。美国的职业文官范围比较宽泛,包括公共事业单位的人员、政府、企业单位的管理人员,但也明确规定不包括从政治上任命的人员。法国的职业文官,包括中央和地方行政机关中非选举、非政治任命的正式工作人员及公共企事业单位的正式人员。日本的文官包括范围与美国类似。现代文官制度要求文官在政治上"保持中立"。西方各国都规定,文官不得参加某些政治活动,不介入政治斗争漩涡,不得担任选举公职(要担任,就要辞去文官职务),不得接受政治捐款等,并规定文官"无过失不受免职处分","不随内阁而进退",保证文官的职位、去留、待遇、前程不受党派政治斗争的影响。当然,各国的文官制度都是其政治制度的组成部分,但既然要求文官在政治上"保持中立",这本身就是意识到并且承认了文官系统的独立性,从而也就包含了秘书活动的独立性质。虽然这种独立性只是相对的,但如果抹煞了这一点,秘书活动就无从谈起,秘书学就无从建立,党务秘书、政务秘书、法律秘书、企业秘书、外事秘书、科技秘书、教育秘书等等类别也就无法区分了。

认识到秘书活动与政治制度的密切关系是极为重要的。只有明确这一点,才能使我们保持清醒的头脑,把握政治方向,有效地进行秘书活动。认识到秘书活动的独立性同样是重要的。一门学科的研究对象,如果丧失了独立性,也就丧失了学科自身。但这里必须说明的是:秘书活动的政治性与独立性并不是相互排斥、非此即彼的绝对对立,而是统一在同一事物之中的两个侧面。在政治性与独立性二者之间,政治性是本质的、占主导地位的方面;而独立性是相对的、居于次要地位的方面。如果脱开了政治性,将无法解释人类社会发展几千年历史中的秘书活动现象;而如果抛弃了独立性,秘书学的理论也就无从谈起。否定任何一个侧面的观点都是片面的、形而上学的。而要真正揭示秘书活动的规律,就必须在承认秘书活动具有政治性特征的前提下,认识并肯定其独立性。换言之,秘书活动的政治性是前提、是绝对的,而秘书活动的独立性是次要的、相对的。政治性与独立性的和谐统一,构成了秘书活动的本质内涵。这样的认识,才符合马克思主义唯物辩证法的认识规律。

二、秘书活动与法律制度

法律制度是社会精神文化的重要组成部分,也与秘书活动密切相关。法律是被提升为国家意志的统治阶级的意志,换言之,统治阶级通过它所掌握的国家政权,把自己的意志上升为国家意志,使之具有普遍的约束力,成为人人遵守的行为规则。秘书活动与法律制度密切相关,既表现在秘书活动本身要遵循一定的法律规范,又表现在秘书活动常掺杂在法律制度的制定与执行过程当中。

秘书活动的每个环节以及整个过程都要遵循一定的法律规范，这是法治社会对秘书活动提出的必然要求。社会上的每个人，都有知法守法的责任和义务；各种职业活动也必须要在法律规定的范围内才能进行。中华人民共和国建立以来，制定了260多件法律，3000多件行政法规，10000多件地方性法规和部门规章。其中，专门针对秘书部门的职业活动而制定的规章、条例、办法、细则等等就有数十项。不仅明确要求秘书人员在其职能活动中要遵纪守法，而且在文稿撰写、文书管理、文件格式、机要通信、会议制度、保密原则以及文字用法等等方面都有详尽的法规制度要求。不仅中国如此，世界各国对于秘书人员的职业行为都有明确的制度要求。德国规定，文官不能为一党派效力，而要对全体国民服务，要以公平公正的态度执行职务。美国要求文官不在竞选中为政党担任宣传、传导、联络等工作。日本规定：文官不得接受捐款及其他利益，违者处3年以下有期徒刑或10万日元以下的罚金。英国要求文官尽量避免参加政党活动。法国要求文官在工作期间保持绝对“中立”。许多国家都限制文官参加竞选活动，若要参加，必须在竞选前辞去公职。在服务行为方面，他们要求文官人员为公服务，为全体国民服务，公平正直地执行职务，在道义上和行为上忠于国家，衷心拥护政府，作政府的得力工具。文官人员必须服从法律，奉公守法，服从上级命令，认真工作，尽忠职守，端正仪表，保守秘密，不得兼任各种公司、企业和商行中的经理或理事等职，不得从事经济性营利活动。在道德行为方面，文官负有执行政府法令，维护社会秩序，促进公共福利的使命，同时还要审慎廉洁，不得贪污受贿，不得利用职权谋取私利，不得有欺诈、酗酒、赌博等不道德行为。这些规定，有的是成文的法律，有的是严格的制度，这都表明了秘书活动始终是在严格的法律制度之下的。

不仅现代社会是如此，即使在法律很不健全的古代社会，对于秘书活动也有严格的法规约束。仅在管理文书这一方面，我国唐代的《唐律》中就有典范性的法律规定。关于文书的制作，《唐律》规定：“诸诈为官文书及增减者，杖一百。”意思是，冒充政府机关，伪造官文书，或对官文书私加篡改者，不论有无企求，皆杖100。如果伪造或篡改是为了隐瞒罪情，逃避惩罚，则加本罪二等，从严科处。若是为了欺妄上司以求得赏赐，或为了逃避财物充官、经济赔偿等处罚，则以盗窃罪论处。以伪造的机关印信伪作文书，自己再参照实行，或送发其他机关，皆以伪造机关印信罪论，处流刑两千里。下级官吏对上级机关发下的公文，不得乱加改动或增减文字，犯此而改变公文原意者，依“诈增减法”处罚，施杖100；即使上级机关发下的文书有明显的错误，下级官吏发现后，也不得擅自改动，须立即报告发文机关，由发文机关审查、改正。不上报而擅自修改者，笞40。关于文书的运行，《唐律·职制篇》规定：“官文书行走，按《公式令》规定的程限，违令稽程展期者，一日笞十，三日加一等，罪止杖八十。”诸公文官书，“应行下而不行下，及不应行下而行下者，各杖六十。”《唐律》对各种侵害文书的行为(如盗、毁、弃、丢失文书等)，都规定了较重的处罚。《贼盗篇》第26条规定：“盗官文书，杖一百；重害文书加一等。”(重害文书是涉及重要事件的文书，如：徒罪以上狱案，婚姻、勋赏、黜陟、授官、除名和免官等专题文书，仓粮财物簿账、行军文籍、户籍手实等)。此类文书，事关军国大计、财政命脉和政府机构的人事变动，因此，对侵害者罪加一等，处徒刑一年。而《唐律》对普通盗窃罪则处罚较轻。《贼盗律》第35条规定：“窃盗者，计赃科罪，一尺杖六十，一匹加一等,所盗财值绢不足五匹,处罚皆在徒一年以下",仅与盗官文书最低刑相同。如果主管官丢弃官文书,以盗官文书论,杖 100;有意毁损官文书而使文字破失者,主管官杖 100;误致破失者,杖 80。主管官若为了隐瞒罪情,逃避处罚而有意毁弃有关文书,依罪科刑,本罪杖以下,杖 100;本罪徒以上者,加一等加罚。对于遗失的文书,如果在《公式令》规定的程限以内找回,可免罪不罚;但过此程限,即使原封索回,亦得以律断罪。官文书下行,皆由发文机关加盖印章,封条,指定某职某官拆阅。不该拆阅者私自拆封偷视,处杖刑 60;私自拆阅机要文书者,加重处罚,徒 3 年。诸如此类都可以证明,秘书活动不仅要自始至终在法规的监控下进行,而且与其他职业行为相比,社会对秘书活动的要求则显得更加严格,因而就保证了秘书活动的更加规范。

在职能活动中遵纪守法,这只是秘书活动与法律制度密切联系的一个方面。另一个方面是,秘书活动经常参与到社会法律制度的制定和执行当中。从各项法律的制订过程中可以看出,说任何一项法律制度的出台,都饱含着秘书人员的辛勤劳动。立法机关的秘书部门,自然是要在制订法律的过程中做大量的工作:调查研究社会状况,搜集整理各种资料,草拟各类法律提案,修订法律条例,组织会议审定通过。直至一项法律出台之后,他们还要经常性地密切注意法律的执行情况和社会各界对法律的反映,搜集大量的信息,以便于根据社会的发展变化而对现有法律进行修订。其他机关的秘书部门,虽然不参与法律的制订过程,但也经常性地拟定本组织、本部门的各种规章制度。比如各种厂规、校规、院规,各种章程、条例、规定、办法、准则、细则等等,无疑都出自秘书部门的职能活动之中。表面上看起来这些规章制度局限性较大,不具有法律的资格和权威;而实际上,各个部门、各个行业根据本单位的实际情况而制定的规章制度条文, 正是法律的具体化的延伸, 是宏观的法律在社会各行业的具体运用。它们和正式法律一样,在一定范围内要求人们共同遵守,对人们的行为同样起着规范约束作用。因此,各种规章制度与法律没有本质的区别。正因为如此,秘书活动中常有参与制定法律制度的内容也便是顺理成章的了。

在法律、制度的执行过程中,秘书活动也是不能脱离的。仅从《中华人民共和国行政诉讼法》[1]的执行过程中就能看出这一点。《行政诉讼法》是关于"民"告"官"的法律。如果说在此之前我国只有"官"告"民"的法律(《刑事诉讼法》)和"民"告"民"的法律(《民事诉讼法》),而无"民"告"官"的法律,那么,《行政诉讼法》的颁布实施就弥补了这一缺陷,将我国的法制化建设向前推进了一步。在行政诉讼过程中,原告通常是"行政相对人"(即行政机关管辖范围内的公民、法人或其他组织),而被告通常是原告的管理者——国家行政机关。这就要求行政机关的秘书部门办理与行政诉讼相关的各种事务。第一,在收到人民法院发送的原告诉状副本或传唤通知之后,要协助机关领导人做好应诉工作——要及时向领导人通报信息,商定答辩事宜;要会同有关责任人员核实与诉讼有关的事实和法律依据,如有可能,及时提示或撤销、或更改、或停止执行与诉讼有关的行政行为的意见和建议,供领导重新决策参考;要向领导提示委托诉讼代理人的人选。第二,在诉讼进行过程中,要撰写答辩状、授权委托书、申请执行书以及上诉状、申诉状等等法律文书,并且协助机关领导向人民法院举证,从而促使审

[1]1989 年 4 月 4 日七届全国人大二次会议通过,1990 年 10 月 1 日起执行。

判工作顺利进行。第三,一旦人民法院的裁定书或判决书送达本机关,秘书部门就要立即向机关领导人汇报,并组织力量执行发生法律效力的判决或裁定。关于执行的情况,还要向有关的人民法院通报。[1]这就说明,秘书活动与法律制度的执行过程是紧密联系的。

既然秘书活动与法规制度的制订和执行都有密切关系,这就要求秘书人员必须知法、懂法,秘书活动必须遵法、依法。在处理信息的过程中,秘书人员要注意收集法制信息;在辅助决策的过程中,秘书人员的参谋建议要符合法律、法规;在起草文稿的过程中,要考虑与有关的法制精神相符;在审核文稿的过程中,要把握与法律规定不能冲突;在组织会议、接待来访、督促检查、协调关系等等职能活动中,都要增强法治观念,时时具备法律意识。所有这一切,都是法治社会里的秘书活动所必然遵循的客观规律。

三、秘书活动与思想观念

在社会精神文化领域里,思想观念也是不容忽视的重要组成部分。自有人类社会以来,人们就生活在一定的观念形态之中,其行为受着一定的思想观念的支配和制约。作为一种社会意识形态,任何思想观念不仅是人们认识的产物,是人们提出来的调整自身行为及相互间关系的规范、准则,而且它只有化作人们的内心理念,深入到人们的意识之中,才能指导人们的行为,产生实际的作用。当然,人们的思想观念,归根到底是由社会物质生活条件决定的。正如马克思和恩格斯所指出的那样:“人们的观念、观点和概念,一句话,人们的意识,随着人们的生活条件、人们的社会关系、人们的社会存在的改变而改变,这难道需要经过深思才能了解吗?”“思想的历史除了证明精神生产随着物质生产的改造而改造,还证明了什么呢?任何一个时代的统治思想始终都不过是统治阶级的思想”,“当人们谈到使整个社会革命化的思想时,他们只是表明了一个事实:在旧社会内部已经形成了新社会的因素,旧思想的瓦解是同旧生活条件的瓦解步调一致的。”“当古代世界走向灭亡的时候,古代的各种宗教就被基督教战胜了。当基督教思想在18世纪被启蒙思想击败的时候,封建社会正在同当时革命的资产阶级进行殊死的斗争。信仰自由和宗教自由的理想,不过表明自由竞争在信仰的领域里占统治地位罢了。”[2]

人们的一切行动都要受思想观念的支配,秘书活动当然也不能例外。秘书活动与思想观念意识的关系可以概括为两种情况:其一,一定时代的统治者的思想观念支配着秘书活动;其二,秘书活动主体本身的思想观念有效地影响着甚至改变着社会的思想观念。

首先必须肯定,秘书活动必然受一定社会的思想观念的支配,这已经被历史所证明是一条规律。在阶级社会里,思想观念都是有鲜明的阶级性的。“统治阶级的思想在每一个时代都是占统治地位的思想。这就是说,一个阶级是社会上占统治地位的物质力量,同时也是社会上占统治地位的精神力量。支配物质生产资料的阶级,同时也支配着精神的生产资料。因此,那些没有精神生产资料的人们的思想,一般的是受统治阶级支配的。”[3]既然如此,秘书活动

[1]参见李化德:《行政秘书部门办理行政诉讼的相关事项》,载《秘书之友》总第58期。

[2]《马克思恩格斯选集》第1卷,第270-271页,人民出版社1972年版。

[3]马克思,恩格斯:《德意志意识形态》,《马克思恩格斯选集》第1卷,第52页,人民出版社1972年版。

必须受统治阶级思想的支配也就不难理解了。在两千年的中国封建社会里,“重政务, 轻自然,斥技艺”,一直是社会思想观念的主流。中国封建统治者所关心的是皇位的转移、政权的更替,而在社会经济方面,仅仅是维系简单的再生产,使自然经济周而复始的运行,以源源不断地提供赋税和贡品。至于自然哲学及科学技术, 在统治者的思想上从来就没有引起过重视。据统计,《论语》全书用了 54 例关于自然的材料,无一则的结论不是在政治道德等方面导出其意义和价值的。《汉书·艺文志》将方技 36 人家(医术、匠艺等)列于卷尾;刘歆总天下群籍而撰《七略》,将“方技”列在七略之末;《新唐书·方技列传》说:“凡推奇(指天文、历算等)、卜相医巧,皆技也……小人能之。”元代分社会职等为一官二吏三僧四道五医六工七匠八娼九儒十丐。这些都说明了中国封建社会“重政务、轻自然、斥技艺”的观念倾向。在这种思想观念指导下,秘书活动便只是圈在政务的圈子内,围绕着统治者的政务活动而辅佐参谋,记录的是政务,协调的是政事,对其他的社会活动很少涉及。一部 1702 卷的《唐大诏令集》,绝大多数都是有关皇室中央的权力分配、政治手段方面的内容,而涉及经济、科学技术、教育等领域的寥寥无几。更为明显的是,封建社会里尊卑贵贱等级森严的观念意识,在秘书活动当中有着充分的反映。下级向上级行文,态度必然是唯唯诺诺,文首文尾都要称“死罪死罪”;下级对上级的指令,正确的要执行,错误的也要执行;而下级机关如果上报尚书省的文书有误,制作文书的主管官笞 40,其错误如果已引起不良后果者,加三等处罚,杖 70。[1]尊卑森严的等级观念使得秘书人员丧失了独立的人格,或为座上宾,或为阶下囚,其活动必须遵循君君臣臣、父父子子的封建伦理规范,不能越雷池一步,否则便是犯上作乱,谗言毁君,横遭加罪加诛之祸。这些都是一定社会的思想观念支配秘书活动的真实写照。而当社会发生了根本性变革,先进的阶级掌握了国家政权,革命的进步的思想观念占领了社会观念形态的阵地,秘书活动中也便明显地体现出这一点。作为执政党的中国共产党以全心全意为人民大众服务为根本宗旨,新中国的秘书活动就以“三服务”(即为上级机关服务,为本级机关服务和为基层和人民群众服务)为指导思想。这样的指导思想,遵循的是中国共产党全心全意为人民服务这个根本宗旨,体现的是无产阶级专政的社会主义国家里人民当家做主的根本性质,这就与旧时代秘书活动有了本质的区别。秘书人员也不再是与首领以人身相依附的幕僚或雇员,而是有着独立人格的参谋助手。这些都说明,秘书活动不仅要受社会思想观念的支配,而且,社会思想观念的变革在秘书活动中必然得到生动的反映。

其次,还应看到,秘书活动主体本身的思想观念也有力地影响着社会思想观念的改变。在漫长的封建社会里, 有胆有识的秘书官员虽是凤毛麟角, 但其进步的思想常常闪烁出光彩,甚至会影响社会思想观念的转变。曾任秦国长史(相当于丞相府中的秘书长之职)的李斯,以一篇《谏逐客书》,雄辩地论证了“泰山不让土壤,故能成其大;河海不择细流,故能就其深;王者不却众庶,故能明其德”的虚怀若谷、广招贤士才有利于富国强民的道理,遂成了战国时代各国争相仿效的楷模,成了那一时代的指导思想。做过书记、参军(唐时军队秘书)、秘书丞、秘书监的魏征,不仅为唐王朝的建立和繁荣立下了不朽功勋,而且为后者留下了直言敢谏的高尚风范,其“水能载舟,亦能覆舟”的辩证思想,居安思危的清醒认识,成了千古不朽

[1]《唐律·职制》。

的深刻哲理,成了历代统治者以及当今的领导人都铭记不忘的至理名言。许多著名人物正是在秘书活动中成长为思想家或某一领域的专家，以其参谋助手的角色地位提出了颇有见地的深刻思想、治国良策、甚至左右时代的观念成果。另一方面,几乎每一个著名人物的思想成果当中都或多或少包含着秘书活动的功绩结晶。我们不仅从毛泽东、周恩来、邓小平、杨尚昆、胡乔木等领袖人物的成长历程中能找出他们从事秘书活动对其成长的巨大意义,而且,毛泽东思想这一中国共产党集体智慧的结晶本身，无疑是包含了众多秘书人物的智慧在其中。例如,1956 年 6 月中国共产党第八次全国代表大会召开时,毛泽东同志亲自为大会起草了开幕词,但他自己对开幕词很不满意,就请秘书修改。当时他的秘书田家英就毫无顾忌地从文字到内容作了全面修改。修改后的开幕词,内容丰富,文字精炼,经毛泽东一宣读,激起了与会代表一次又一次热烈的掌声和欢呼声。会议休息时,一些代表走到毛泽东跟前,赞扬开幕词简短有力,鼓舞人心。毛泽东同志对代表们说:“这不是我写的,是一个少壮派,叫田家英,是我的秘书。”[1]这就有力地证明,毛泽东思想中也融入了秘书人员的智慧。正是在这个意义上,秘书部门被称为“智囊团”、“思想库”;也正是在这个意义上,我们才有充分理由来肯定秘书活动主体本身的思想观念对社会思想观念的巨大作用。

第二节　秘书活动的社会功能

每一种职业活动都有其特定的社会功能,秘书活动也不例外。尽管迄今为止的秘书学史对秘书活动的社会功能仍然缺乏全面而科学的评价，但在这方面还是有凤毛麟角般的真知灼见。唐人柳宗元在送别好友独孤宓去任秘书官员的赠言中曾写道:“吾子历览古今之变,而通其得失。是将植密书于借箸之宴,发群谋于章奏之笔,上为明天子论列熟计,而导扬威命,然后谈笑樽俎赋从军之乐,移书正文,谕告西士劫胁之伍,俾其箪食壶浆,犒扬王师,在吾子而已。往慎辞令,使喻蜀之书、燕然之文,炳烈于汉史,真可慕也。不然,是琐琐者恶足造牙间而荣吾子哉!”[2]这不能不说是精辟而又独到的见解。诚然,与其他职业活动一样,秘书活动也是具体的,有其范围局限的,是在一定社会组织的活动范围之内发生功用的。然而,任何组织都是社会整体的组成部分,都对社会产生或大或小、或明显或潜在的影响。因此,秘书活动在组织内部所产生的录事传言、参谋辅助、枢纽综合、组织协调等等功能,都将通过组织的能量辐射出来,对社会生活产生一定的影响。正是在这个意义上,秘书活动的功能才体现为社会功能。也正是从这个基点出发,才能正确理解和深刻认识到秘书活动的社会意义。

一、记录传导功能

考察秘书活动的发展历史,我们首先发现的是它的记录与传导的功能。汉语中“书”本意

[1]《毛泽东和他的秘书田家英》,参见《秘书之友》总第 42 期。

[2]《柳河东集·送独孤书记赴辟命序》。

即是“写”和“写下来的东西”,外文中的“秘书”含义常与“书记”、“记录员”通用。这都表明,秘书活动首先具有记录事件、传导信息的功能。

秘书活动从萌生之日起，就表现出了记录的和传导功能。这在许多史料中都能找到佐证。美国社会学家摩尔根考察了处于原始社会形态下的印第安人及社会制度后,曾写道:

他们(指易洛魁印第安人)提出许多事物来教导新就职的首领,其中有一些古老的贝珠带。按照他们的说法,关于联盟的组织和原则已“传递给”这些贝珠带,因此便把这些贝珠带加以宣读和解释一番。一位巫师(不一定是首领),将这贝珠带一条接着一条拿起来,在两组首领之间来回踱着,同时宣读这些贝珠带上所记录的事迹。按照印第安人的观点,这些贝珠带通过讲解人就能把当年传述给它的章程、条规和事例原原本本复述出来,只有贝珠带是这些章程等等的唯一记录。他们把紫贝珠串和白贝珠串合股编成一条绳,或者用各种颜色不同的贝珠织成有图案的带子,其运用原则就是把某一件特殊的图案联系起来,这样,就能对事件做出系统的排列,也能记得准确了。这种贝珠绳和贝珠带是易洛魁人唯一可以目睹的史册,但是,它们需要一些训练有素的讲解人;那些讲解人能够根据各串或各种图案将其所隐含的记录表白出来。鄂农达加部有一位首领(霍诺韦纳托)被任职为“贝珠带守护者”,另外还给他推举了两位助手,这两人也需要同这位首领一样熟悉讲解贝珠记录。[1]

在这里不难看出:记录部落或部落联盟的重要事件并讲解贝珠带记录的含义,是易洛魁印第安人原始部落秘书——巫师的主要职责，这就明确地表现出了秘书活动最基本的两条功能:不仅要记录事件,而且要传导信息。中国的秘书史上,这样的例子更是俯拾皆是。中国古代有许多史官,有专门负责记录帝王言行、王朝大事的记事史官;有专门负责制作册命文书的作册史官;有“左史记言,右史记事”的明确分工;有用刀或在竹木上刻写记事的“刀笔吏”。如此种种,不胜枚举。从我国最早出现的秘书机构——太史寮到现代社会各行各业的秘书局、秘书处、秘书科、秘书组,它们的活动首先体现的是录事传导功能。不论是群体形式的秘书部门,还是个体形式的秘书人员;不论是古代的秘书职官,还是当代的秘书工作者;不论是从属于社会组织的公务秘书,还是受雇于个人的私人秘书,其职能活动首先是发挥记录传导功能。做好组织活动记录、首脑言行记录、会议记录等等,都是秘书活动最基本的功用。由于记录和传言的需要，秘书们在长期的职业实践中成功地总结和运用着人类创造的记录工具与技巧。仓颉造字之说虽无案可稽,但仓颉作为传说中黄帝的秘书官,其整理、校正统一文字的功绩是不可磨灭的。速记之法出现于人类社会之后,在秘书活动中也运用最多又最为频繁。公元前63年,古代罗马共和国末期,速记法刚刚问世,就被当时的录事司书用于记录罗马元老院为反对阴谋者所发表的起诉词。[2]20世纪70年代,在中美两国外长的会谈当中,基辛格的两名得力的女秘书用传统的葛雷格氏速记法精确地记下了周恩来与基辛格35个小时的全部会谈内容，使得美国首脑了解了中国人在阐述自己的哲学时所采用的那种正派的乐观向上的风度,为美国元首访问中国提供了方便。当代世界上各个国家、各个社会团体录

---

[1]摩尔根:《古代社会》,第137–139页,商务印书馆1977年版。

[2]〔前苏联〕《知识就是力量·从古罗马到今天的速记法》,转引自《秘书之友》1981年第1期。

用秘书人员的基本条件都是必须掌握文字、图像、视频的记录、制作和传递技术，这就明确地要求他们具备录事传言的能力。而且，将神的意志传给人类，将领导的意图传给部属，将民众的愿望反映给首脑，将本组织的意向传给其他组织，将社会各界变化和本组织运转的信息进行收集、加工和传递，如此等等，都是秘书活动无可替代的功能。正是由于秘书活动所具有的录事传导功能，当世界进入信息时代的今天，秘书活动在地球上越来越受到重视，越来越拓展着纵横驰骋的广阔天地。

二、参谋辅助功能

国家需要管理，组织需要领导，军队需要统帅，“一切规模较大的社会劳动都或多或少的需要指挥，以协调个人的活动，并执行生产总体运动——不同于这一总体的独立器官的运动——所产生的各种一般职能。一个单独的提琴手是自己指挥自己，一个乐队就需要一个乐队指挥。”[1]一般来说，这些管理、领导、统帅、指挥活动都不能由单个人全部完成。其中必然包容着参谋辅助活动的内容，秘书活动正是发挥着参谋辅助的功用。

参谋辅助，即参与谋划辅佐帮助之谓。参谋辅助的直接对象是领导者或领导集团，参谋辅助活动也就紧紧围绕着领导活动来进行。中国俗语说“一个篱笆三个桩，一个好汉三个帮”，正是参谋辅助活动的形象说明。秘书部门、秘书人员历来就有领导的参谋助手之美称，之所以如此，是因秘书活动能在多方面发挥参谋辅助的功能。

及时准确地提供信息，使领导不失时机地把握客观环境的变化和组织运行的情况，是秘书活动发挥参谋辅助功能的首要方面。领导集团（领导者）要实施领导，即进行决策、指挥、控制、监督等等领导活动，就必须及时地掌握广泛的、大量的、准确的信息。毛泽东同志曾经指出：“共产党领导机关的基本任务，就在于了解情况和掌握政策两件大事。前一件事就是所谓认识世界，后一件事就是所谓改造世界。”[2]然而由于时间、精力等等方面的限制，领导者既不可能事必躬亲，又不可能经常性的亲自动手搜集、加工、筛选、存贮信息资料，秘书活动却正是在这方面发挥着重要作用。在日常的工作中，秘书部门由于它所处的枢纽地位，能够掌握来自上下左右四面八方的信息资料。如上级的指示、下级的反映、组织内部的运转情况、组织外部客观环境的变化等等，都在秘书部门汇集。经过一定的加工处理程序之后，秘书部门将丰富的信息及时地分流，传送给领导者以及其他需求者手中。这就给领导活动提供了可靠的信息保证，使领导者能够依据信息而进行正确的指挥。

完善和深化领导的思想，为领导者拾遗补缺，是秘书活动发挥参谋辅助作用的又一重要方面。领导者不是万能的，领导者也不可能完美无缺。领导者在领导活动中往往会出现粗疏、遗漏、缺陷甚至过失，秘书部门则能以自己的职能活动给予弥补。在秘书活动中往往会出现这样一些现象：领导者受某种事物的启发而产生了一种新思想，虽富有价值，却不那么成熟，不那么明朗，但又要求秘书部门把这种思想运用到组织活动中；或是领导者给秘书部门布置了一项任务，既笼统又模糊；或是领导者安排某项工作，处理某一问题时有明显的缺陷。在这

[1]马克思：《资本论》第1卷，第367页，人民出版社1976年版。

[2]《毛泽东选集》第3卷，第802页，人民出版社1966年版。

些情况下，秘书部门就要以自身的职能活动来深化领导的思想，明确领导的意图，弥补其中的不足。秘书部门在自身的职能活动中(如撰写文稿、处理文书等)，根据捕捉到的领导思想的火花，通过辐射性的思维活动，延伸领导思想的轨迹，拓展领导思想的领域，挖掘领导思想的精髓，将领导的一句话扩充为一篇文稿，将领导的一项指示完善为一系列的措施，将领导的缺陷予以弥补。如此等等，即是秘书活动发挥参谋辅助作用的又一表现。

适时地提出合理的建议，则是秘书人员发挥参谋辅助功能的直接表现。明智的领导者都十分重视这一点。曹操听取尚书令荀彧把汉献帝刘协从河东迎回许昌的建议，他才能够“挟天子以令诸侯”；曾经做过尚书令的唐太宗对使臣们说：“中书门下，机要之司，擢材而居，委任实重。诏敕如有不稳便，皆须执论……若惟署诏敕，行文书而已，人谁不堪？何须简择，以相委付？自令诏敕有不稳便，必须执言，无得妄有畏惧，知而寝默。”[1]并规定中书舍人处理军国大事时，要在文书上“各执所见，杂署其名”，即所谓“五花判事”。[2]秘书人员在其职能活动中有提出合理建议的许多渠道，对文书提出拟办意见即是一个重要方面。明太祖朱元璋批阅大臣的奏折及五部九卿的文告时，对管理卷宗的秘书人员提出要求：呈阅奏折、文告之前，须在奏折文告上签押纸条，写上处理意见，供圣上审批。朱元璋若同意签押纸条上的意见，即命掌部太监批在公文上，再亲笔批上“钦此”二字，就算完成了文书的批办；若不同意签押纸条上的意见，就亲自在奏折、文告上签署自己的意见。这种在奏折、文告上签押纸条的做法叫做“条旨”(或票拟)，后来即发展演变成了文书的拟办制度。秘书活动中对文书的“拟办”，即是发挥参谋辅助作用的具体表现。一方面，拟办能为领导者节省批文阅文的时间；而更重要的是，秘书人员在签署拟办意见的过程中，无疑是以自己对一份文书的理解和办理给领导提出了可供选择的参考意见，其参谋辅助功能自然就融于其中了。

三、枢纽综合功能

在一个组织内部，如果说各个职能部门是承担不同专业任务的分支，那么秘书部门则是承担总控制任务的枢纽；如果说职能部门的活动在于将组织的总目标进行分解剖析，那么秘书部门则是把握总目标的整体综合。因而，秘书活动就无疑发挥着枢纽综合功能。

枢纽者，事物相互联系的中心环节之谓。秘书部门贯通上下，联系左右，顾及内外，正处于各种事物相互联系的中心点上。因此，秘书活动有着无可替代的枢纽功能。在组织内部，秘书活动联系着领导集团与各个职能部门，领导集团的意图需通过秘书活动向职能部门下达，职能部门的意见需经过秘书活动上传给领导集团。在组织外部来说，无论是与上级机关的往来，还是与下级机关的联系；无论是与其他组织的接触还是与社会公众的交往，一般都要经过秘书部门统一安排布置。在日常工作中，秘书部门是以本组织的代表者的身份，对内把握整个组织的运转状态，对外体现着本组织的形象；既要给领导成员安排工作日程，又要注意各职能部门的工作动向，还要顾及众多的社会交往活动。秘书部门的工作效率如何，直接影响着整个组织的工作效率。显而易见，在一个组织的运转过程中，秘书活动确实发挥着枢纽

[1]《贞观政要·政体》。

[2]《资治通鉴》卷193。

功能。

不仅如此,秘书活动还有明显的综合功能。

从认识论的角度讲,综合是将组成事物的各个部分、各个方面、各种因素连接起来,作为一个统一的整体来看待事物,形成关于这个事物的整体概念和判断。从方法论的角度讲,综合则是由简单走向复杂,由一般进入特殊,由部分走向整体的过程。秘书活动正发挥着这样一种综合功能。它的活动的出发点不是以组织的局部现象为基础,而是以组织整体状况为基点;它的活动目标不是针对组织活动的某一方面,而是始终针对组织活动的总目标;它在自己的活动过程中不是只顾某些具体的、单一的、某一方面的因素,而是全面地顾及在组织活动中属于高层次的多方面的因素。一项决策的制订,职能部门可以就自己专业范围内的问题提出意见,而秘书部门则要综合考虑人力、物力、财力、技术力量、环境特点、政策范围等等多方面的因素。一份文书的制作,职能部门可以只提供有关资料和数据,而秘书部门却要综合处理文稿的草拟、审核、修改、政策把关、格式确定、印制分发等多个环节。一次会议召开,其他人员可以只准备到会或只准备发言,秘书人员却要承担提名与会人员、确定会议日程、准备会议材料、筹划会议服务等等繁杂的任务。即使在日常工作中,各个职能部门一般只是考虑本部门的活动,而秘书部门却既要给领导安排日程,又要为组织各部门布置工作,还要注意本组织与其他组织的交往活动。这些都是秘书部门从组织整体出发而必须进行的职能活动。无疑,这些活动都体现着综合功能。

四、组织协调功能

世界是由矛盾的事物构成的统一体。从大的方面来说,自然界充满着矛盾,人类社会充满着矛盾,一个国家也充满着矛盾。从小的方面来说,一个组织甚至一个个体的人也充满着矛盾。不同的矛盾要采用不同的办法来解决:你死我活的敌对矛盾需采用斗争的办法,而在目标一致的前提之下出现的内部矛盾则需采取协调的办法。

协调是人们运用多种手段来消除事物的诸要素之间以及事物运动各阶段、各环节之间的不和谐现象,加强相互间的配合,达到同步发展的管理过程。协调活动以人对客观对象运动规律的认识为指导,因而可以能动地改造客观对象。科学的协调活动可以在很大程度上减少系统内部各种因素之间的功能损耗(特别是人员之间互相掣肘产生的损耗),建立和谐、默契的联系,使系统的整体功能实现优化。协调活动的不断进行,还可以使人们逐步认识系统需要联系和配合的客观规律,从而有效地改造系统原有的联系,使其经常处于最佳的功能状态,秘书活动正具有这种协调功能。

协调整体利益与局部利益的冲突是秘书活动协调功能的首要体现。从大的目标讲,各个局部的利益与组织整体的利益是一致的;但在一项项的具体工作当中,各个局部又各有自己的利益目标和要求。各个局部的利益和要求一旦与组织整体的利益目标发生矛盾,就会影响组织机体的正常运转。因此,各个组织中的秘书部门经常以制定规划、计划等活动方式,统筹兼顾组织整体中各个局部的不同利益,妥善地处理整体与局部的关系问题,从而表现出一种潜在的协调功能。

协调组织内部各个职能部门和组织周围上下左右的关系,也是秘书活动协调功能的表现。在内部,组织的各个职能部门之间会发生矛盾;在外部,本组织与其他组织之间也会发生矛盾。这种种矛盾发生之后,职能部门自身难以解决,组织的领导者又往往无暇顾及,协调的任务就责无旁贷地落到秘书部门的肩上。因为秘书部门虽然也只是组织中的一个部门,但它的综合枢纽地位决定了它能代表组织行使一定职权,能够担起协调关系的重任。

特别值得注意的是,秘书活动还有协调领导者之间关系的功能。一个组织的领导集团往往由不同类型的领导者组成。这些领导成员们,由于思想观点、认识水平、工作能力、业务专长、职能分工以及学历、经历、身体状况、气质结构、性格特点等等不同,在日常的工作中会表现出不同的意见和看法。这样,领导集团内部就会经常产生一些不和谐的现象,严重时会各持己见,互不相让,影响决策、指挥和管理活动。在这种情况下,秘书部门就需承担起协调领导者之间关系的重任。由于秘书经常在领导身边工作,直接为领导者服务,对领导集团中的各个成员的性情、能力、特长、缺点都比较熟悉,而且掌握着组织运转的全盘情况,因此,当领导成员之间发生冲突而又不便于面对面直接商讨之时,秘书部门就能以本身特有的各类职能来疏通领导成员之间的关系,从某些侧面来帮助领导成员们求大同存小异,使之精诚团结,相互信赖,相互支持,这样就发挥出秘书活动特有的协调功能。

总之,由于秘书部门所处的特殊地位,使其活动有着特定的协调功能。这种协调功能是别的部门的职能活动所无法替代的,因而就有着特殊的价值和意义。

第四章　秘书活动的辩证范畴

世界上的一切事物——无论在自然界，在人类社会，还是在思维领域——都包含着矛盾,每一事物在其产生、发展和消亡的全过程中也存在着矛盾运动。换言之,一切事物都由矛盾着的双方构成,矛盾双方既互相对立,互相排斥,互相限制,互相否定,互相斗争,又互相依存,互相包容,互相渗透,互相贯通,互相转化,从而推动着事物不断地运动和发展。因此,人类的一切活动都在一定的辩证范畴之中进行，人类所认识的每一个知识领域也都包含着一系列的辩证范畴。马克思主义哲学就是通过物质与意识、时间与空间、现象与本质、原因与结果、形式与内容、普遍性与特殊性、必然性与偶然性、可能性与现实性等等一系列的辩证的范畴来表述对世界万事万物的认识的。秘书活动也是如此,也存在着一系列的辩证范畴,诸如被动性与主动性、综合性与专业性、常规性与随机性等等。只有深刻地认识这些矛盾辩证范畴,才能正确地把握秘书活动的基本规律。

第一节　被动性与主动性

古今中外的秘书活动实践告诉我们,秘书活动中包含着被动与主动这一对基本矛盾。

一、秘书活动受制于客体而表现出的被动性

所谓被动性,是指一种事物需要借助外力来确定运动方向、运动方式、运动频率、运动水平,这就呈现出被动性。秘书活动确实有这样的特性。

其一,秘书活动是主体受制于客体的活动,其受制力大于自制力,因而就表现出被动的特性。首先,秘书活动的主体是单一的(或为秘书集团、或为秘书人员),而所对的客体是多方面的。秘书活动面对的客体首先是领导活动,秘书活动主体(集团或人员)的首要任务是为领导集团(或领导者)提供服务。这就要求秘书活动必须紧紧围绕着领导活动来进行。领导活动

内容上的丰富与广泛决定着秘书活动内容的复杂多样；领导活动节奏上的张与弛决定着秘书活动节奏上的紧与松；领导活动方式上的秘密程度决定秘书活动的封闭范围。领导者要召开会议，秘书人员必须准备会议材料，做好各项会议组织工作。领导者要接待外宾，秘书人员必须作出接待程序、接待规格、接待方式等等方面的安排。领导者要进行决策，秘书人员必须收集准备好的各种方案。领导者的活动中有些内容在一定时限内只允许一定范围内的人知晓，秘书人员就需把握好秘密等级，制定出保密措施，做好保密工作。一般来说，不论何种形式的秘书活动，通常都不超出领导活动所涉及的范围，而是要时时处处围绕领导活动来进行，这就表现出一种客观上的被动性。其次，一个组织的秘书活动通常还要为该组织中的各职能部门服务。一个健全的机关通常都有分工不同的职能部门，除了办公室这样一个负责秘书活动的枢纽部门以外，还有人事、计划、财务、后勤、保卫、党委、团委、工会等等职能部门。这些职能部门各司其职，各把一关，而秘书部门却要为他们提供综合性的服务。召集部门会议，秘书部门要通知它们；上下级发来文件，秘书部门要转交它们办理；各职能部门发出文件，秘书部门也要为其核稿印制。相对而言，其他职能部门任务比较单纯专一。它们在自己的专业范围之内有决策权、管理权，而没有给另外的职能部门提供服务的责任。秘书部门却因为处于组织的枢纽位置，要统揽全局，因而就有为职能部门提供服务的责任。在这个过程中，由于秘书部门不可能全部掌握职能部门业务活动的情况，因此，为职能部门提供服务往往处于一种被动状态，来什么事，办什么事，有什么任务，就完成什么任务。再次，秘书活动还要为社会各界的群众提供服务，而社会各界有什么事需要和本组织联系，需要用什么办法解决，这是秘书部门事先难以预料的。因而当事务来临之际，秘书活动自然就处于一种被动状态。这样，秘书活动以单一的主体面对众多的客体对象，因此处于一种被动状态就不难理解了。

其二，秘书活动的被动性是活动指向的受制性。被动性只是秘书活动的一种特性，并不是全部属性，更不能概括秘书活动的全部内容，而只是指秘书活动在指向上受一定制约的性质。活动指向即是一种活动所需要达到的目标，要奔往的方向。在这方面，秘书活动的被动受制性是明显的。譬如撰拟文稿，作家文学家的写作，可以取这种素材，也可以取那种素材；可以写这种体裁，也可以写那种体裁；可以表达这种思想，也可以表达另一种思想。秘书活动却不是这样，秘书人员撰拟文稿，一般是“主题先行”的，即必须遵循组织的意图，用固定的体式表达定形了的思想，不仅撰写用途、撰写目的十分明确，有时连素材的取舍也有一定的限制。秘书撰写文稿，不但要考虑功用，有时还要受领导者的风格、习惯、文化水平、业务专长等等条件的制约。如果秘书人员在为某一领导者撰写讲话稿的过程中，不顾及领导者的个性特点，而听凭自己笔下任意驰骋，那他的活动就会成为无效劳动。其他如在为职能部门服务的过程中、为人民群众服务的过程中所表现出的被动性，都是由服务客体的不同要求制约了秘书活动的指向而表现出的被动特性。

二、秘书活动有发挥主动性的广阔天地

秘书活动存在着被动的一面，也存在着主动的一面。任何活动主体的行为都要受客体的制约和影响，但人类在遵循客观规律的前提下又可以按照自己的意志主动地创造条件，从而能动地改造客观世界。因此，秘书活动又有其主动性的一面。概括来说，当秘书活动主体把握

了客体的活动规律，理解了客体的意愿、方向和要求之后，就可以充分发挥主观能动性而进行自己的职能活动。在辅助领导进行决策的过程中，秘书人员领会了领导集团的决策意图，就可以主动地去调查研究、搜集资料、反映情况，使领导掌握全面的信息。如果秘书人员在这个过程中，能以高度的自觉性和责任感进行工作，将大量的、全面的、准确可靠的信息提供给领导，就大大有助于提高领导决策的科学化水平；反之，如果秘书人员只是被动等待，那就可能导致决策的片面甚至失误。因此可以说，在领导进行决策的过程中，秘书人员主动性发挥得如何，起着举足轻重的作用。因为秘书人员提供虚假的信息会导致领导集团的错误决策，这是显而易见的事。在一个组织的日常生活中，领导者对于各项工作的安排布置都是原则性的，不可能对每一项工作都从内容到形式、从整体到细节、从开始到结束、从程序到方法都考虑得十分周密、十分细致，安排得十分清楚、十分明确。这就要求秘书人员在其职能活动中，充分地发挥主观能动性，在遵循领导意图的前提之下，主动地出主意想办法，把领导的原则性部署化为具体的要求，一项项地、一个环节一个环节地进行安排落实。这里就有发挥秘书人员主动性的广阔天地。譬如领导要求提高信息工作的水平，秘书人员就要发挥主动精神，在年初作好细致的安排，从信息网络的建设、原始信息的收集、信息资料的加工、筛选、鉴别等各个方面做出计划；在全年的工作中，将计划一项一项地落实；到了年终又主动地进行总结，肯定成绩，找出不足之处，为今后的努力找到方向。这些都不能一一受领导指派，而要秘书人员主动地去做。大型机关的秘书部门，都有预先安排好领导人员下一周活动的职责。这项工作，既可以使领导集团的各个成员明确自己的工作节奏，防止人与人之间、人与事之间、事与事之间相互“撞车”或留下空白，又可以为职能部门向领导请示汇报工作提供机会，还有利于秘书部门跟踪领导人的活动，及时搞好信息反馈，遇有紧急情况也便于和领导人取得联系。为此，就需要秘书人员主动地和领导成员、和各职能部门以及有关的社会团体密切联系，把握一个时期各个领导人的工作重心，细致地掌握各个方面的情况，并周密的统筹计划。如果秘书人员缺乏主动精神，只是被动等待领导人的指示，等待有关方面上门联系，那就不仅不能发挥秘书活动的枢纽作用，而且还会给组织的运转造成许多障碍。

秘书人员不仅在为领导服务的过程中，有着发挥主动精神的广阔天地，而且，在为组织的各职能部门和社会各界的人民群众服务的过程中，也有发挥主动性的必要和可能。作为一个组织的枢纽，秘书部门直接影响着各个职能部门的运转状况。理想的秘书活动，就要能够时时把握职能部门的活动轨迹，处处为职能部门的各项活动提供高效率的服务。诸如将领导的意图主动向有关职能部门传达，经常性地为担负不同任务的职能部门提供对路对口的信息，及时而主动地做好协调工作，尽可能地掌握与本组织经常发生联系的社会公众的意见、要求与愿望，主动地为他们排忧解难等等。特别是在一项项具体的事务性工作当中，秘书人员主动性发挥得如何，直接影响着办事效率，这是不容忽视的。

三、被动性与主动性的辩证统一

被动与主动是秘书活动中的一对基本矛盾，它体现在秘书活动的每一个细节，又贯穿在秘书活动的始终。被动与主动是矛盾的，又是统一的，因此是辩证的两个方面，都向自己的相反方向转化。舍弃了一方，另一方也就不复存在。作为一对辩证的范畴，它们也有自己的限度。如果秘书活动被动到领导说一件就干一件,推一把就走一步;或是主动到越职越权,管许多不该管而又管不好的事的地步,那就达不到秘书活动的起码基准,或超出了秘书活动的范畴。因此,秘书活动主体既要科学地认识主动性与被动性的客观存在和必然联系,又要正确地把握其范畴限度,才能在被动中求得主动。正如中央领导同志所要求的那样:"强调办公厅贯彻中央方针不能出现偏差或走样,不是说办公厅工作不存在发挥创造性、自觉性和主动精神的问题。思想上政治上同中央保持一致与积极主动地、创造性地开展工作是统一的。""办公厅工作大量是交办、应急性的,要使我们的工作力争主动,除了合理安排工作和配置力量以外,关键是不断提高工作的主动性、预见性。要克服那种办公厅就是完成交办任务,凡是领导没有直接交代的事就不能去办、不想去办的片面认识,充分发挥办公厅人员的积极性、创造性, 根据领导意图和指示精神自觉地主动地开展工作。""从被动服务转变为力争主动服务。"[1]

第二节 综合性与专业性

社会上普遍认为秘书部门是综合部门,秘书人员通常被人们称为"杂家",这就说明秘书活动具有综合性特征。然而,秘书作为一种社会职业,秘书活动作为一种职业行为,肯定内含着专业特性。综合性与专业性是秘书活动中又一对矛盾范畴。舍弃了综合性,秘书活动就难以显出特色;舍弃了专业性,秘书活动也就无由存在。只有辩证地认识和把握这对矛盾,才能全面地理解秘书活动的真正内涵。

一、综合的职能必然体现出综合的特性

综合,是一种现象,又是一个过程。既指一事物的各个部分、各类属性连接成统一整体的状态,又指将不同种类、不同性质的事物有机地组合在一起的运动过程。比如说综合平衡,是指一事物各个方面的平衡;又如说戏剧是一种综合艺术,是指它包容了文学、音乐、美术、雕塑等各种艺术的成分。总的看来,综合的事物必然具有把各种不同质、不同量、不同特性的事物有机地结合在一起的功能。秘书活动正是这样。

当我们剖析秘书活动的内涵的时候,不得不注意这样一种事实:即不论是公务秘书的活动,还是私人秘书的活动;不论是党务秘书、行政秘书、法律秘书,还是科技秘书、教育秘书、外事秘书,虽然他们有各自的侧重点,但其活动内容都必然具有综合的特性。拿一个党委机关来说,它所属的组织部、宣传部、统战部、政策研究室等等职能部门,都仅仅负责某一方面的工作。组织部负责组织建设、组织发展、干部考察等;宣传部负责对内对外的舆论引导、思想教育、宣传鼓动等;统战部负责各党派、团体的统一战线工作;政策研究室负责调查研究上

[1]王兆国同志 1985 年 1 月在全国秘书长办公厅主任座谈会上的讲话。载《秘书实践》,第 13–15 页,兵器工业部办公厅 1986 年版。

级的政策在本地区的贯彻落实情况,以及根据本地区的特点需要制定哪些政策等等。但秘书部门的职能活动,却要将组织问题、宣传问题、统战问题、政策研究问题等等一一顾及,将各种职能部门的工作综合而成为组织整体的有机组成部分。在安排一年的工作计划的时候,职能部门只是考虑自己所负责的某一方面的工作,而秘书部门却要全面地统筹规划、综合平衡,考虑各个方面的权益,对任何一方面的疏漏都是不允许的。再比如一个企业,其内部有政工科、生产科、经营科、计划科、财务科、人事科等等职能部门,这些职能部门都是各当一面,各管一方,而秘书部门——企业办公室却要顾及各个方面的工作。正因为这种综合的特性,秘书部门常常就成为一个组织中矛盾的焦点:职能部门纠缠不清的事要秘书部门出面调解,职能部门推诿扯皮的事要秘书部门进行协调,有时甚至领导集团内的一些矛盾,或本组织与其他组织的一些纠纷,都要秘书部门协调解决。

如果我们稍加分析就会发现,秘书活动的综合性在处理信息、辅助决策、协调关系、督促检查等方面表现得非常突出。诚然,一个组织中的各个部门——计划部门、财务部门、人事部门等等也都有处理信息、辅助决策、协调关系、督促检查的义务和责任,但这些部门处理信息侧重于处理各自的专业信息,而秘书部门却要综合处理各个部门的信息;这些部门只是为领导集团提供某一方面的辅助——或在计划方面、或在财务方面、或在人事方面,秘书部门却要为领导集团提供综合性的辅助,不能只顾一方面而舍弃其他方面;其他部门协调关系、督促检查也只是限于本部门的范围之内,秘书部门却要对组织内外的关系进行综合协调,对组织各方面工作的执行落实情况进行综合性的督促检查。因此,秘书部门在其职能活动中时时处处表现出综合的特性。而且只有综合性才能体现出秘书活动与其他职能活动的不同之处,才能全面地发挥秘书部门在一个组织当中的枢纽作用。组织如果没有秘书活动的综合作用,将是各自为政的一盘散沙,组织的整体功能也就难以发挥出来。因此可以说,正是组织整体的运转需要才为秘书活动赋予了综合职能;也正是由于这种综合特性,才使秘书活动在组织运转中占据着无可替代的地位,发挥着无可替代的作用。

二、职业范围决定其专业特性

与综合性相对,秘书活动又有其专业性。专业性是指掌握某种专门技能或限于某一专门领域。对于秘书活动来说,是指其职业活动有特定的范围和内容。当然,在不同的国度、不同的社会环境中,秘书活动的专业范围是不同的。日本要求秘书人员能迅速地、高质量地写出文章,要搜索、筛选、鉴别情报,要熟练地进行文件整理、汇集、归档、检查并提供利用,要能用英文、日文进行速记和打字,要能运用电子计算机、传真等处理资料。[1]德国的秘书人员要从事文章撰写,文章摘要,会议记录,德文、英文速记与打字以及往来交际等工作。[2]美国对秘书人员的专业化要求更为严格,对一般行政秘书人员要求懂得工作环境中的关系、商务和公共政策、经济学和管理、财务分析和商业数学、通讯及办公室程序等等;而法律秘书则要求掌握法律术语和法律程序、熟悉法律文书(辩护状、委托书、遗嘱及租约等);医疗秘书必须掌握

[1]参见《秘书之友》1989 年第 4 期。

[2]参见《秘书之友》1989 年第 4 期。

医学知识、医务速记、医院办公程序及护理操作常识;技术秘书要熟悉技术工程及技术文件等。[1]我国的秘书国家职业标准要求秘书人员掌握文书制发、计算机应用、沟通、速记等基础知识,而且在秘书活动实践中,其专业性主要体现在各类应用性文书的撰写、各种文书的办理、各类会议的组织以及机关事务的管理等方面。我国的秘书人员有"笔杆子"的美称。特别是对应用性文体的写作,在某种程度上可以说是秘书活动的专利产品。一个在县(处)级单位工作的秘书人员,每年要完成几十万字的写作任务,其中有各类公文、领导讲话稿、各类活动的安排和总结、内外往来的各类函件等等,名目繁多,种类庞杂,没有一套过硬的写作本领是难以承担的。在一个组织内部,其他人员也要进行写作活动,但担负的写作任务有限,不像秘书人员那样担负一个组织的绝大部分写作任务。因此,撰写文稿是秘书活动专业性的突出体现。不仅如此,秘书活动还有管理文书、组织会议及办理机关事务等专项职责。一份文稿从拟稿到发布,从收进到办理完毕,要经过一整套由许多环节组成的程序。组织中的其他部门只介入与己有关的一两个环节,而秘书部门却不仅要参与文书运行的全过程,而且对一个个环节都要把关。因此,文书的管理就成了秘书部门的专业职能。其他如会议的组织、机关事务的办理等等,都是秘书部门不可推卸的责任,都需要具备专门的知识和技能的人员来担负。我们常常看到这样一些现象:掌握了写作基础知识、基本理论和基本技能的大学毕业生,在走上秘书岗位的起初阶段,往往不能高质量高效率地完成秘书活动中遇到的撰写任务;社会上以组织名义发布的各类文书,其规范化程度有很大差距;有的会议组织得井井有条,有的会议却松松垮垮,其效果大不相同。总之,秘书人员专业水平的高低,直接影响着秘书活动的效果,这是显而易见、不容忽视的。

三、综合性与专业性相辅相成

秘书活动的综合性与专业性是同一事物的两个不同侧面,两者之间是相辅相成的,综合性中包含、体现着专业性,而专业性中也具有综合性的成分。比如,处理信息的工作本身就是综合性的,这类工作要在分散收集、分类筛选、分析鉴别的基础之上进行全面的对比、归纳、综合、整理;但这项工作本身就是一种专业,需要专门的知识、专门的渠道、专门的技术和有专门特长的人才能去主持、去进行,所以处理信息这样一项综合性的工作又包含着专业特性。再如撰写文稿,本身就是专业性的,从大的方面说,它属于写作学的范围,具体到秘书写作的文类,可以归属于应用写作学的范围之中,因而有着很浓的专业色彩。但每一篇文稿的写作都是一系列综合的过程——要组织素材、研究文体、拟定主题、安排结构、剪裁内容、推敲语言、修饰词句、把握风格、体现目的等等,因而也是一种综合的过程。如果只是注意综合性而不注意专业性,就会将秘书活动视为缠绕在事务圈子当中的抄抄写写、收收发发的"不管部"或"万金油",最多只能是"传声筒"或"留声机";而如果只注意到秘书活动的专业性而不注意它的综合性,就会把它肢解为支离破碎、点点滴滴的行为,而忽视更重要的参谋辅助、综合协调、组织枢纽的功能。因而,只有既看到秘书活动的综合性,又看到它的专业性;既看到这一对矛盾的对立之处,又看到它的统一之处,才能获得对秘书活动性质全面而科学的认识。

---

[1]〔美〕《韦氏秘书手册》,第2-16页,中国新闻出版社1985年版。

第三节　常规性与随机性

一、相对稳定的常规性

秘书活动中的许多内容都带有常规性。

所谓常规性,即是指事物运动的过程和方向历来如此,必然如此,是一种相对稳定的、通常情况下不容变更的状态。比如,秘书活动必须担负撰写文稿、管理文书、操办会议等等职能;公文撰写要具备一定的体式,即文件名称、发文字号、标题、正文、主送单位、抄送单位、主题词、密级、签署等等缺一不可;秘书活动不论是归属于社会哪一行业——或经济部门,或政治部门,或文化部门,或科技部门,也不论秘书活动是为团体服务,还是为个人服务,其职能活动都是以书写为本——做记录、写文稿是其不可缺少的职责等等。诸如此类,不一而足。这些常规性是历经几千年的秘书实践活动而固定下来的,一般不会轻易变更。而且,秘书活动的常规性通常表现为职能实施循序渐进的运行过程。诸如:

信息处理过程:收集—整理—鉴别—加工—传递—贮存—检索—利用;

辅助决策过程:调查研究—研究目标—撰拟方案—筛选方案—优化方案—实施决策—反馈信息—追踪决策;

会议组织过程:拟定议题—确定与会人员及时空范围—准备会议材料—制发会议通知—把握会议进程—撰写会议纪要—整理会议文献;

文书撰制过程:接受撰制任务—撰写文稿—审核文稿—送交有关方面会签—审交领导审批—印制校对—装订分发;

督促检查过程:确定检查项目及范围—实施督促检查—帮助解决困难—汇报检查结果……

如此等等,都体现着秘书活动的正常程序。程序是依照事物发展的客观规律,把事物运行过程分阶段分环节地剖析而得出的,是秘书活动常规性的典型体现。程序展示着事物发展的脉络,表现着事物发展的轨迹。如果在事物发展的过程中出现阻滞现象,则会明显地在某一阶段或某一环节上显示出来。这样,常规性就使一种事物具备了经久不衰的力量,能突破时间、空间的局限而流传继承发扬扩展开来。如此,秘书活动在世界上的不同社会制度、不同发展水平、不同意识形态的国度里有着许多相似之处和同等重要的地位和作用。也正因为有常规性的存在,人们才能认识秘书活动的基本特征,把握秘书活动的基本方向;才能发现其运行轨迹和规律。舍弃常规性,秘书活动就成了游弋不定、模糊不清的一团乱麻,无规律可循,无条理可依,无头绪可抓,更无法进行分析研究。因此,正确认识秘书活动的常规性,不仅有利于理论的思考,而且有利于实践的把握。

二、变化不定的随机性

与常规性相对,秘书活动又有随机性。随机性是指事物伴随着一定的时机和一定的条件而运动和变化的特性。世界上的万事万物都有着随机性,秘书活动也不例外——不仅有常规性的一面,同时也有随机性的一面。往往有许多事项不在秘书活动的计划之内,而是突如其来,超出预料,这种情况在秘书活动中并不少见。当一项上级的指示突然传达下来的时候,当一份下级单位的请示突然到来的时候,当本来顺利进行的工作突然出现阻塞的时候,当一项任务正在落实过程中又遇到新任务的时候,当本来安排就绪的工作在时间上、范围上、条件上又有了新要求的时候……在这种种情况下,随机性就出现了。表面看来,随机性便是偶然性,但这其中包含着必然性的规律。由于处于枢纽地位的秘书部门面对着许多客体对象,既有人又有事;既有本组织的直接领导,又有更高一层的间接上级领导;既有本组织的许多职能部门,又有社会上的其他组织;既有本组织的职员,又有社会上的广大群众。这样众多的客体对象都要与秘书部门发生联系,秘书部门就很难全部把握其活动内容、活动特点、活动范围、活动规律而将可能出现的情况逐一列入自己的常规程序性的职能活动中。例如,组织一次会议,即使秘书部门事先做了充分准备——列出了议题,写好了会议材料,发出了开会通知,布置了会场,但在会议进行中还是会出现意外的情况:原定的会议主持人突然不能到会,某个应该到会发言的代表没有收到通知,因交通问题会议代表不能按时出席,一位领导人的讲话超过了预定时间,临时有人要求参加会议,有些会议议题讨论时意见分歧,相持不下等等,这些情况即使事先有所预料,但仍带着很大的随机性。因此,可以说,随机性是秘书活动中不可避免的特性。

常规性和随机性是秘书活动中相互对立又统一的一组矛盾。常规性表现着秘书活动相对稳定的正常规律,而随机性则表现着秘书活动新的内容,新的方式,新的运动迹象。常规性的事物通常是程序性的,条理清晰,环节分明;而随机性的事物一般是突发性的,来去偶然,无章可循。对待常规性的事物可以用经验或已有的规章制度及处理办法;而对待随机性的事物则要用应变能力,用主观能动性。然而不论是常规性事物还是随机性事物,都与秘书活动所涉及的对象必然联系,其中都有一定的必然性存在。而且常规性与随机性又在一定的条件下相互转化,这已被证实是确定无疑的。

秘书活动是活动主体与客体作用与反作用的辩证过程。我们既承认秘书活动的被动性、随机性、综合性,又承认秘书活动的主动性、常规性和专业性。这种种矛盾的辩证统一,都可以从秘书活动的本质特征——中介性那里找到根源。恩格斯说过:“辩证法不知道什么是绝对分明的和固定不变的界线,不知道什么无条件的普遍有效的‘非此即彼’,它使固定的形而上学的差异互相过渡,除了‘非此即彼’,又在适当的地方承认‘亦此亦彼’,并且把对立互为中介。”[1]秘书活动中矛盾着而又统一着的辩证范畴正是这样。然而一切的辩证范畴都是在人的社会实践的基础上产生的,一定的范畴总是标志着人类对客观事物认识的一定阶段。随着社会实践的发展和深入,范畴也会不断丰富和日益精确。马克思指出:“观念、范畴也同它

[1]恩格斯:《自然辩证法》,《马克思恩格斯全集》第20卷,第554页,人民出版社1971年版。

们所表现的关系一样,不是永恒的。它们是历史的暂时产物。"[1]范畴的发展变化是绝对的,范畴的稳定性是相对的,秘书活动的辩证范畴也正是如此。

[1]《马克思恩格斯选集》第1卷,第109页,人民出版社1972年版。

第五章　秘书活动的专项实务

每一种社会职业活动都有自己的专门领域，正是在这专门的领域中，职业活动才体现出与众不同的职业特色，也由此而担负着义不容辞的职业责任。由于秘书活动分布在各个行业中，其专项实务会因行业的不同而不同，但各行业的秘书活动大多以公务秘书的职能为参照系。因此，我们以公务秘书的职业活动为基础，就会发现秘书活动最基本的职业专项实务可以概括为四个方面，即：撰拟文稿，管理文书，组织会议，操办事务。

第一节　撰拟文稿

秘书人员以“书”(写作)为本，撰拟文稿是秘书活动中最基本的专项实务。之所以称“撰拟文稿”而不称“文书写作”或“公文写作”，是基于这样两点认识：其一，秘书人员所撰拟的只是未完成体的文书稿本，而不是完成体的正式文书。[1]因为每一份文书的形成都要经过许多环节，特别是要经过领导签发批准，否则，正式文书将无法形成；而秘书人员的撰拟只是其中的环节之一，只能形成文书的毛坯而不能生产出成品。其二，秘书所要撰拟的文稿种类很多，范围很广，并不只局限于公文的范围之内，最起码应用性的各类文稿几乎都要涉及。当然，作为公务秘书人员，撰拟公文是重要的职责，但这绝不是说公务秘书人员只撰拟公文文稿而不涉及其他。比如领导讲话稿、调查报告、贺词、请柬等等，虽不能纳入正式公文的范畴，但却是秘书人员重要的写作任务。更何况为数甚众的私人秘书，其大量撰写活动突破了公文文稿的范围，这不能不引起我们的关注。

---

[1]文书的写本有稿本、正式文本与复制本之分。草稿、草案、修正稿、修正草案、讨论稿、送审稿以及定稿等未经正式签发印制、未脱出制作阶段的都是稿本；定稿之后经手抄或誊写、复写、油印、铅印、锲刻而正式发挥作用的正本、副本为正式文本；而后又翻印、复印、缩印的文本为复制本。

一、秘书撰拟的文稿类列

文稿即文章的底稿。文章有广义和狭义之分。广义的文章,泛指一切体式完整的语言文字作品,包括诗歌、小说、散文、戏剧等文学作品在内。但因文学作品有其特殊的写作规律和表现形式,不能作为一般的文章看待,故狭义的文章将文学作品排除在外,专指真实、准确地反映客观事物的文字产品。人们通常将狭义的文章从表现体式上分为记叙文、议论文、应用文、说明文四大类,这四类体式,都属于秘书撰拟的文稿体式范畴,而其中应用类文体是秘书活动中最常用的文体,是秘书人员撰写的重点。

应用类文书是用于处理实际事务的文章。社会事务的纷繁复杂,决定了应用类文体的千姿百态。秘书活动中常见的应用文体有十大类:

(一)通用公文类

在一个国家或特定地区内,各个行业普遍应用的公文可以称为通用公文。例如通知、通报、请示、报告、函、会议纪要等,在社会生活中通行,可以称为通用公文。在全世界范围内,虽然没有明确规定的通用公文种类,但依国际惯例,仍然有约定俗成的通用公文,如声明、公约、备忘录等等。

(二)专用公文类

由于社会分工的不同,各种行业、各个系统,在长期的职业活动中逐渐形成了只适用本组织、本行业、本系统专门使用的公文种类,这就是专用公文。例如中共中央办公厅1996年印发的《中国共产党机关公文处理条例》、全国人大常委会办公厅2001年印发的《人大机关公文处理办法》、国务院办公厅2000年颁布的《国家行政机关公文处理办法》,都明确规定了党委、人大、政府机关各自不同的公文种类。再如外交方面就有照会、国书、护照等专用文书;司法系统就有起诉书、抗诉书、判决书、调解书等专用文书。还有如军事专用公文,财经专用公文等等,都属于专用公文。

(三)准公文类

各类社会组织团体在其公务活动中,除了使用通用公文和专用公文以外,还使用一些类似公文,但又不列入正式公文范围的文体,如计划、总结、简报、章程、办法、公约等等,就属于准公文类。它们在某些方面与通用公文相似,如有特定的读者与作者,有一定的约束效力等,但还不能列入公文范畴,如“计划”和“总结”,社会团体可以用,个人也可以用。

(四)启告类

社会组织或个人有时需将一些事件或活动告知于一定范围的公众,这就常用到启告类应用文。如启示、广告、海报、捷报、喜报、讣告等都属此类。

(五)宣传类

指具有宣传鼓动性质的应用文体,如讲话稿、演讲稿、倡议书、宣言、解说词、说明书等。

(六)礼仪类

人类社会活动中有许多礼仪性质的活动,中国又是特别讲究礼节的“礼仪之邦”。在大量的礼仪活动中,就需用到表示礼节仪式的文体,如开幕词、闭幕词、祝辞、悼词、贺词、请柬、碑文等。

(七)契据凭证类

人们在社会交往当中常常为防止口说无凭,便"立此为据",于是就用到契据凭证类文书,诸如协议书、调解书、保证书、委托书、聘书、契约、合同、条据、遗嘱等等。

(八)书表类

决心书、志愿书、申请书、挑战书、应战书、建议书等等都属书表类应用文,它们可以表明某种意向和愿望,在表达人们的精神需求方面无可替代。

(九)信电类

"信"和"电"是传递信息的一类特殊文体,如介绍信、证明信、表扬信、公开信、感谢信、慰问信、明信片、传真电报、贺电、唁电等等,其内容含量大,形式又别具一格。

(十)传志类

回顾全社会或某一地区、某一行业、某一个人的历史轨迹就需要传志类文体。诸如党史、国史、厂史、校史、村史、地方志、专业志、回忆录、人物传记等等,都属此类。

二、秘书撰写活动的功用

秘书撰写活动就是将组织的思想转化为书面材料的过程。这一活动的功用可以概括为三个方面,即以书面形态实现信息沟通;在拟稿之中渗透参谋功用;为组织运转提供效率基础。

任何社会组织都必须通过各种信息的不断交流而进行目标运动。虽然信息交流的方式是多种多样的,但对一个社会组织来说,无论是在本组织内部的信息交流,还是与其他组织及个人的信息交流,运用最多、最广、最为可靠的方式还是书面文字形态的交流方式。这种交流方式,能够跨越时空局限,便于传递和储存;能够进行加工整理,比语言形态及图像形态的信息严密、准确、清晰,这就是它能广泛应用的根本原因。在日常生活中,人们往往有这样的体会,口语信息和图像信息,虽然能给人的接受感官一定的刺激,但其可靠性、准确性、内涵浓度都远远比不上文字形态的信息。因此,文字形态的资料为几千年人类历史上最宝贵的信息资料。不言而喻,各类组织中的秘书撰写活动也就发挥着以书面形态实现信息交流的重要作用。通常一个组织接收到的各种各样的信息,都要通过秘书的撰写活动而转化为文字材料,才能供决策时使用;而一个组织向内、外发出信息(或安排工作,或布置任务,或汇报情况,或反映问题,或联系事项)也要通过秘书的撰写活动将信息转化为文字材料才能发出。在人们的习惯里,一个电话,一段即席演讲,远远比不上一份正式的文件那样受重视、那样有效力。因此,秘书的撰写活动在实现信息交流的过程中有着无可替代的功用。

不仅如此,秘书撰写活动还渗透着参谋的功用。秘书人员不是决策者,在严格的意义上来说,秘书人员也不是一个组织正式的"参谋"。然而,古今中外大大小小的领导者几乎都要求秘书人员当好"参谋助手"。这个"参谋助手"的角色该怎样扮演呢?该通过哪些途径来完成参谋义务呢?撰写活动就是最为可靠的途径。从一项决策的形成来看,领导者头脑中最初形成的决策思想,只是一种意向、一种企图、一种愿望——要办一件什么事情,要解决什么问题,要改变什么状况,要实现什么目标。但要将这种思想、这种意图化为具体的根据、程序、环节、措施、结果等等而表达出来,就必然要通过秘书的撰写活动得以实现。受命于领导的撰文意图之后,秘书人员要通过撰写活动来对领导意图进行深化加工,以至再创造,将领导朦胧的愿望明晰化,笼统的意图具体化,杂乱的思想条理化,大致的目标肯定化,含混的意向层次化,粗糙的思想细致化,这本身就是将参谋功用渗透其内。秘书活动的实践告诉我们,秘书人员在接受了领导的撰文指令之后,就得认真领会、把握领导意图,并站在组织全局的角度,进行严密的逻辑思考。在整个撰写活动过程中,秘书人员要运用自身的政治、思想、政策等等方面的基本素养,调动自己掌握的多种知识和有关素材,对领导意图或做进一步的分析、综合、调整、取舍、润饰;或拾遗补缺,对领导意图中某些欠周密、欠恰当的地方给予弥补、修正,形成一份便于理解、便于掌握、便于交流、便于执行的文字材料。从这里不难看出,秘书的整个撰写活动都渗透着参谋的功用。

秘书撰写活动还有为组织运转提供效率基础的功用。一个组织的绝大多数工作往往要从撰文活动开始,换言之,秘书撰写活动往往是一项组织活动的开端步骤。例如,安排一个年度的全局工作,总是要以制订工作计划为起点;而作为实际活动指针与依据的工作计划,一般都要写成详细的文字材料,下发隶属单位,使得该计划覆盖下的有关组织或个人能够心中有数。又如,在处理一件本组织需要办理,但又不在其权限范围内的事项之前,必须首先有报请意图并撰写成一份请示公文上报上级主管机关,待批复之后才能开始办理;如果某一事项牵涉几个组织,就必须待几个组织协商同意的文字材料形成之后才能进行工作。更为明显的是,秘书撰写活动成果的质量会给组织活动效率带来直接的影响。以公文文稿的撰写为例,公文本身有法定的权威性,要求收文机关作为工作依据来严肃认真地贯彻执行。如果一份公文简洁、晓畅、明确、具体,易于理解,易于把握,便于执行,就会为组织的实际活动提供良好的效率基础;而如果一份公文繁杂紊乱,条理不清,用语艰涩,文风华而不实,以至失于疏漏或表述错误,就不能正确地传达组织的思想和意图,给收文机关的执行造成障碍,使组织活动难以正常运转,最终影响实际工作效率。这就证明,秘书撰写活动是组织运转效率的基础。

三、秘书撰写活动的特点

作为写作活动的一种类型,秘书撰写活动自然要遵循一般的写作规律,即也要选材定题,构思立意,谋篇布局,遣词造句,运用叙述、议论、说明等写作方法。但秘书撰写活动也有它自身的特点,这种特点最基本的表现是自始至终的受制性形态,即从撰写活动的开始到结束,都不能像诗人、小说家、剧作家那样无拘无束地进行创造,而是要受制于一定的框架规范——写作目的明确、读者对象具体、思想内容确定、文体格式规范,语言文风朴实、时间要求限制。所有这些就构成了秘书撰写活动的受制性特点。

(一)秘书撰写活动有着明确的实用目的

人们各种各样的写作活动,如果从目的角度来划分,可以分为务实和务虚两大类别。哲学著作、文学作品等等,其目的是以潜移默化的作用去打动人的心灵,给人以感染教育和熏陶,从而间接地影响社会生活。这可以看做是务虚的目的。因为这种目的达到与否,很难有明确的指标予以证实。而秘书撰写活动却截然不同,它必然是为解决某些现实生活中的具体问题而写,它要求现实的效用和显而易见的社会效果,而且这种目的达到与否,能以明确的指标予以证实。不论是党政机关、企事业单位、社会团体中公务秘书的撰写活动,还是私人秘书的撰写活动,都是根据实际活动中的需要而提出问题、分析问题和解决问题,都是为了推动某项实际工作,在法律上、教育上、执行上都要求直接起到作用,迅速收到实际效果。这样明确的目的性是秘书撰写活动与其他写作活动的明显区别之一。

(二)秘书撰写活动有着具体的读者对象

一般来说,大多数的写作活动(不论其作者是谁),只要形成成果,就成为一种社会性的产品,人人可以读,人人可以用。除了极少数文书之外,绝大多数的秘书撰写成果却是专向某一个或某些读者对象。一件公文、一篇报告、一封书信、一份合同、一张条据,甚至一纸通知,都是写给具体的单位、具体的个人,至少要明确限制阅读范围。这种读者对象具体化的特征,不仅给秘书活动的保密性造成了有利条件,而且将单位之间、个人之间的种种复杂的关系也表现得十分清楚。

(三)秘书撰写活动中必然表现确定的思想内容

秘书撰写活动是典型的"奉命写作",必须执行"主题先行"的原则。这种撰写活动表面看来与一般的写作活动一样都是个体性劳动,但当秘书人员接受撰写任务而进入写作过程之后,他就是代表组织(或领导)行文,是用语言文字来表达组织的意图;而绝不是单纯的代表自己,不是站在个人的立场上来抒写自己的情感、意志。因而,秘书撰写活动一开始,就有明确的思想发挥制约作用。这种确定的思想就是组织的意图,它贯穿并制约秘书撰写活动的全过程。秘书人员只有将个人的写作思路,纳入这种确定的思想内容的轨道,通过自己的构思、组织、着笔等一系列艰苦的劳动,将组织意图尽可能圆满地表达于书面,才能使自己的撰写活动形成被肯定的成果。

(四)秘书撰写活动中必然要遵循固定的文体格式规范

许多写作成果在形式上并没有固定的要求,即使有一定的形式规范,一般也不是非常严格。秘书撰写的文体却截然不同,它要求具备种种固定的规格程式,构成其庄重、醒目、实用的文体形态。因为,秘书写作活动的成果,本身就要求在社会生活中能够通用,因而就形成了特定的文体格式。在一个历史时期内,不管作者和读者有何变化,这种体式不能变更,否则,就难以得到社会的理解和承认,也就起不到它应有的作用。在文艺创作中,作品标新立异往往会收到一鸣惊人的效果;而秘书的职业撰写活动却必须遵守各种既定体式的要求,不能越雷池一步。比如一份公文,就要求具备公文名称、发文字号、公文标题、行文对象、正文、附件、签署以及主题词等等格式要素,缺一不可。公文所内含的传递信息、推动工作的实际效用,不仅要依靠公文内容,而且要依靠整个文体格式来共同实现。

(五)秘书撰写活动要求简约、规范的语言和朴实、庄重的文风

秘书撰写活动的根本目的在于实用,它忌冗长,因而要求行文简约;它求通行,因而要求语言规范;它忌华丽,因而要求修辞朴实;它求严肃,因而要求文风庄重。一切泛泛而谈的长篇大论、局限明显的方言俗语、生僻晦涩的华丽辞藻、含蓄委婉的浪漫文风,都在避讳之列。这方面特别要求语言表达的规范、简朴、晓畅。所谓规范,一是指规范的书面词语,一般不用口语、方言、俗语、含义广泛的形容词和带有种种寓意的间接表述词等等。二是指使用约定俗成的文书专用词语,如:

称谓词:本部、贵厂、该单位;

开首词:兹因、根据、遵照;

请示词:拟请、恳请、特请;

询问词:当否、如无不妥、是否可行;

表态词:业已颁发、备案存查、遵照执行、准予办理;

结论词:特予公布、专此报告、为荷、为要、此令等等。

语言表达的简朴是指文笔朴实,不尚华丽,简明凝练,惜墨如金,有话则长,无话则短,意尽言至,不铺排累赘,不堆砌辞藻。语言表达的晓畅是指明白易懂,清晰准确,不含糊其辞,模棱两可,要逻辑严密,结构紧凑,条理清楚,行文流畅。

四、秘书撰写活动的一般原则

秘书人员的撰写活动是一项极其严肃的工作,对此有人曾这样比喻:"笔下有人命关天,笔下有财产万千,笔下有是非曲直,笔下有毁誉忠奸,笔下关系着民族兴亡,笔下体现着胸怀肝胆。"其重要性不言而喻。实践证明,秘书撰写活动中一般体现着三项原则:

(一)指导思想必须符合执政党的思想路线和国家的方针、政策

秘书活动的政治性决定了秘书的撰写活动必须以执政党的思想路线和国家的方针、政策为出发点,要有严格遵守政策法令的自觉性。秘书人员在文书撰写活动中,应善于使本单位的制文意图同国家的政策、上级的指示统一起来,使文书表达的意图与要求、反映的情况和问题、总结的经验和教训、阐述的思想与观点,都体现出有关方针、政策的基本精神。特别应注意,当一份文书的内容受多项政策的约束的时候,要掌握好横向联系的分寸,不至于和某项政策产生矛盾和抵触。当然,强调文书撰写要以党和国家的路线、方针、政策为指导思想,并不意味着机械地照抄政策条文,而是要把带有普遍指导意义的政策原则溶化在具体的文书撰写内容之中,在理论联系实际的过程中充分发挥创造性,这样才能写出高质量的文书。

(二)忠实于组织的基本意图

任何组织要撰写文书,一般先由领导集团通过讨论作出决策,形成较为明确的思想,再交由秘书人员撰写成文,即在秘书动笔撰文之前有一道被文书学称作"交拟"的工作程序。这里的"决策"或思想,有时是写作原料,有时是半成品,但都体现着组织的意图。秘书撰写活动的任务就是系统、准确地把组织的制文意图转化为书面文字表述,而不是自由自在地抒发自己的思想情感。因此,秘书人员要通过自己的撰写活动为机关立言,在写作过程中必须忠实于机关的制文意图,决不允许随意扭曲,这是秘书撰写活动的又一原则。要实现这一原则,就要求秘书人员在"交拟"过程中,尽可能地把握好领导集团或领导者的基本观点,基本思路;同时,对"交拟"意图中某些不明确、欠周密或失当之处,要及时提出,主动同"交拟"领导人一起斟酌、推敲,使制文意图更为详细、严密,使自己获得一个尽可能明确的撰拟思想,真正领会制文意图的基本精神,把握基本要求。在此基础上,要努力将制文意图化为自己的思想,使自己站在组织全局的高度,对领导意图进行补充和深化,而决不能自以为是,自作主张,背离组织意图自行其是。当然,忠实于组织的基本意图,是指忠实于其中的基本思想、基本观点和基本精神,即忠实于意图的核心部分,并不是机械地照录照抄领导人的一词一句。因为制文

意图本身往往只是概括的、抽象的,并不一定十分周密、系统;而且,从接受撰文任务到撰写成文的过程,是一个具有创造性规律的写作过程。秘书人员在忠实于制文意图基本精神的前提下,吃透意图,消化意图,从被动接受转为主动写作,自觉地进行深化加工,拾遗补缺,系统组织,润色修改,就能以自己有力的文笔,将组织的制文意图准确鲜明地表达出来。这里有秘书人员发挥聪明才智的广阔天地。

(三)坚持实事求是的务实原则

文书是指导现实工作的工具,它以社会实践为基础,又要反作用于社会实践。因此,文书撰写必须遵守实事求是的思想原则,注重务实。"务实"原则包含两个方面:第一,反映情况,说明问题,必须事实可靠,数据确凿,分寸适当,一就是一,二就是二。是部分还是全体?是有所提高还是有很大提高?在程度上、范围上、数量上、质量上都要准确表达,任何抬高或压低、扩大或缩小实际情况的做法都在忌讳之列。第二,布置工作、处理问题要具体而明确,针对性要强,要遵循各项工作本身的规律,有分析,有结论,有措施,言之有物,有理有据,且不可说大话空话,甚至下笔千言、离题万里。这样才能使文书有实用价值。

第二节　管理文书

管理文书是秘书活动的又一项实务。

"文书"一词出现甚早,含义也较广。在我国古代,"文书"一词就有四种含义:一是包括一切诗书古籍。《史记·秦皇本记》中说:秦始皇"禁文书而酷刑法,先诈力而后仁义"。这里的"文书",显然是指"焚书坑儒"事件中的一切书籍。二是泛指公文案卷。《汉书·刑法志》中说:"文书盈于几阁,典者不能遍睹。"这里的"文书"是指当时的朝廷公文及其刑事法律案卷。三是专指契约类文字材料。《元曲·货郎担》中云:"情愿卖于拈各千户为儿,恐后无凭,立此文书为证。"这里显然是指一种契约形式。四是指文章和书法的合称。宋代张潞有诗云:"两朝功罪乾坤定,二子文书日月光。"这里的"二子文书"是指唐代元结撰稿、颜真卿书写的《中兴颂》,那么,"文"即指元结的文章,"书"指颜真卿的书法了。到了现代,"文书"的基本含义即指人们在社会活动中用来表达意图、进行联系、记述情况、推动实务和作为依据的文字书面材料。

作为一种在社会生活中能够直接发挥作用的文字书面材料,文书的形成和运行遵循着自己特殊的轨迹。它通过特定的阶段性运动——制文、发文、收文、阅文、办文、用文、清退、立卷、归档——来完成自己的历史使命。这样,对文书的管理也就是正确认识和利用文书自身的运动规律,以保证文书的运行达到规范化、制度化、科学化的标准,使之能在社会活动中正常地运行并发挥它应有的作用。

一、管理文书的基本要求

提高文书质量,加快文书运转,保证安全运行是管理文书的基本要求。

提高文书质量是管理文书的第一要求。文书是代表组织的书面发言,在社会活动中要以它的法规作用、准绳作用来规范人们的言行，指导实际事务的办理，它自身就必须体现出较高的质量。在内容上，它要体现坚定正确的政治方向，要真实地反映客观事物的发展状况，要准确地表述组织的意图，要有明晰的是非观念，要以严密的推理使文书具备无懈可击的逻辑力量。在形式上，要严格遵循各种既定的文书程式，要运用简洁、凝练、规范的语言文字，要体现出庄重、平实、质朴、畅达的文风。在这方面，古今中外的各类社会组织对文书质量的要求都是一致的。为了提高文书质量，各个朝代都建立了一系列的质量把关制度。早在春秋战国时代，就有对文书的审核、修改把关的程序，后来的“封驳”制度，是对文书质量把关制度的进一步发展。封，是指对不符合实际情况的皇帝诏命原文封还，示不执行，西汉时期的丞相经常封还皇帝诏书；驳，是指出诏书中的错误，并给予驳正。唐代的“三省”(尚书省、中书省、门下省)之中，门下省就专门负责对中书省拟就的诏书给予驳正；明代则由六科给事中司驳正之职。清代对于各类文书审核颇严，中央各部衙署的文书，由书吏起草、修改、誊清之后上呈堂官(尚书、侍郎)审核，谓之呈堂稿；还须面对堂官朗读文书并加以解释说明，谓之说堂；经堂官询问清楚，审查通过，方能核定。由此可以看出，古代对于文书质量的管理十分严格。在我国现代，文书的核稿、签发、校对制度更是对文书质量把关的重要环节。核稿是专职人员对文书的草稿从内容到形式的全面审核，签发是部门负责人或机关领导人对文书内容的审定，校对则是秘书人员对文书印制过程中可能出现的错漏加以检查纠正。通过这一系列的环节，就使得一份文书政治观点正确，政策规定可行，具体事实准确，表述合乎逻辑，格式选用适宜，语言文字、标点符号都准确无误。这样就能保证一份文书以较高的质量出现于社会。因此，对文书质量的把关，是整个管理文书活动中的首要的职责。只要牢牢把握住有关文书质量的各个制作环节，明确各个环节的责任目标，严格监督各环节高标准地履行责任，就不难完成把好文书质量关的任务。

加快文书运转是管理文书的又一要求。文书须经曲折的运转过程才能发挥它的实际效用。一份文书制作完毕后，要经过封发、传递、收启、登记、拟办、承办、催办、注办等等运转环节，而这每一个环节都有可能出现延误、积压、迟滞的现象，从而影响文书的正常运行。现代社会分工细密，每个组织内部都有不同的职能部门各司其职，这在客观上增加了文书运转的环节和难度。特别是当一个组织内部的职能部门之间，或一个组织与其他组织之间的关系不甚协调，或对某一问题看法不一致时，文书被搁置的现象屡见不鲜。因此，要加快文书运转，保证它能及时地发挥作用，就须采取一系列的管理措施。我国早在春秋时期就有专职信使传递文书的制度，以保证文书快速地到达目的地。古代各朝对办文周期、催办方式以及逾期处罚都有明确的规定。如唐代《公式令》根据文书中所述事项的大小、办理的难易和传递途程的远近，对文书运行皆规定“程期”，“小事五日程，中事十日程，大事二十日程”。何为小事、中事、大事，唐律都有明确的立法解释。如果对上级下达的文书办理稽程，“常务计违一月以上，要务违十五日以上不报”，则要杖责20。而若经催办之后，“如符牒至三度，固违不报，常务通计违八十日以上，要务通计违四十日以上”，则不但要杖责60，而且对收文机关的长官及有关人员要给予行政处罚。宋代对办文程限也要求很严，规定各官司收进文书当天须加盖收文日戳，第二天交付办理。对不需检覆的行遣小事，限五日，需检覆案或需勘令的中事，限十日，须计算簿账或需议论的大事，限二十日。元代对文书催办期限规定甚详(见表5-1)：

表 5-1　元代催办文书期限的规定

收文单位与都城距离	至一催的日数	一催至再催日数
都城内诸司局	十日	再五日
五百里之内	十五日	再十日
五百里至一千里	三十日	再二十日
一千里至三千里	五十日	再四十日
三千里之外	七十日	再六十日

若办文逾期,经三催仍不报,则要依法问罪。

当代的公文办理,虽然没有统一规定的办文程限,但也有明确的要求。如《国家行政机关公文处理办法》规定:“承办部门收到交办的公文后应当及时办理,不得延误、推诿。紧急公文应当按时限要求办理。”总之,在文书运转过程中加强管理,根据不同的情况采取相应的措施,以监督、催促各类文书迅速运转,保证各个运行环节畅通无阻,是秘书活动的又一重要职责。

保证文书的安全运行也是管理文书的职责要求。文书的安全运行是文书发挥作用的前提,否则,文书的作用将是一句空话。为了保证文书运行中安全、及时,不致丢失、毁坏或失密,我国历代都采取了许多措施。殷商时期就将王室文告及密文卜辞保存在专门的地窖、库房内,史官只能给王室极少数人看,其他人则无权阅读。春秋战国时期,传递公务文牍均用官印予以封泥——将文书装进特制的匣子(或布袋、竹筒)内,外面用绳索捆绑,在绳子打结处或开口处皆填进胶泥(陶瓷泥),盖上官印缄口,以防止传递途中有人偷看。汉代建立了对诏书的登记、留底备查制度。唐代对中书省的中书舍人就有四禁:“一曰漏泄,二曰稽缓,三曰违失,四曰忘误。”贞观年间颁布的五百多条《唐律》中,不少条款就规定了对泄密罪的惩治办法,轻者笞、杖,重者徒、流、死。如“诸漏泄大事应密者,绞”;“诸私发官文书印封视书者,杖六十”;“诸密有征讨而告贼消息者,斩,妻子流二千里。”由此可见,对文书的保密与安全各个朝代都非常重视。在我国现代,对文书的保密与安全有许多规定,不仅一般文书的撰写、制作、发送、传阅、使用、保管都有保密与安全的要求,而且将文书密级分为绝密、机密、秘密三等,对不同密级的文书有着不同安全要求。《国家行政机关公文处理办法》明确规定:“各级国家行政机关的公文处理工作,必须严格执行有关保密规定,确保国家秘密。”“传递秘密公文时,必须采取相应的保密措施,确保文件安全。”“销毁秘密公文,要进行登记,有专人监督,保证不丢失,不漏销。”总之,在文书运行的过程中,对文书的保密与安全应高度重视,要把保密及安全措施贯彻在文书运行的各个环节中,杜绝文书丢失损坏,严防文书泄露秘密,这是管理文书无可推卸的重要责任。

二、文书运行的一般程序

要对一种事物、一种现象、一种活动进行管理,就必须认识它们的运动规律,把握它们的运行轨迹。要管理文书,不仅需要把握文书从生产到销毁的全部运行过程,而且要弄清这个过程中各个环节的基本内涵,这样才能有效地施行管理职能。

文书的运行是一系列程序性的活动,它由许多环节依次衔接而成,具体见图5-1。

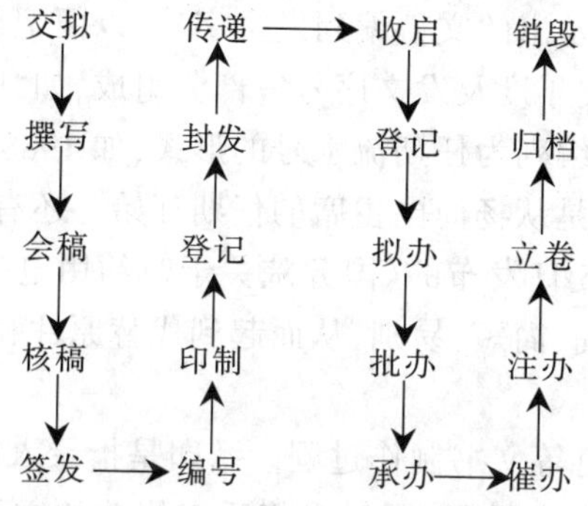

图5-1　文书运行的环节

文书办理的每一道程序都有其特定的内涵功用:

(一)交拟

由机关领导人或部门负责人向秘书人员交待撰写任务的过程。这一过程包括四个方面的内容:(1)撰文的背景(上级指示、下级请示或实际工作需要);(2)撰文的依据(有关的方针政策、制度、办法、研究成果以及工作实例);(3)撰文意图(领导集团或领导人对某一事件的意向、目的);(4)撰文要求(体式、内容、时限等)。

(二)撰写

由秘书人员起草文稿的过程(参见本章第一节)。

(三)会稿

又叫会签,即在两个或两个以上的组织联合制发一份文书时,各自的机关领导人都要在文稿上签注意见,以示共同对文书负责。

(四)核稿

秘书人员按照文书规范化要求,对文稿从内容到形式进行全面核查、审改的过程。这一过程一般需要把握五个方面:(1)根据工作需要、领导意图和文稿内容,审核是否需要行文,以何名义、什么文种行文较宜。(2)查看文稿的基本精神和所提方针、政策性意见与党和国家已发布的方针、政策、法律法令以及与上级机关已发布的规定有无矛盾;文稿的章节、段落、条款之间有无矛盾;文稿中的政策界限是否明确,有无过严、过宽或繁琐、笼统等现象;措施是否明确具体、切实可行。(3)查看文字表达是否准确,是否正确地反映表述了发文机关的意图;查看文句是否简洁、精炼,通俗易懂,符合语法,合乎逻辑;用词是否恰当,标点符号是否正确,是否有文字错漏,有无文风不正的现象。(4)查看文稿格式是否符合规定,是否准确地体现了发文机关同受文机关的关系,如文种是否妥当,语气是否得体,主送、抄送机关是否准确,机密等级和紧急程度是否恰当等。(5)查看文稿审批手续是否完备。该会签的是否会签,该审批的是否审批等。

(五)签发

机关领导人审核文稿后签批意见的过程。这一过程表面上来看是领导者个人签批意见,但实质上却是领导者依据自身在整个组织中的职权，以法定代表人地位来认可文稿符合组织的权益及领导者的意图。

(六)编号

机关文书人员对已确定发出的文稿编列发文字号,以便记载、统计和引述。常规性的发文字号一般由机关代字、发文年度及发文序号三部分组成,如“国办发[1990]24号”。也有的以本组织领导人的任期开始编列为任期流水号的形式,如1988年4月9日发布的“《中华人民共和国主席令》第一号”即是从杨尚昆主席的任期开始。还有的发文字号以专业流水号的形式出现,如1981年4月15日发布的《国务院关于节约用电的指令》,就编为“节能指令第二号”。编列发文字号要准确、简短、易别,从而起到代替原件和便于办理的作用。

(七)印制

指缮印、校对、盖章、装订等文书制作过程。缮印是指录入照排或印刷的过程,目的是一次性制作多份文书,以满足发布需要;同时也将手工修改的文稿变成整洁正式的文本,以便于读者阅读。校对是为了消灭缮印过程中的错漏,确保正式文本准确表现定稿的本来面目。盖章是组织权力的表示,以赋予文书有效性和合法性。对于页码较多的文书,还要装订成册,以防散失。

(八)登记

对发出的文书统一记载的过程,一般采用簿式登记,一簿多页,一页多行,一行一文,“发文登记簿”列有该组织的发文顺序号、文书标题、发文字号、该文密级、发文日期、发往机关、发行份数等项目,既便于统计发文、收文的数量,又便于文书的清点、控制、查找、回收。

(九)封发

将文书按发送机关和既定份数填写封套、清点、装封的过程,是文书准确到达预定目的地的基础环节。

(十)传递

是文书从作者手中到达读者手中的传递送达环节。文书传递一般通过四种方式:邮传、电传、专人送达和固定地点交换。邮传即通过邮政渠道传递文书。此法通行很早,西周就有邮传文书的记载,沿袭至今。电传即通过电讯信号传递文书,常借助于传真机、电报机来进行,是新兴科学技术在文书办理过程中的具体应用。对于特别重要的绝密文书或特别紧急的文书,往往由发文机关派人专送。我国春秋战国时期即有信使专司此职,之后历代沿袭。在同一城市内的各种组织,还常用设立“文书交换站”的办法,固定文书交换地点定期交换文书。传递过程以安全、迅速为标准。

(十一)收启

将外单位来文收进并启封谓之收启。收启须对照清单检查清点来文份数,签收回执,并编收文序号,注明收文日期。

(十二)登记

这里指收文登记,一般用“收文登记簿”,记载收文日期、收文序号、来文机关、文书标题、来文字号、密级、份数等。

(十三)拟办

秘书人员将收到的文书提出初步的办理意见即为拟办。拟办意见是供组织中的领导成员参考的,因此拟办是一种直接的参谋建议活动。它要求秘书人员在认真研究文书内容、弄清来文组织要求的基础上,结合本组织的情况综合考虑,提出简明扼要的办理建议,确定一份文书的阅读范围、承办者以及办理原则、方法、措施及要求:或需报告,或需批复,或需研究讨论,或需传达贯彻,或需立即执行。分别轻重缓急,采取适当办法,是拟办应遵循的原则。

(十四)批办

组织的领导人对收来文书的办理原则、办理方法及相关问题作一批示谓之批办。批办过程一般在拟办的基础上进行,对拟办意见加以肯定、否定、或对拟办意见加以补充完善,便于顺利执行。

(十五)承办

即收文承办,指承办部门(承办人)根据本部门的职责或批办意见,对收文中所述事项具体处理、执行、贯彻、落实的过程。承办主要是办事,即以实际行动落实来文中所述的事项;有时也表现为办文,即以文书形式向来文单位回复。

(十六)催办

即对文书的办理进行督察催促的过程。文书办理过程表现为同一份文书依次流经各个环节的线性运转,每一个环节都有可能出现积压、延误,因此就有必要开展催办工作。催办以提高办文效率为最终目的。

(十七)注办

对文件办理结果所作的记录性备注。对发出的文书要注明具体发出的日期、发送的单位、份数;对收来的文书要注明办理完毕的情况、日期等,从而勾勒出文书办理过程的轮廓,以便于全面掌握文书的运转情况。

(十八)立卷

文书部门(或文书人员)对办理完毕而又有查考保存价值的文书,按照它们在形成过程中的必然联系和规律组成案卷(系统的文件组合体)谓之立卷。文书立卷既是为保护文书的完整和安全,为日后的保管和查找利用创造条件,又是为档案工作奠定基础。文书立卷工作一般由一个组织的秘书部门和组织内各职能部门的秘书人员随时进行,年终归档。这一环节的基本要求是:按照组织活动的规律,根据各类文书本身所具备的特征分类组成案卷,保持文书之间的有机联系,展示事物发生发展的历史轨迹,便于保管和查考利用。

(十九)归档

归纳整理成档案保存。一个组织在其活动中形成和使用的文书, 在它们完成了传达意图、指导工作、处理问题的使命之后,由于它们记载了各项活动的事实与实践经验,能反映事物发展的本来面目,因而对本组织具有备作日后查证、参考的重要作用,也是历史资料的组成部分,因而就需要立为卷宗,作为档案而保存。

(二十)销毁

对已办理完毕,再无保留价值的文书,或已保存了一段时间,已失去查考作用的文书,经清理登记,报请有关部门验收批准之后,到一定的地点进行销毁,以防失密泄密。

三、管理文书的基本原则

管理文书必须遵循一定规则。如果离开了规则,随心所欲地进行办理,势必会违背组织原则,超越组织的职权、范围,打乱组织之间的正常关系,从而破坏组织活动的规范化运转。因此,任何组织的文书管理活动,都需遵循一定的规则。行文规则包含着与行文规则密切联系的行文关系、行文方向、行文方式在内。

(一)明确行文关系

办理公文,首先必须明确行文关系,即明确在行文中应该体现的各种组织之间因法定职权所形成的固定关系。这种关系如图 5-2 所示:

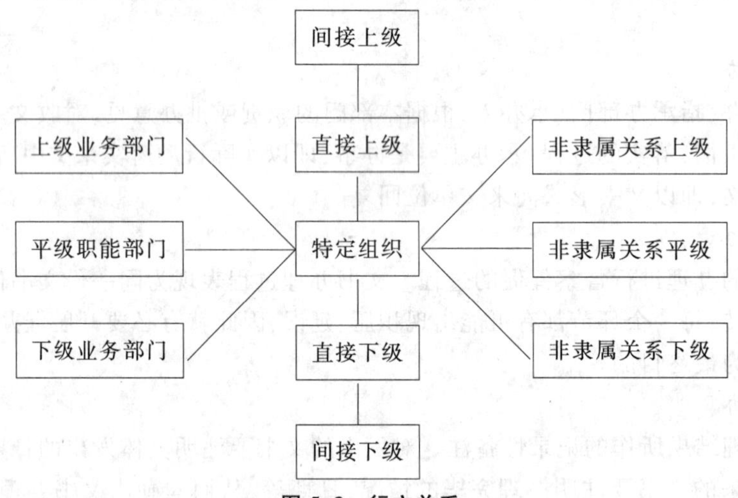

图 5-2　行文关系

明确了组织关系,也就明确了本组织的层次所在,就能够确定对哪些组织应用哪种方式行文,这是对文书运行实施管理的基础。

(二)把握行文方向

以文书发出组织为基点,就发文组织与收文组织的职级关系所认定的文书运行去向谓之行文方向。一般来说,文书的运行方向不外乎 4 种:

第一,上行,即文书向发文机关的上级组织(包括直接隶属上级组织、间接隶属上级组织及业务主管上级组织)运行,通常把这类文书谓之上行文。

第二,下行,即文书向发文机关的下级组织(包括直接管辖的下级组织,间接领导的下级组织及业务上有指导关系的下级组织)运行,通常谓之下行文。

第三,平行,即文书向发文机关的同级组织(包括隶属于同一系统的同级组织和无隶属关系的同级组织)运行,通常谓之平行文。

第四,泛行,即文书向广大社会公众发布,或向发文机关的上级组织、平级组织、下级组织同时运行。

以上 4 种行文方向,其作用最突出地表现在对文书种类的择定上。例如我国国务院颁布的《国家行政机关公文处理办法》中所列 13 种公文种类,“议案”、“请示”与“报告”就属上行文种,命令(令)、决定、通知、通报、指示、批复、会议纪要就属下行文种,函属于平行文种,公告、通告、属泛行文种。

(三)选准行文方式

发文机关在发出文书时必然要采取一定的方式,通常有如下方式可供选择:

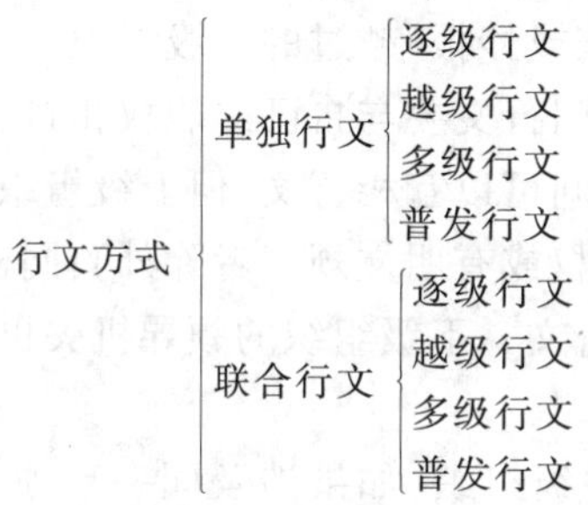

图 5-3　行文方式

行文方式是行文主体(文书的发出者)与行文客体(文书的接收者)发生联系的方式。从行文主体来看,要发出一份文书,可以单独(只一个机关)发出,也可以由两个以上平级机关联合发出。从行文客体来看,如果文书的接收者只是行文主体的直接上级或直接下级,就属于逐级行文方式;如果文书的接收者是行文主体的间接上级(比直接上级更高一层的组织)或间接下级(比直接下级更低一层的组织)就属于越级行文方式;如果行文主体将一份文书同时上报下达(即同时发往直接上级、间接上级、直接下级、间接下级及同级部门等),就属于多级行文方式;如果行文主体将一份文书不仅上报下达,而且向社会公众公布,就属于普发行文方式。这样,将行文主体与行文客体排列组合起来,就有 8 种行文方式可供选择。秘书人员在管理文书的过程中,必须根据需要和可能,准确地选择一种适当的行文方式,这样才能使文书的运行做到有的放矢,发挥文书应有的效用。

(四)遵守行文规则

综合行文关系、行文方向、行文方式以及各种行文制度,可以概括出一些通用的行文规则:

第一,一般情况下,文书运行只能按职级层次逐级进行,不得越级上行或下行。根据通常的组织原则和工作需要,在有着隶属关系的上下级之间,要实行逐级领导和被领导,即上级组织必须掌握直接所属下级的工作情况,负责处理、回复下级的请求,实行对下级的直接领导;而下级组织必须对上级报告工作、请示问题。上级组织体现领导意图、进行部署安排的各类文书,是直接下级开展活动、进行工作的基本宗旨;而下级组织反映情况、提出请求的各类文书,则是直接上级形成决策、进行有效指挥的信息依据。因此,各类文书按职级层次逐级运行,就能使上下级之间构成一个完整的组织链条,紧密衔接,信息贯通,各司其职,使活动有条不紊地进行。如果撇开上下级关系而随意越级行文,就会斩断完整的组织链条,使组织机制紊乱,造成文书运行的无秩序状态。

第二,在特殊情况下,文书可以越级运行,但要抄送被越过的直接上下级组织。不允许文书越级运行的规则并不是绝对的。由于社会事务的复杂和客观事物的突变性,文书的越级运行有时就成为必需。因此,在特殊情况下,文书可以越级运行。例如遇有重大紧急事项不越级向上反映会误时误事者;被直接主管上级长期搁置而又急需解决的问题;与直接主管上级争执不下而又急于处理的事项;无须经过直接主管上级的事务;揭发直接主管上级的错误、问题等,都可越级向上行文。再如对各种允许越级上行文的批复;向非直接下级径直查询、交办的有关事项;事关紧要不越级向下行文要误时误事者等,也可越级向下行文。但越级行文无论向上还是向下,一般都要抄送(或抄报)越过的一级组织。

第三,各级组织内的职能部门行文要与自己的职权相符,不得超越职权范围。具体来说,即:上下级组织内的职能部门之间可以互相行文,但上级组织内的职能部门一般不能向下级组织的领导机关直接行文(已授权或有明文规定者除外);同样,下级组织内的职能部门也不能向上级组织的领导机关直接行文,下级组织的领导机关也不能向上级组织的职能部门直接行文(有规定者除外)。

第四,两个或两个以上的平级组织,如果涉及同一事项,需经协商一致后,可以联合行文;但级别层次不同的组织一般不能联合行文。

第五,党的组织和行政组织的上下级之间,除某些日常事务联系外,一般不能交叉行文,特别是指挥性文书或请示性文书,更不能交叉运行。即是说,同级党政机关如有重要事项可联合行文直达各自的上下级,但不能党政相互交叉运行。

第六,"请示"、"报告"之类的文书,必须一事一文,而且要单向地、准确地主送一个上级主管组织,不得多头主送,更不能同时平行或下行。受双重领导的组织上行"请示、报告"文书,除主送一个直接上级机关外,应抄送另一个直接上级机关。同样,批复受双重领导的下级组织的"请示"时,应平行抄送该组织的另一个直接上级机关。

行文规则是文书运行畅通无阻、有条不紊的制度保证,实践已证明这些规则是行之有效的。因此,秘书活动中要保质保量地完成文书管理的任务,就必须遵循这些规则,有规矩然后成方圆。当然,行文规则也不是一成不变的、僵死的东西。一方面随着社会的发展,行文规则要不断更新;另一方面在秘书活动中运用行文规则,既要严格遵守,又不能刻板教条,这样才有益于实际运用。

第三节　组织会议

会议是自有人类以来就存在的一种社会现象。美国社会学家摩尔根曾指出:原始部落时期的易洛魁人"每逢一个首领死去时,本氏族的成员就举行一次会议来提名继任人"。[1]在那个时代,一个人被选为酋长或委以重任,只是由于他"个人的勇敢、处理事务的机智、或在会议上的雄辩口才。"[2]不仅选举首领要通过会议,部落联盟在表决公共事务时也采取会议的形式:"他们采取了一种方法,用不着投票就可以确定大会成员的意见……他们在大会上是

[1]摩尔根:《古代社会》,第96、98页,商务印书馆1977年版。

[2]摩尔根:《古代社会》,第96、98页,商务印书馆1977年版。

以部落为单位来表决的,在作出决议时,每个部落的首领们必须代表一个统一的意见。"[1]在我国史籍中也记载着尧召集部落酋长用会议的形式决定继承人和治水人选的事。这都说明,会议这种社会现象起源很早,最起码可以追溯到原始社会晚期。到了现代,会议这种现象在数量上日趋增多,在范围上日趋扩大,在内容上日趋丰富,在种类上也千姿百态。会议虽属于领导活动的内容,但组织会议却是秘书活动的职责。这就要求秘书活动必须把握会议的规律,科学合理地做好各种会议的组织工作。

一、会议的功能

要组织会议,就要对会议这种客观现象有一个理性的认识。从语言学的角度来看,"会议"是个动态性合成词,按字面含义,"会"的基本意思就有六种:(1)聚会,(会同,会诊);(2)见面(会见,会面);(3)时机(机会);(4)集会(庙会,花儿会);(5)为一定目的而结成的团体或组织(学生会、工会、学会、协会);(6)一个地区的政治经济文化中心(省会、都会)。"议"即讨论、商议的意思。汉代蔡邕在《独断》中说:"凡章表皆启封,其言密事,得帛囊盛;其有疑事,公卿百官会议。"这里的"会议"显然是集合人员讨论的意思。从现代意义上讲,会议是指有组织有领导地召集人们商议事情的行为过程。人类的任何行为过程都有它本身的功能。会议也同样,它有着无可替代的独特功能。从最本质的意义上讲,会议是社会民主的表现方式,是实行领导的有效手段。

第一,会议是社会民主的表现方式。从最简洁的意义上来理解,会议就是聚集人们来议论事情,因而会议本身就包容着民主的内涵。也就是说,会议本身就赋予参与者有充分发表自己见解的权利,并提供这种机会。由于每个会议参与者都代表一定数量的社会公众(至少代表他自己),因而,会议参与者的观点、见解得以发表,便是社会民主的有力表现。虽然不论何种会议都必须有组织者和领导者,但从本质意义上讲,会议不是专制形式,而是民主形式,特别是各类代表大会,更应该充分发扬民主。如《中国共产党党章》规定:"凡属重大问题都要由党的委员会民主讨论,作出决定。"我国宪法规定:中华人民共和国的国家机构实行民主集中制原则,人民行使国家权力的机关是全国人民代表大会和地方各级人民代表大会。这些规定都体现了会议的民主功能。

第二,会议是实行领导的有效手段,是各级领导布置任务、贯彻政策、调查情况、统筹协调、推动工作的基本方法之一。会议是发挥集体智慧、丰富领导经验、提高领导水平的需要。我国党政机关、社会团体实行集体领导的主要方式就是会议。通过会议而集思广益,既能反映各方面的情况,又能体现全体领导成员的实践经验和聪明才智,这就能避免独裁与专权,保证领导决策的科学性。其次,会议是沟通上下、协调左右的有效手段。沟通和协调是领导职能的重要组成部分。要使各个部门、各个单位步伐一致,动作协调,就需要通过会议沟通情况、统一思想,这样才能有效地实行领导。从控制论的观点来看,任何领导活动,都必须由收集信息、制定决策、监督控制、反馈调节这四大部分构成一个环闭系统,而这每一个步骤都离不开会议。因而可以说,会议是实施领导的有效手段。

[1]摩尔根:《古代社会》,第96、98页,商务印书馆1977年版。

第三,会议是交流信息的重要通道。

当然,作为一种社会现象,会议的功能是多方面的,如果作为一个专题来详细研究,还可以找出许多细微之处。但概括地讲,上述两个方面就能包括会议的基本功能。因此,理解了这两个方面,也就理解了什么是会议和为什么这种社会活动现象能够久存于世、长盛不衰的道理。

二、会议的种类

科学地划分会议的类别,是对会议这种社会现象进行研究的一个重要方面。根据不同的标准,可以把常见的会议分为以下几类:

第一,根据会议规模,可以分为特大型会议、大型会议、中型会议和小型会议4类。一般以万人以上、千人以上、百人以上和百人以下为界,但这只是相对而言。比如一二百人的会议,在全国范围来讲就是小会,而对一个只有几百人的工厂来讲就是全厂职工大会了。

第二,根据会议任务,可以分为立法性会议、决策性会议、协调性会议、咨询性会议、告知性会议、研讨性会议、执行性会议和生活性会议8类。

立法性会议是要讨论制定法律、法规的会议,我国的人民代表大会即是典型例子。一些专门讨论制定规章制度的会议也应列入此类。

决策性会议是指各个社会集团研究决定各项工作事宜的会议。党和国家制定政策,一个单位安排工作部署,都要运用决策性会议。

协调性会议是指国家之间、系统之间、部门之间与单位之间协商问题、调解关系的会议。如各种贸易洽谈会也应属此列。

咨询性会议是指某个社会集团就某一问题请教某个部门或人员而召开的会议。国外许多咨询机构定期召开会议,专门接受社会咨询,就是这类情况。

告知性会议是指通报某一事项、宣布某一决定的会议。如报告会、通报表彰会、新闻发布会等等。

研讨性会议多指各种学术团体就某一技术或学术问题召开的讨论会,许多政策研讨会也属此类。研讨会的最大特色是各抒己见、百家争鸣,不求统一认识,一般也不作出决定。

执行性会议专指下级机关学习讨论并贯彻执行上级机关决定的会议。这类会议作出的决策,一般都是对某一决定的执行措施。

生活性会议是指各种团体的生活事务会。如党团组织的生活会、工会生活会等等。

第三,根据会议的议题,可分为综合性会议、专业性会议和专题性会议3类。

综合性会议有多项议题,要综合研究多方面的问题,如人民代表大会要讨论政治、经济、外交等多方面的工作。

专业性会议是指讨论研究某一方面工作的会议。如公交工作会议、劳动人事会议等等。

专题性会议是就某个专项议题进行讨论的会议,如国际技术转让会、森林防火会、防汛会议等等。

除上述几种分类方法以外,还可以从不同角度对会议进行分类。如根据有无选举,可分为选举性会议和非选举性会议;根据社会分工,可以分为政治会议、经济会议、军事会议、文化教育会议、科技会议等等；根据与会人员范围，可以分为国际性会议、全国性会议、地区性会议、行业性会议等等；根据会议公开程度，可以分为公开会议和秘密会议；根据会议传送方式，可以分为面授会议、广播会议、电话会议、电视会议等等。但无论何种会议，都是有组织有领导地聚集人们商议事情的行为过程。

三、会议组织工作

一次会议进行得成功与否，在很大程度上与会议组织工作直接有关。也就是说，会议组织工作直接影响会议的质量与效果。

(一)会议组织工作的基本内容

按照会议的一般进程，会议组织工作可分为会前准备工作、会期工作和会后工作三大阶段，每个阶段都有不同的工作内容。会前准备工作一般包括 12 项内容：

1.安排议题

2.提名与会人员

3.制发会议通知

4.准备会议材料

5.会议报到

6.与会人员编组

7.制发会议证件

8.布置会场

9.排列座次

10.发放会议材料

11.安排会议日程

12.安排食宿、车辆、医疗及保卫工作等。

会期工作包括 6 项内容：

1.签到

2.引导入座

3.安排发言

4.会议记录

5.把握会议进程

6.制发会议简报

会后工作主要有 4 项内容：

1.整理会议材料

2.制发会议纪要

3.报道会议新闻

4.催办落实会议决议

(二)会议组织工作的要点

会议组织工作十分繁杂，而且每一项工作都要求缜密细致，任何疏漏都会影响会议的效果。因此会议组织工作需要细心周到、有条不紊，特别应注意抓好几个要点：

1.会议议题的安排。会议是研究解决实际问题的社会活动，会议的议题当然来源于社会实践。一般情况下，会议议题通常来源于4个方面：一是上级机关下达指示，需要本单位讨论、研究、贯彻执行；二是本单位在各项活动中出现新的矛盾或新的动向，需要商议制定新的措施；三是下级机关有所请示，提请讨论；四是兄弟单位或社会有关部门与本单位的交往中发生问题需要协商解决。不论这些问题源自何处，但作为会议的议题，一般经过3种途径提出：一是由领导同志提出议题，指示秘书人员准备组织会议；二是秘书人员平时掌握了许多问题，列为会议议题交领导同志审定；三是有关部门就某一事项或某些事项提请本单位召开会议研究决定，从而也成为会议议题。

安排会议议题也没有固定的程式，不同的会议有不同的安排方法。但一般来讲，安排会议议题要注意4个方面：一是重点明确，有的放矢。一次会议要讨论什么工作、解决什么问题、安排什么活动、落实什么措施，一定要明确而突出。即使是内容庞杂、议题很多的大型会议，其议题也必须有主有次、有先有后、有大小长短之分、有轻重缓急之别。二是要将同类性质的问题集中安排在一起，便于讨论，提高会议效率。三是议题的安排与日程的安排要有机结合。大会与小会、集中与分散都应注意疏密有致，防止连续听几天报告，使人们都精疲力竭，然后又连续几天讨论，发生人们无话可说的现象；要尽量做到有张有弛。四是一般把开放性大、需全体与会人员研究的问题放在会议开头；而把保密性强，需少量人员研究的议题放在会议末尾，以便其他人员届时退席。

2.把握会议进程。会议进程即会议的进行过程，也就是会议的具体步骤。把握会议进程是会务组织工作的中心环节，也是秘书人员无可推卸的职责。这方面应该做到4点：(1)在时间安排上要精打细算。比如会议的签到需要多少时间，人员的入场、退场需要多少时间，领导的讲话需要多少时间，代表的发言需要多少时间等等，每个环节要精心安排，不可马虎从事。(2)严格控制使用会议时间，准时开会，准时休会，准时散会，杜绝“八点开会九点到，十点开始做报告”的不良习气；对讨论时每个代表的发言时间也应有所限制。(3)要留有适当的余地，便于解决在会场上出现意料之外的问题。(4)要随时引导与会人员紧紧把握会议的中心议题，集中精力解决重要事项；注意纠正偏离中心、离题太远的现象。这样，才能保证按期完成会议所预定的任务。

3.做好各项会议文字工作。会议当中的文字工作很多，但一般来讲，秘书人员所要参与或亲自动手撰写的主要有6项：(1)开幕词与闭幕词；(2)会议报告和领导讲话；(3)重点发言材料；(4)会议记录；(5)会议简报；(6)会议纪要。这些文字材料的写法因会而异、因人而异、因单位而异、因文体而异。比如开幕词和闭幕词要写得有气势，充满鼓动性，有强烈的感染力；会议报告要周密细致；领导讲话要有个性特点；发言材料要重点突出；会议记录要有疏有密、有详有略；会议简报要简洁、明快，会议纪要要突出会议主旨等，都是必须注意的问题。

除上述要点之外，其他各项会务工作也不可忽视。比如：

1.提名与会人员。要明确会议开到哪一级，要考虑会议参加者的范围、人数及名额分配，哪些单位派什么人出席，哪些单位应有人列席，都必须明确布置。如果提名不当，剥夺了应当参加会议的人员的权利，或将无关人员召来出席了会议，都会造成不良影响，甚至犯政治性错误。

2.制发会议通知。要明确、具体、可行。不论是书面通知、电话通知还是广播通知,以下八要素缺一不可:(1)会名;(2)会期;(3)开会时间;(4)开会地点;(5)参加人员范围;(6)需要准备的材料;(7)入场凭证;(8)筹办会议的联系单位。漏掉了任何一项,都会影响会议的效果。

3.与会人员编组。一般有两种方法,一种是按地区编组,一种是按专业编组。对于领导同志的分组,既要注意有利于领导同志广闻博采,和与会人员广泛沟通;又要注意领导的专业分工,有利于解决具体问题。

4.布置会场。应根据会议的实际需要,会场的形状可有正方形、长方形、圆形、三角形等等。会场的照明设施、音响效果、通风设备、录音录像设备、安全保密措施等等都必须一一考虑。不同的会议对会场布置有不同的要求,如人民代表大会的会场要隆重、和谐,党代会的会场要庄严、大方,庆祝大会会场要美观、欢快,报告会会场要朴素、切题,座谈会会场要体现团结、民主的气氛等等。

(三)会议组织工作的原则

1.充分准备。艺术界有句俗语说"台上一场戏,台下千日功",这不仅是表演艺术经验的总结,也适用于会议组织工作。要使一次会议开得成功,就必须进行充分的准备工作,做到有备无患。会议的各项准备工作必须充分而仔细,这是会议组织工作的首要原则。

2.严密组织。严密组织是会议得以顺利进展的保证,否则就难以按期完成原定的会议任务。会议的严密组织要注意3个方面:一是会议组织工作的指挥系统和执行系统要健全,使会务工作形成一个灵活畅通、操纵自如的整体;二是会议议程与日程安排要严密,一旦确定就不能轻易变动;三是对会议进行过程中可能遇到的问题要有准备,一旦出现便立即采取措施,以防影响会议的正常进行。这样就能使会议按期达到预定的目标。

3.周到服务。会议的服务工作是会议组织工作的重要内容之一,虽然琐碎繁杂,却与会议密切相关。因而对服务工作的各个环节都要考虑周到,以免因小失大,造成混乱,影响会议效果。

4.确保安全。会议要保证与会者的人身安全,也要防止失密事件的发生。特别是大型会议,在安全保卫措施上更要细致周密、杜绝一切事故的发生。

四、会议控制问题

目前,会议泛滥已经成了一个世界性的问题。20世纪80年代,全世界每年的会议经费高达2000多亿美元。我国1986年的会议经费就达30多亿元(人民币),21世纪的会议费用以百亿、千亿记。正所谓"大会三六九,小会天天有","会海"与"文山"几乎成了各个单位的不治之症。因此,会议控制问题就不能不让人们正视了。

(一)会议的成本核算

对于会议这种社会现象的研究目前还很薄弱,在我国几乎是一个空白。仅会议成本的核算方面,目前尚未出现权威性的研究成果。日本的太阳公司曾经提出一个会议成本的计算公式,即:会议成本=2ABC。

在这个公式中:

常数 2,表明管理人员参加会议之后,经常性的工作也会中断,因此造成的损失应估计在内。

A: 代表每小时全部职工平均工资的 3 倍——国外常用平均工资的 3 倍来表明生产的价值,这里就有剩余价值问题。因为工人离开工作岗位,每小时就会少生产产品而损失很多钱,这笔钱不仅包括工人工资,还包括利润以及一些额外的支出。

B:指参加会议的人数。

C:指开会时间(小时)。

这个计算公式还并非十分完善。怎样对会议成本进行准确地核算,还有待于深入地进行专题研究。

(二)控制会议的措施

1.严格会议审批制度。任何单位召开会议,都应该向上级机关申报,得到批准后方可召开会议。

2.增强会议的科学性。包括每年提前申报开会计划,严格控制会议规模与会议时间,大力压缩会议经费,合并某些内容相近的会议,尽量利用现代通讯工具等等。

3.领导机关带头转变观念,端正会风,脱开会海。

第四节 操办事务

操办各种日常事务,是秘书活动的职能中不可缺少的组成部分。社会上将秘书活动的全部内容概括为“办文、办会、办事”,虽然有失笼统,但却说明了操办事务在秘书活动的职能中所占的重要位置。诚然,在组织运转的过程中,千头万绪的繁杂事务由组织的各个职能部门分别承担,并不是由秘书部门包揽包干;但不可否认,任何一个组织当中,大量的事务是由秘书部门承担的。因此,操办事务就成了秘书活动中的专项实务之一。

一、电话事务

电话是秘书活动的必备器具,电话事务是秘书部门操办事务的一个重要方面。办理电话事务,首先要求秘书人员熟悉电话机具及电话业务。电话机的种类很多,有古老的手摇电话,即“永磁式电话”;有不用手摇的“共电式电话”;有现代最常用的“自动电话”;还有新颖的录音电话、书写电话、可视电话、移动电话和声控电话等。现代电话不仅样式繁多,功能齐全,而且服务项目多种多样,业务范围也十分广泛。有国内长途电话业务;国际电话业务;农村电话业务;会议电话业务;移动通信业务等等。

使用电话也是一门学问,打电话和接电话都有许多方法。特别是随着通讯部门电话业务的不断扩大,通话的方法也在逐渐更新。如有紧急事项需要电话告知许多受话者,可利用电话总机上装配的“同播系统”或者与话务员配合,同时与多个受话者通话。这种方法就是既省时,又省事的同播法,电话会议的召开常用这种方法。提前向受话者发出通知,预约在一定的时间内相互通话即为预约法。这种方法多适用于电话汇报，其优点是便于对方准备，又能按时通话。如果受话者不在，发话者请他人(同事、友邻)代转为代转法。使用这种方法，务必要征得代转者的同意，并要记下代转者的姓名、身份和通话时间，还要注意致谢。不论采取哪种方法，电话事务一般都要求做到清楚、简洁、礼貌和保密。

电话沟通是靠口头表达和听觉器官进行的，清楚明了是通话的基本原则。只有说得清楚和听得清楚，通话才有效果。如果模糊不清，就会引起误解。办理电话事务的人一是口齿清楚，语音规范；二是内容清楚，明白易懂；三是记录清楚，一目了然。为此，秘书人员要尽量使用普通话和规范化的语言。

为了增强通话的准确性和时效性，通话的双方都要简明扼要，做到长话短说，废话不说。秘书人员要有时效观念，要有充分的准备。按稿通话时，要紧扣主题，不离中心，不说题外话。

电话事务中要特别注意礼貌。通话中的礼貌，是通话双方互相表示敬重或友好的行为规范。它起着强化沟通效应，融洽相应关系的重要作用。通话时既要语气温和，用语得体，使人有尊重、信任和亲切之感；又要接话及时，不打断对方谈话，结束通话时轻放话筒，使人感到对方彬彬有礼。

电话事务中还要注意保密。凡涉及秘密事项，一定要使用保密电话，切忌在普通电话中传授秘密事宜。如果对方在普通电话中问及秘密事项，受话人则应婉言谢绝。

二、接待事务

秘书的接待事务是机关工作的一面镜子，也是沟通本组织与社会公众的一座桥梁。接待事务一般包括5个要素：(1)来访者，即接待对象。来访者可能是一两个人，也可能是一个小组，或者是一个代表团。(2)来访意图。俗话说，“无事不登三宝殿”，来访者必然有一定的目的。(3)接待者。有时是秘书人员直接充当接待者，有时是秘书人员与有关部门的人员或领导者共同扮演接待者的角色。(4)接待任务，即根据来访意图而确定的接待方针、接待活动和担负的责任。接待任务通常由接待计划加以明确和固定。(5)接待方式，即接待的规格、接待的程序、接待的方法等。

接待过程包括如下内容：

(一)收集来宾情况，判断来访者意图

这是做好接待工作的基础。秘书人员要通过阅读有关组织的接待通知或查阅来访者的信函证件，以及与来访者初步交谈等等方式，收集来访者的人数、时间，来宾的姓名、性别、身份、民族，来访者的任务、目的和有关的背景材料等等。对于外宾的接待，尤其需要收集足够的背景材料。重要的接待活动，有关部门会交待来访用意。但对于临时性的接待，特别是对于不速之客的接待，就需要秘书人员收集到各种情况，用心判断来访者的用意：是反映情况，揭发问题，还是提供建议、出谋献计？是请示工作、要求帮助，还是建立联系、商谈业务?弄清了来访者的情况及来访意图，就为接待工作打下了基础。

(二)拟定接待方案

合理的接待方案，来源于对来宾情况的收集和处理，以及对来访用意正确的判断和分析。接待方案的内容有：接待方针、接待规格、接待日程、接待形式、接待经费和生活安排等。

接待方案制定后,要呈报主管领导者审批。同时,还要征询来访者的意见。

(三)撰写接待材料

重要的接待活动,要由秘书人员准备有关文字材料,如汇报材料、发言材料、参考材料、欢迎词、祝酒词、答谢词、协议书、会议纪要、接待简报、视察纪要等。这些书面材料,有的需要在接待前撰写,有的需要在接待中撰写,有的需要在接待后撰写。

(四)组织双方活动

接待方案经主客双方同意后,秘书人员要精心加以实施。比如迎接、拜会、宴会、会谈、参观、游览、送别,以及吃、住、行,还有安全、保卫、保健、新闻报道等。组织双方活动是接待事务的主体,直接关系到接待工作的质量和效率。

(五)处理善后工作

一项接待活动结束后,秘书人员还要做好善后工作,如总结经验,向上报告,结算经费和立卷归档等。

在接待工作中,秘书人员应坚持以下几项原则:

第一,热情好客。凡来机关办事的客人,不论其身份、职业、年龄、资历、性别和国籍如何,秘书人员都应平等相待,热情帮助,使来访者有"宾至如归"之感。在接待活动中,要防止和纠正"门难进,脸难看、话难听、事难办"的衙门作风,尤其要杜绝口大气粗、动辄训人的恶劣作风。

第二,细致周到。接待工作具体,而且繁杂,涉及许多部门和人员。这就需要秘书人员要把工作做得细致入微,面面俱到。要考虑周到,处处替客人着想,留意客人的需要;要安排周到,让客人处处方便,事事满意;要解答周到,对客人提出的问题和托办的事情应尽力给予满足。

第三,以礼相待。接待工作是一项典型的社会交往活动,秘书人员必须具备较高的礼貌修养。在仪表方面,要面容清洁,衣着得体,和蔼可亲;在举止方面,要坦诚自然,稳重端庄,落落大方;在言语方面,要声音适度,语气温和,说话客气。

第四,安全保密。保证安全和保守秘密,既是接待工作的重要任务之一,又是接待工作的重要原则之一。它包括饮食安全、住地安全和交通安全,以及会谈保密、文件保密和活动保密等。在外事接待中,尤其要注意保守党和国家的机密,不得以任何方式泄露秘密事项。

第五,俭省节约。在一定意义上说,接待是一项消费型的事务活动,需要人力、物力、财力作保障。秘书人员应精打细算,厉行节约,改变和抵制长期以来形成的讲排场、摆阔气、奢侈铺张、大吃大喝的陈规陋习。对本系统、本部门领导者的接待,应废除礼仪性的迎来送往,减少陪同人员,从俭安排食宿和交通工具,严禁动用公款馈赠礼品。

三、礼仪事务

礼仪活动是指通过一定的仪式表现出礼遇礼节的礼宾交际活动。其特点是:礼节性强,形式上讲究,规则严、影响大。礼仪活动,是社会精神文明的一个重要方面,是民族文化的一种表现形式。因此,办好礼仪事务有着重要意义。

我国是礼仪之邦,礼仪活动种类繁多。如:庆典仪式、签字仪式、递交国书仪式、授勋仪式、开幕仪式、谒墓仪式、结婚仪式、会见、拜见、会谈、国宴、欢迎宴会、答谢宴会、招待会、茶话会、酒会、舞会、文艺晚会等。这些活动所涉及的内容更为广泛:有政治、军事、经济、文化、贸易等,或兼而有之。也有从表面上看好像没有实质性的内容,完全出于礼节(如礼节性的会见等);但活动的本身,却表现出本组织的政治态度,对客人的接待规格和友好程度等重要内容。举办任何一种礼仪活动,都需要秘书做大量的细致具体的事务性工作。

(一)提供信息

礼仪活动效果如何,取决于多种因素,而秘书为领导者提供全面的信息,是保证礼仪活动圆满完成的一个重要条件。收到领导者要参加礼仪活动的通知或请柬时,秘书应从主办单位以及有关部门等信息源了解、收集、掌握以下情况:

1.这次礼仪活动的名义、规格、形式、内容、对象、性质、目的、时间、地点、背景材料、具体要求等礼仪活动各方面的有关情况。

2.主宾及其所在组织的政治主张,对本组织的基本态度,所关心和将要提出的一些问题及主宾本人的简历、照片、生活习惯、宗教信仰、饮食特点、嗜好、忌讳等有关情况。

3.有关领导人对本次礼仪活动的有关指示或批示,我方要提出或注意回避的一些问题,对客人应持的态度,涉及这次礼仪活动的文件材料等政策原则方面的有关情况。

对这些信息,要认真地进行比较、分析、识别、判断;去粗取精、理出头绪。在进行综合处理后,将那些对本次礼仪活动有参考和使用价值的信息,及时提供给领导者。同时,认真进行信息反馈,注意在礼仪活动实践中对自己提供的信息进行检验和修正,以提高信息的准确性。

(二)担当纽带

礼仪活动具有临时性的特点,每举行一次,都要由主办单位临时组织服务、警卫、新闻、翻译、扩音、照明等有关单位共同完成;而且参加的人员也是根据礼仪活动的性质、规格等临时聘请的,人员复杂,协作单位多,情况变化大。要使礼仪活动能够顺利进行,就要联系许多单位,沟通许多情况,转发许多材料,反馈许多信息。秘书就要在这里起到沟通联系、上传下达的纽带作用,或叫媒介作用及桥梁作用。

首先,要与礼仪活动的临时总指挥部——主办单位取得联系,详细了解有关礼仪活动的情况,根据主办单位的意见,请示领导是否参加,将答复结果及时转告主办单位,以便主办单位一起制定活动方案。如果领导者要在礼仪活动中发表正式讲话,就要根据党的有关方针、政策、原则等起草讲话稿。准备完毕之后,要将礼仪活动的时间、地点、行走路线、注意事项等情况,及时报告领导,使领导做到胸中有数。

其次,要与有关方面保持联系,如有变化及时通知。特别是领导因故临时决定不能参加了,一定要及时通知,以使主办单位灵活变通,安排其他身份相应、地位相当的领导者代替。因为礼仪活动都是根据主宾的身份、活动的性质或两国关系、国际惯例、政治需要等因素进行综合考虑来安排领导人出席的,临时缺席是对客人的最大失礼,也容易引起外界的猜疑,甚至造成不良的国际影响。

再次,礼仪活动时间性很强,要注意提醒领导按规定时间参加,迟到早退都是失礼或有意冷落。过早抵达也不好,特别是外宾主办的活动,不但浪费领导者的宝贵时间,而且还会使外宾因准备未毕而难堪。

(三)保证安全

礼仪活动政治性强,人员复杂,要求严格,现场内不允许有许多的工作人员,尤其是穿军装的警卫人员。这时跟随领导的不论是负责哪项工作的秘书,都应既是秘书,又是礼宾、护士、服务员、警卫员,都要想领导所想,急领导所急,以高度的工作责任感和警惕性,努力做好安全保卫、保密工作。

首先要详细了解和掌握参加礼仪活动的人员情况,并善于用警卫的眼光,检查领导者行走的路线、活动现场等,发现不安全的因素及时排除。要始终保持清醒的头脑,时刻警惕和防止敌特分子和坏人的破坏与捣乱。遇有紧急情况,要镇静、机智、勇敢地采取果断行动。跟随领导者,要及时完成领导者临时交办的事宜,不能擅离职守,看热闹,寻享乐。要注意对不明身份的人进行礼貌挡驾,客气地制止他接近领导者。要注意对领导者使用的物品、食品等进行检查和对携带的物品进行保管。注意对年老体弱的领导者进行搀扶、护理、照顾,要防止过度疲劳,保证其身体健康。

秘书的事务是繁杂而又琐碎的,诸如通讯事务、印信事务、值班事务等等,难以一一述及。然而事务虽小虽杂,却都是秘书活动的有机组成部分,每一项事务都是秘书职能作用的体现。在秘书的所有职能当中,大的方面固然重要,而小的事务也不可忽视。如果抹杀秘书部门的办事职能,秘书活动参谋助手的功能就会大大减弱,整个组织的运转就会受到影响,组织的全部功能也就难以发挥出来。

第六章　秘书活动的综合职能

在秘书活动的全部内容当中，既有撰写文稿、管理文书、组织会议、操办事务这样一些任务确定、外延明晰、具体而又实在的专项实务，又有一些伸缩性较大、外延不太确定但有重要作用的综合职能。这些综合职能包括处理信息、辅助决策、协调关系、督促检查等等方面。综合职能与专项实务是构成秘书活动基本内容的两大方面，它们相辅相成，缺一不可。由此才组成了秘书活动的整体性机制，从而全面地体现着秘书活动的功能与价值。

第一节　处理信息

从本质上来讲，秘书活动的基本职能就在于接收信息、处理信息、利用信息、沟通信息。

——阅读文件，这是秘书活动中的必然内容。要从文件中发现新精神、新动向、新政策、新经验，即发现文件中的"鲜度信息"。一份文件是否重要，衡量标准只能是其中的信息价值；一份文件的出台是否及时，其表现形式就是信息的时效性；一份文件是否客观地反映了实际情况，就需要考查它内涵信息的真实性；而一份文件的执行效果如何，也需要反馈的信息来证明。

——撰写文稿是秘书人员的专项实务。譬如编制一个地区的经济发展规划，第一步要收集信息，包括中央的方针、政策，国家的法规文件，国际、国内的动态、趋势，社会的现状和问题，科学技术的水平与动向，本地的资源条件、产业结构、技术力量、资金状况等等，都必须一一掌握；第二步是分析研究，提出方案，也就是信息的加工处理；第三步是方案论证，形成规划，这就是加工后产生新信息；第四步是付诸实施，将制定好的规划下发基层并要求照此执行，这就是信息的利用；第五步是收集实施的情况反映，进行调整，这就是信息的反馈。

——辅助决策，同样是秘书人员的重要职责。决策的第一阶段，是进行科学预测和确定目标，这就必须将过去和现在的各种信息进行收集、加工，传递和利用；决策的第二阶段要拟定各种可供选择的决策方案，就必须对收集到的各种信息进行认真的科学的归纳、推理、判断、评价，也就是具体地利用信息；决策的第三阶段是确定方案，就是要对各种方案进行可行性分析、比较，而这种分析比较的客观依据依然是大量的社会信息。

再如会务工作，文书处理工作，信访工作，保密工作，档案工作等等，都与信息相关。因此对信息的深刻理解，综合处理及合理利用就是秘书活动的基本职能。

一、信息及信息产品

信息就是客观世界中各种事物运动特征的最新反映，它存在于自然界和人类社会的一切领域，直接或间接地表征着事物之间的必然联系，并经过传递再现客观事物的状态。

信息是客观世界中各种事物运动特征的最新反映，首先是说信息的生成范围极其广泛。大千世界的一切事物都能生成信息，风雨雷电是自然信息，遗传密码是生物信息，语言文字是社会信息，总之，构成客观世界的一切事物都能发出信息。事物都在不停地运动变化，信息总是不断地生成。大至银河系的星群，小至微观世界的基本粒子，以及动物的生老病死，植物的枯荣衰茂，企业的生产，商品的供求，社会生活中人与人之间关系的变化等等，都是通过各种信息反映出来。

其次，信息还是客观事物之间的相互联系、相互作用的直接或间接的表征。客观世界中的各种事物总是在一定的条件下相互联系，相互作用的。“春江水暖鸭先知”就是自然季节的更替与生物界必然联系的信息表征；“山雨欲来风满楼”，即“风满楼”作为“山雨欲来”的信息征兆，揭示了风和雨这两种自然现象之间的相互联系。

再次，信息经过传递再现客观事物的状态。我们所说的信息，都是经过自然的或人工的传递，能够再现客观事物状态的信息。茫茫宇宙之中还有大量的自然信息也在生成、传递，但限于人类目前的认识能力和技术手段，还不能全部被接收、被理解、被“破译”出来，因而也还无法利用。所以，我们只能掌握经过传递、能被人类接收，而且再现客观事物状态的那部分信息。

作为一种客观存在，信息具有三大特征，即共享性、无限性和时效性。

其一，信息不像一般的物质那样具备单一的归属性，它可以让众多的人共同享用。萧伯纳曾经有一个很形象的比喻；“倘若你有一个苹果，我也有一个苹果，而我们彼此交换，那么，你和我仍然还是各有一个苹果。但是，倘若你有一种思想，我也有一种思想，而我们彼此交流这些思想，那么，我们每个人将各有两种思想。”信息也正是如此。一个人有一项发明，写成了研究报告，别人看到了，利用了，和发明者可以共同受益，但发明者仍然是发明者，不会因为别人得到而他就失去了。这就是信息的共享性特征。

其二，在人类生活和接触到的一切领域，都随时产生着信息。随着时间的推移，信息又在无限地产生和发展。物质世界是无限的，人对物质世界的认识是无限的，所以不论从时间范畴还是空间范畴来说，信息都是无限的、永远不会枯竭的资源。

其三，信息的价值在于把一人、一时、一地、一事的创造，传递给另外的更多的需求者。而且，用户对信息有特定的需求，所以从客观方面就造成了对信息的时限性的要求，信息的功能、作用、效益都是随着时间而改变的。过了时限，信息就失去了作用。因此信息又具有强烈的时效性。

信息虽然是抽象的东西，但它能表现为具体的信息产品，较为常见的信息产品有文字的、声像的和记忆的 3 种形态。

文字形态的信息产品，即以书面文字为载体的信息资料，它们一般表现为 9 种类型：

1.报纸、期刊。以社会公众为读者，以最大的公开性为特点，能广泛地包含各类信息，传播较为迅速、及时。

2.图书、专著。内容成熟，系统性强，内含信息价值极高，但形成周期长，传播较为缓慢。

3.政府出版物。代表一个国家或一级政府的信息处理水平及政策原则。内含指导性、战略性信息，与一般的报刊书籍大不相同。

4.党派宣传物。代表某一党派的立场、观点、态度的信息资料，政治性强，特别是执政党的宣传物，内含丰富的政治信息。

5.统计资料。精确反映客观事物发展变化的信息产品，常表现为统计报表、统计年鉴、统计手册等形式。

6.各类专业文献。记载各个专门领域内发展变化情况的信息资料，内容具体专一，权威、可信。

7.图谱，图录、样图、地图。对事物作形象描绘，内含信息直观性强。

8.档案。社会各系统、各部门，各行业从事活动的原始记录，内含事物发展的轨迹。

9.内部文献。仅限于在一定的时间、空间和一定人员中传播，不向社会公开的信息资料。

离了文字形式，直接记录声音和图像的一类载体，即是声像形态的信息产品，这是随着声像技术的进步而产生的一类新型信息产品。它的特点是：传播时使人闻其声、见其形，给人以直观感觉，以达到吸收信息的目的。这类信息产品的数量正在逐年增加，制作和播映的手段也越来越现代化。目前已被大量利用的有：唱片、录音带、录像带、幻灯片、新闻影片、科教片等等。这类产品目前在信息领域内被应用的机会越来越多，一般新闻事件、科技成果、重要会议、广告宣传、工程纪实等等都已普遍使用录音、录像或摄影片来收集、传播信息。这些都是从狭义的角度所划分的声像形态的信息产品。如果从广义的角度来看，属于“像”这类形态的信息产品还应当包括以实物形态存在的“物”，如各种技术产品的实物、古代建筑物、自然界里新被发现的物以及文物等等。它们的存在，它们的被发现以及它们本身的“像”，都包含着许多信息。石油往往在土壤中透出信息，煤矿往往在石块中透出信息，金矿往往是在沙粒中透出信息。专家们通过对古代文物的考证鉴定，可以得出几千年、几万年以前的社会生产、自然变迁、文化沿革的信息，将这些信息运用于当今实践，可以获得意想不到的价值。

除上述文字形态的、声像形态的信息产品外，还有一种记忆形态的信息产品，日本人称之为“零次情报”，就是指在人际交流的过程中产生、传播和被接收而又在人的大脑中存贮的不具有确定的记录载体的信息产品。它们的特点是分散、容易被理解和吸收。而且，与前两种形态(文字形态，声像形态)的信息产品相比，依靠固定载体提供的信息，大多是已经发生了的过去的事，而在人际交流中，常常可以获得更多有关未来的预测信息。人们在各种会议之余，在旅馆、餐厅、影剧院、贸易市场等等公共场所，特别是在网络上，打破了等级、专业、行业、工种、年龄、职别等等限制而进行的广泛议论，都是“零次情报”式的信息产品。国外许多调查统计表明,“零次情报”在各种信息中占有重要地位。人们与同行业、相关行业及其他行业的人际交流中得到的信息迅速而直接,而且往往是在各种文献中难以找到的、最新的信息,它能给信息工作者或领导或管理者带来出乎意料的启发。

二、信息处理的基本环节

信息处理的程序较为繁杂,但秘书活动中对信息处理一般是把握收集、加工和编写信息资料 3 个基本环节。

(一)信息的收集

整个信息处理过程的第一个环节就是信息的收集。要收集信息,则必须首先弄清信息的来源。从理论上来讲,一切运动着的事物都是信息发生的源泉;但对一个具体的社会组织来说,信息的来源有两大方面,即直接信息源和间接信息源。

直接信息源指社会各个系统能直接索取信息的单位和部门。比如党务系统:中共中央、各省、市、自治区党委、各县党委、乡镇党委以及各部队党委、各厂矿企业党委等都在这一系统中互为直接信息源。政府系统:从国务院到各省、市、自治区人民政府,各地州县人民政府,以及乡镇人民政府等等都互为直接信息源。其他如工业、农业、财贸、交通、邮政、电信、文化、教育、卫生、科技等各以自己的系统部门为直接信息源。因为在通常的情况下,系统内部的联系最为广泛、最为频繁,因而也成为信息的主要来源地。同时,党政部门管辖内的各个单位也是直接信息来源。比如一个省、一个市或一个自治区的党委和政府部门,它在自己的管辖范围内要领导各个部门的工作,政治、经济、军事、文化、外交等等各方面的信息都有必要了解。因而,对党政部门来说,它所属范围内的各个部门都是它的直接信息来源。直接信息源的最大特点是稳定性和连续性。一般来说,除了进行大幅度的系统调整和区域调整之外,直接信息源的信息交流总是稳定的。比如每年的工作计划、工作总结是必不可少的,这就是稳定性的表现。同时它又有连续性,如日报、季报、年报等等,除了特殊情况外,一般不会中断信息联系。

间接信息源是指本系统本部门辖属范围以外的信息源。这里的“直接”和“间接”之分,只是相对而言,但用普遍联系的观点来看,世界上各种运动着的事物都是相互联系、相互依存,相互影响的。比如在工业部门来说,工厂企业与工业产品市场是它的直接信息源,而农业部门则是它的间接信息源,因为工业的发展离不开农业这个基础。因而对工业部门来说,农业是它要发展的外部因素,但这个因素却非常重要。再如市场,按严格的渠道划分,它是商业系统的直接信息源,对其他部门来说都是间接信息源。但在大力发展社会主义商品经济的今天,几乎每个行业都必须不断地从市场上取得信息。再如各种报刊图书资料和网络,除了进行各种研究工作的专家以外,对各种生产部门来说,它们都是间接信息源。但在报刊图书资料和网络当中,不论是党、政、军、民,还是工、农、商,都会在其中获得极其重要的信息。因而,把信息源分为直接和间接两种,只是为了论述的方便,收集信息时不能对任何一方有轻视的态度。

收集信息的工作一般通过信息网络来完成。信息网络是指由多层的信息发出点、信息传递线和信息接收点组成的信息交流系统。这个系统是由个体和群体的人构成的无形的网。它能贯穿上下，联系左右，沟通内外，纵横交错，通达灵便。信息网络的具体形式有 5 种，一种是纵向网络，也就是从上到下贯通一气的线条型网络。我国的管理体制是条块结合的，条条管理在我们的整个管理体制中占很大比重，因而也就便于形成纵向的信息网络。党政部门从中央到地方贯通一气，各个专业部门也是条条紧密联系。比如铁路系统，就从铁道部至铁路局、铁路分局，直到各个车站都是条条直接指挥；邮政系统是就从国家邮政总局到各省、市、区邮政公司、再到邮政局、邮政支局、邮政所直接贯通。利用这种管理方式，在各个单位建立信息点，就形成了纵向型的信息网络。二是横向网络，即指不同地区、不同部门、不同单位之间的联系网络。比如我国 30 个省、市、自治区的党委或政府办公厅之间以及 2800 百多个县(区)之间建立的信息联络即是。再如某省的外贸部门与其他省的外贸部门之间、或某省市的教育部门与其他省市的教育部门之间，都可以建立横向信息网络。三是延伸网络。这种信息网络不受管辖范畴和系统范围的限制。在有必要的时候，超越管理层次界限，直接与某单位甚至某个人建立信息联系，这就叫延伸网络。比如，为了了解沿海地区开放搞活的变化情况，地处内陆的省区直接与沿海开放城市建立信息联系，或者中央为了了解“三西”(指处于甘肃、宁夏境内的河西、定西和西吉地区。)建设情况，直接与位于“三西”地区的某些县市至乡镇建立固定的信息联系，就形成延伸型的信息网络。四是扩散网络，即超出本系统范围的信息网络，大多是各专业部门与社会公共事业部门建立的信息网络。比如与报社、杂志社、广播电台、电视台等新闻单位建立信息联系制度，以至与国外的某些信息产品部门也可以建立联系，这就形成扩散型信息网络。五是内部网络。这个“内部”是指本单位机关范围内的各个部门。比如省委办公厅与省委的组织部、宣传部、统战部等等单位建立的信息联系制度，省政府办公厅与省计委、省经委、省科委、省体委建立信息联系制度，都属于这种内部信息网络的范畴。

信息收集的方法是多种多样的，有普遍调查法(即对全体调查对象进行逐一的、无遗漏的专业调查，以获得大量信息)；典型调查法(即对全体调查对象进行分析研究的基础上，选择其中一些具有典型意义的单位，有针对性地，深入细致地进行调查，以获得具有代表性的信息)，抽样调查法(即从调查对象的总体中抽取部分单位进行调查，然后用所抽取的个体的信息去推断总体的情况)；实地观察法(即深入社会实践的前沿，直接用视觉器官或借助仪器来认识客观事物的运动规律，从中获得有价值的信息)；索取法(即或用发函、写信、打电话、发电子邮件的方式向有关单位无偿索取信息，或向信息服务单位购买信息)，交换法(即用自己单位收集加工整理的信息同有关的地区、部门、单位或个人之间进行交换)，阅读收听法(即通过经常阅读文件、书籍、报刊或收听广播、收看电视电影、上网等，来收集所需的信息)等等。在收集信息的实践中，具体采用哪种方法，要依据实际需要与可能而定。

(二)信息的加工

信息的加工是信息处理过程中的第二个环节，从第一环节(收集的环节)获取的信息，虽然丰富多彩，但往往是处于一种自然状态中的原始信息。它们一般是感性的、零碎的、无序的、不系统的，其中难免良莠混杂。只有对它们进行一番分类、鉴别和筛选的加工处理，才能使之成为井然有序的信息产品，为决策和指导实践服务。

分类是信息加工的第一道程序。科学的分类不仅能使杂乱的原始信息条理化、系统化，而且为以后的鉴别、筛选、编写打下良好的基础。信息分类的方法很多，常见的有以下几种：

1.按信息内容所属的社会系统划分

政治信息:方针政策、工作重点、近期目标、法规建设等;

经济信息:生产、经营、资源、技术、产品、市场供需、用户反映、对外贸易等;

军事信息:国防建设、军用品生产、部队建设、军政军民关系等;

科技信息:新学科、新技术、新成果等;

文教信息:文化建设、教育动态等;

社会信息:人民生活、环境保护、人口控制、社会福利、党派团体活动等;

国际信息:各国政局、经济趋势、国际关系等。

2.按信息来源划分

内部信息:本机关、本部门、本系统管辖范围之内的各个基层单位的信息;

上级信息:来自上级各类领导机关的信息;

往来信息:本部门管辖范围之外的其他各部门的信息;

社会信息:来自人民群众和社会各界(包括国际国内)的信息;

史料信息:历史资料中储存下来的各种信息。

3.按信息发生的时间划分

当前信息:近期发生的和发展变化了的各种信息;

历史信息:已经发生过的各种事件的信息;

未来信息:根据事物发展的规律性,经过科学推理而预测到的各种信息。

收集到的信息经过分类之后,就要对其是否客观、准确地反映了事物运动变化的本质特征,进行一番鉴别。进行信息鉴别有多种方法,最为常用的有3种:

1.分析法:即对原始资料中所表述的事实和叙述方法进行逻辑分析,发现其中的破绽和疑点,从而辨别其真伪。例如,同一材料中前后矛盾,既是这样,又是那样,依据逻辑学中的矛盾律,就可以断定其中一个有错、或者两个都有错。分析法的长处在于它一般不需要借助于其他手段,从原始信息资料本身就能很快地发现某些差错。

2.核对法:依据权威性的信息资料(包括权威性的书面材料或权威人士提供的口头材料)进行对照分析,发现和纠正原始信息中的某些差错。所谓权威性的资料,即它本身的正确性是毋庸置疑的。比如用《中国统计年鉴)来对照某一部门的年终统计资料;用国家颁布的标准化规定来对照某些产品的标准程度等等,就是核对法的具体运用。这里关键是要掌握直接的、最新的权威性资料。

3.调查法:就是对原信息中所表述的事物的运动变化情况,通过现场的调查来检验它的真实性和准确性。这种方法需要花费较多的人力和时间,一般只对重要的原始信息进行亲自调查鉴别。这3种方法在实际应用中可以互相补充。采用分析法,发现原始信息的破绽和疑点,使核对和调查更有针对性;而采用核对法和调查法又可进一步弄清原始信息中的疑点和破绽,以便更好地消除不真实的因素。因此,在实践中这3种方法往往是结合使用的。

鉴别信息的真伪之后,还要对信息进行筛选,即从大量的信息资料中选出价值较高的信息资料。筛选工作首先应注意适应需要。不同部门、不同单位,需要不同内容的信息;即使是同一部门,同一单位,在不同的时期由于工作重心的变化,对信息的需要也是不同的。因此,信息筛选的关键是要对症下药，量体裁衣。例如党政机关的秘书部门作为综合信息处理部门，接收到的信息是多方面的，因此也就特别注意筛选，选择恰当的信息送到分管的领导和对口的部门去，这是一项很重要的工作。其次是要求新颖。所谓新颖，就是指最近出现的新事件、新经验、新问题、新情况；或者是出现较早，但还鲜为人知的信息。求新颖的实质就是牢牢抓住信息的时效性，只有做到这一点，才会使信息显示它应有的价值。否则，时过境迁，信息也就成为明日黄花了。再次是选典型。典型就是能深刻揭示事物本质，具有广泛的代表性和较强说服力的事物。典型能通过个别反映一般，能以个性反映共性。但典型并不一定都是轰轰烈烈的惊天动地的大事，有些看来是微不足道的小事，却能反映事物的本质。所以，在信息筛选时，应尽量选择那些具有典型意义的信息资料，以达到窥一斑而识全豹的目的。

(三)信息资料的编写

信息处理的最终目的是为了提供利用。要给需求者利用信息提供方便，就要将信息编写成资料，这是秘书部门无可推卸的职责。编写信息资料也有多种方法，常用的有归纳法、纵深法、浓缩法、转换法、对比法、图表法等等。

1.归纳法。这种方法是将反映某一主题的原始信息资料集中在一起，加以系统地综合、归纳，以便完整地、明晰地说明某一方面的工作状态。归纳法要求分类合理，线条清楚，综合准确，因而就要求加工者有较强的逻辑思维能力和文字表述水平，防止信息资料在归纳中产生变异。

2.纵深法。也就是俗话说的“打破沙锅问(纹)到底”的方法，即从纵的方面，按原始信息资料提供的某一主题层层逼近，或按某一活动的时间顺序，或按某一事件的历史进程生发开去，以搞清问题的来龙去脉。这种方法既需要利用各种最新信息资料，也需要充分利用早已存贮的信息资料，进行对比分析，以揭示某一事物的发展变化特征。

3.浓缩法。即通过压缩信息资料中的文字篇幅，从而凝练主题，简洁行文，使一篇信息资料只表达一个中心思想，阐明一个观点，变“泼墨如水”为“惜墨如金”。

4.转换法。原始信息资料中若有数据出现，则应把人们不易理解的数字转换成一个容易理解的数字。例如于光远同志在《请算算“烟屁股”这笔账》[1]一文中，讲到一支“无嘴烟”抽掉4/5，丢掉1/5。丢掉这1/5有多大损失呢？我国当年有1000万亩土地种植烟叶，丢掉1/5的话，就相当于丢掉200万亩土地上的烟叶。这200万亩土地如果种粮食，按亩产400斤计算，就是8亿斤粮食。这就是转换法，通俗、形象，给人的印象很深。使用转换法要注意两点：一是要找出合适的转换对象，转换对象之间要有可比性；二是转换对象要通俗易懂，不能越转换越深奥，使人不得要领。

5.对比法。即用比较的方法强烈地反映出事物变化的特征。纵的比较，就是某一事物自身发展的今昔对比；横的比较，就是将某一事物的某一阶段发展状况与同类事物同阶段发展状况相比较。例如，反映某一工厂的发展状况，即可以从该厂的今昔状况作对比，又可以将该厂的现状与其他同类型厂的现状作对比，这就能使信息资料形成鲜明的反差，给人以强烈的印象。

[1]《经济日报》，1983年2月23日。

6.图表法。如果原始信息资料中的数据有一定的规律性,就可以将数据制成图表,使人一目了然,既便于传递,也便于利用。

三、处理信息的一般原则

(一)价值原则

每一条信息都内含着自身的价值。虽然影响信息价值的因素很多,但从根本上讲,信息价值的大小在于它是否真实地反映了客观事物发展变化的状况,即是否具有真实性。由于信息的来源、信息的传播渠道中难免有客观的杂质和主观的因素,因此秘书部门接收到的信息往往带有一定模糊度、多余度,有的含有虚假的成分,有的可能完全歪曲了原意,不能反映事物发展的本来面目。信息中不真实的因素,一般表现为以下几种情况:

1.偏颇:即在信息资料中片面地突出事物变化的某一种因素的作用,而抹煞其他各种因素的相关作用,使引起事物变化的原因不真实。

2.夸张:夸大或缩小了事实的真相,把个别说成普遍,把偶然说成必然,把程度提高或压低,把范围扩大或缩小,使事物的本来面目发生了畸变。

3.拼凑:把不同时间、不同地点、发生在不同人物身上的变化说成是同一时间、同一地点、同一人物的变化,信息所载的事实是靠拼凑而成。

4.添枝加叶:原始信息所反映的问题有一定的根据,但其中添加了某些信息提供者的主观意向。

5.捕风捉影:或道听途说捕风捉影,或以讹传讹得到信息,似乎事出有因,细查却无实据。

6.孤证:仅仅依据几个孤立的现象进行推理判断,使信息结论与整个事物面貌不相符合。

7.回避:为了某种需要只强调其中一方面的情况,而对其他有关全局的重要情况故意避而不说。通常见到的"报喜不报忧"的现象是突出的例证。

8.假相:信息提供者只是根据某些表面现象进行判断和推理,尽管这些现象是存在的,但不能说明事物运动变化的本质,让假相掩盖了重要的内在规律和本质特征。

如此种种不真实的因素,虽然表现形式不同,但都以主观与客观的分离为特征,以虚假的杂质冲淡了信息的准确性与真实性,从而大大影响了信息的价值。进行信息处理,就必须辨别真伪、去粗取精、去伪存真,以细致的鉴别、精确的考证来求得信息的准确、真实、可靠,从而保证信息的价值,这就是信息处理必须遵循的价值原则。

(二)层次原则

信息的价值是客观存在的,但一条信息价值量的大小却取决于信息本身的内容对接受者的有用程度。由于社会分工的不同,每个组织、每个人都有各自的工作范围、工作目标、工作性质、工作任务,因而也就对信息有着不同的要求。同一条信息,对有的人来说价值就高;而对其他人来说,价值可能就低,甚至毫无价值。比如《红楼梦》列宁格勒(今彼得格勒市)藏本的发现,对"红学"研究者来说,其价值就很高,而对一个养鸡专业户来说,就没有多大价值。这就要求秘书部门在处理信息过程中,要遵循层次原则,即在收集信息时,要选准信息源,从不同的来源收集不同层次的信息,做到取之有道;在加工信息时,要进行挖掘,把信息的深层次内涵开发出来,做到透过表象现实质,在提供利用信息时,需要注意层次性:哪些是决策导向性信息,哪些是一般参考性信息,哪些是预测发展性信息,哪些是战略信息,哪些是战术信息,从而有的放矢地将信息进行分流,给不同职级的组织分别提供不同信息,以满足上级组织、本级组织、本组织的各职能部门以及其他组织和社会公众的不同需要。

(三)时效原则

信息本身就有较强的时效特性。信息从信源发出,经由信道而达信宿的全部过程,只有在一定的时间范围内,信息才能体现出它的价值,发挥出它的作用;而如果时过境迁,信息就会成为明日黄花,失去效用。因此,信息处理必须遵循时效性原则。收集信息要把握时机,不早不晚;加工信息要分清轻重缓急;特别是在传递阶段,更要把握好时限。一般来说,信息传递的基本要求是多、快、好、省。多,是指数量而言,就是要求在一定条件下传递的信息数量尽可能大,或者说在一定渠道中通过的信息尽可能地多。快,即对速度而言,就是指传递信息要特别注意时限,能够在尽可能短的时间内使信息达到指定目标。好,是对质量而言,就是要求信息传递准确可靠,防止失真。省,是对经济而言,就是要求信息传递中讲求经济效益,以最少的费用传递尽可能多的信息。而要做到传递迅速、准确、可靠,就应针对不同的需求采用不同的传递方式。一是单向传递,即直接由信息的发出者把信息传递给需要者,直接满足接收者的要求。这种传递是单向进行的,如广播、电视、报刊上的新闻报道,新闻发布会以及各单位发出的简报和报表等都是单向传递信息的方式。二是相向传递,即接收者和传递者都向对方发出信息,共同参与传递过程。在这种传递方式中,传递者既是接收者也是传递者,如各种讨论会、交流会、座谈会以及资料交换等,都是这种传递方式。三是反馈传递,即信息的发出者根据接收者提出的要求,有针对性地选择信息内容进行传递。本质上是对所发出的要求的一种信息反馈。如上级主管部门向所属单位下达了本年度的生产计划之后,就要求将计划完成情况和存在的问题及时汇报上来。各基层单位按照要求传递信息,就形成了反馈传递。反馈传递的特点在于:所传递的信息具有较强的针对性,有用程度高,能避免出现无的放矢的毛病。从具体信息传递途径来说,目前我国传递信息的渠道主要有邮路传递、网络传递和新闻传递三种。重要的信息或距离较近的信息传递还经常采用面授或直接送达的方式。但无论采用何种方式,都必须遵循时效性原则,使每条信息能及时地输送到需求者的手中。

第二节　辅助决策

决策是指个人或群体为满足需要、实现目的、改变环境而进行设计、选择和决定的意识活动及其成果。

从词性来讲,"决策"可以是名词,指决定的策略和办法;也可以是动宾词组,指从思维到做出决定的整个意识活动过程。人们在日常生活中,常常会遇到做出选择、安排和决定的时候。例如,一个考生会面临如何填写报考志愿的问题;一个工厂会面临如何安排全年生产的问题；一个国家更是经常面临制定什么政策，实行怎样的治国方针的问题，这些都涉及决策的范畴。决策的正确与否，直接关系到个人和群体的生存与发展。决策正确，可以使一个人成就一番事业，实现远大抱负，可以使一个集团兴旺发达；决策失误，就会使一个人误入歧途，使一个集团破败衰落，甚至濒临灭亡。我们常常听到这样的庆幸或抱怨："幸亏当初这样决定，才有了今天的奇迹！""要是当初考虑得全面一点，细致一点，我们的事情不至于像现在这样不可收拾。"这就是人们对于决策重要性的高度评价。在一个社会组织中，决策属于领导活动的内容。然而秘书活动有辅助决策的职责，因而对决策的特征、秘书活动在决策过程中的作用以及辅助决策的过程等等需要有正确的认识。

一、决策的基本特征

1.决策是一种意识活动，它体现了人类意识中一个最本质的特性——自由创造的特性，因此决策具有创造性特征。也可以说，决策是一种创造性的思维活动。作为一种意识活动，决策既要以人们对客观事物的认识为前提，又与认识截然不同：(1)认识是关于事物的现象、本质、变化趋向的揭示，它说明事物是什么或将是什么，决策则是关于认识主体(人)应该如何行动，关于认识客体(事物)应当被造成什么样子的主观指向性。认识提供关于事物本来面目的图画，决策则提供安排和改变事物的蓝图。认识是对事物的现状或未来的一种肯定，决策则是对它的一种否定。认识着眼于说明事物，决策着眼于改变事物。(2)认识以合对象为标准，决策则以合目的为标准。认识求"真"，决策求"优"。对于同一个对象，只能有一种正确的认识，而对于同一个目的，却可以有许多可行的决策。一种真理性的认识是对事物本来面目的说明，它的真理性就在于这种客观性，就在于不掺杂任何主观的目的意念。而决策则不同，一项最佳决策，是关于改造事物现状的最优设想，它的"优"就在于在可能的条件下最大限度地符合目的。(3)认识所描述、所揭示的事物是既存的、现有的、或按事物的变化趋向将会出现的，这不以认识的结论如何为转移；而决策所指向的东西是尚未存在的，有待于经过人的行动去创造出来。

2.决策是有目标的、面向未来的意识活动。没有目标，就无从决策；目标已成现实，则无需决策。因而，决策必然有面向未来的明确目标。

3.决策是意识活动的边缘，是人们从认识走向实践行动的一个必经的中间环节。决策不是一种实践行为，但它的目的在于实践。换句话说，决策就是为了行动，只有通过行动，决策才能得以实现。

4.决策具有选择性，是一种理智的选择。这种选择受其需要和目的的制约。一个农民决定在一块地里种粮食而不种棉花，一个国家制定这样的政策而不制定那样的政策，都是为了满足其需要和实现其目的。因此，决策也就是抉择。决策也是一种认识的结论，但它不像一般结论那样，只涉及一组条件和一个目标的关系，而是涉及多组条件和多个目标的关系。如果只拟定一套方案，没有比较和选择的余地，那就无从鉴别方案的优劣，决策也就失去了意义。

5.决策包含着意志因素的作用。决策是面向未来的，而人类对未来的认识，毕竟是一种推测，这就必然面临多种可能性。敢不敢下决心，怎样下决心，就包含有意志因素在内。

6.决策受各方面因素的制约，它是人类行为体系双向循环中的一环，见图 6-1：

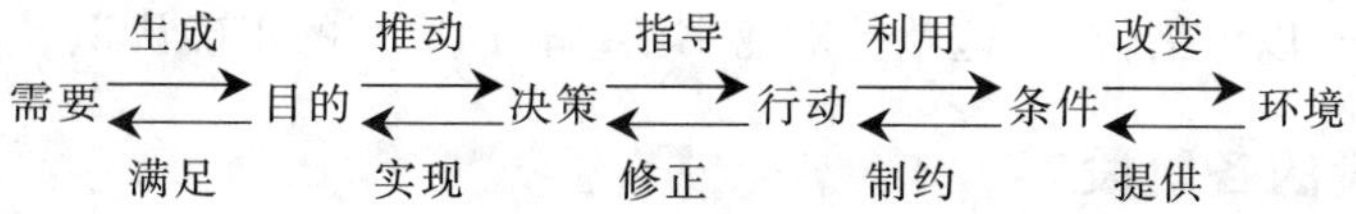

	生成		推动		指导		利用		改变	
需要	⇄	目的	⇄	决策	⇄	行动	⇄	条件	⇄	环境
	满足		实现		修正		制约		提供	

图 6-1　决策在人类行为体系双向循环中的位置

总之,决策是人类社会特有的现象,人们几乎每日每时都面临决策问题。因为人类生活的各个领域里存在着各式各样的矛盾。要解决这些矛盾,就需要考虑研究对策,决定采取适当的办法或措施,这个过程就是决策过程。然而一提决策,人们往往感到陌生。这里的主要原因是对"决策"这个词的含义理解比较狭窄,认为决策只是局限于"决定政策",而把"政策"又狭义地理解为国家的大政方针,因而就把决策仅仅归结为是国家最高领导机关的事,似乎和一般领导人特别是个人无关。因此,也就对"决策"这一具有普遍意义的社会现象感到疏远和陌生了。

二、秘书活动在决策中的地位和作用

从各个社会集团的内部分工情况来看,决策是领导活动的内容,而辅助决策却是秘书活动的重要职能。领导者要制定科学的决策,就不能光靠自己来进行独断的、单一的、封闭性的思维。任何个人认识事物的程度范围水平等等毕竟有限,因此,领导者进行决策就必然要依靠各种辅助力量,包括专业研究机构(如政策研究室、调研室之类)、顾问委员会、参谋咨询机构、各个职能部门以及秘书班子等等。所有这些辅助决策的力量当中,秘书人员(部门)居于特殊地位,秘书活动在决策中也就具有特殊的作用。

(一)秘书活动能给领导决策提供经常性的辅助

其他各类机构、各个部门对于领导决策的辅助具有定时性、间断性,不可能每日每时都给予领导以决策方面的辅助。而秘书人员却时常向领导提供信息、汇报情况、呈送文件、反映问题、操办事务,这些活动都对领导决策发生一定的影响。因此可以说,秘书人员(或部门)每日每时都以自己的职能活动对领导决策发挥辅助作用。

(二)秘书活动能为领导决策提供综合性的辅助

政策研究部门、各个职能部门对领导决策的辅助只能是某一方面,而秘书部门是综合性的部门,它要总揽全局,联系各方,既掌握各项工作的纵向进程,又把握其横向发展,因而它对领导决策能够提供综合性的辅助。

(三)秘书活动对领导决策的辅助呈现出直接性

别的部门向领导反映情况,往往需要通过一定的渠道和环节,至少要经过秘书部门这个环节(如送文件);而秘书部门直接伴随领导,不论是反映情况、提出方案,还是选择方案、调整方案,都是直接与领导结合一起去做,所以这种辅助是直接性的辅助。

经常性、综合性、直接性是秘书辅助决策的 3 个特点,因而,秘书活动在领导决策中就有着特殊的地位和重要的作用。当然,在决策过程中,秘书活动的作用只能是辅助性的。在肯定辅助作用的重要性的同时,不能夸大这种作用。秘书部门在辅助领导决策的过程中,主要是通过提供信息、科学预测、设计方案、比较选择,综合协调等手段,辅助领导增加认识的清晰度。也就是说,秘书活动对于决策的辅助只能在一定的权限之内。只能参谋,不能决断,更不能超越职权,“挟天子以令诸侯”。这就是对秘书活动辅助决策的正确认识。

三、辅助决策的各阶段

决策是有一定程序的活动。一般来说,一项决策要经过确定目标、设计方案、评价选优和实施反馈4个阶段。因而秘书部门辅助决策的活动也便随着决策的4个阶段来进行。

(一)辅助领导确定目标

任何决策总是要解决一定的问题,达到一定的目标,因而确定目标是进行决策的重要前提。

要确定决策目标,首先就要发现问题。在社会生活中,丰富生动、复杂多变的事物每日每时都向人们展示着矛盾,每一项活动在其进程中也会发生大大小小的问题,有的是自然界给人类的灾难,有的是人向自然界的挑战,有的是人与人之间的矛盾冲突。事物在不停地运动,矛盾便不断显现,问题也就层出不穷。作为决策活动来说,只有发现了问题、搞清了问题的实质,找到了产生的原因,才能确定决策目标。其次,确定决策目标就是要确定解决问题所要达到的结果,没有目标的决策是盲目的决策;目标选择不准确,也会导致决策失误。一般说来,正确的决策目标应具备以下几个条件:第一,目标内容的含义必须明确,不能模棱两可。如果对目标的含义可以这样解释,也可以那样解释,那将无法制定决策;第二,要有可以估量、计量的具体标准(包括预定实现的期限、计划指标、消耗定额等),没有具体标准,目标就只能是模糊不定的设想和期望,也无法着手来制定决策;第三,要确定实现目标的责任者。任何社会活动的目标都要由确定的个人或集团去完成,这个集团可以是国家联盟,也可以是整个国家,还可以是一个地区、一个部门或一个单位。总之,要有确定的责任者。依据目标所制定的决策,必须落实到实现决策的组织或个人身上。如果目标本身就无法确定责任者,决策也就无从制定。而且,社会生活的层次性、区域性,决定了目标的层次性和局限性。较低层次的决策者如果把较高层次的目标作为自己的目标,或者决策目标超出了自己的活动范围,那就无法确定责任,只能成为不着边际的豪言壮语,或者假话、大话、空话。我们曾经提出“跑步进入共产主义”甚至“三年实现共产主义”的目标,就属此类。历史的教训是应该记取的。

在确定目标的阶段,秘书部门的辅助活动主要是提供信息和建议参谋。确定决策目标,主要依据来自3个方面:一是社会发展提出的新情况、新问题、新动向;二是党和国家的路线、方针政策和法规、法令;三是本地区、本部门、本单位的工作需要。秘书人员首先应该搞清上下左右各个方面的情况,包括历史的和现实的,政治的和经济的,生产的和生活的,国内的和国外的,正面的和反面的等等。经过加工整理、归纳综合,向决策机关或决策者提供全面的、准确的信息,以帮助决策者清楚地了解各方面的情况。其次,秘书人员要敢于和善于提出关于决策目标的参谋建议。这类建议,一般应围绕3点:一是热点,就是社会上普遍关注、本单位本部门亟待解决的问题;二是重点,即牵一发能动全身的关键性环节;三是难点,即争议多、分歧大、久拖不决的问题。参谋建议的提出,应当有理有据、实事求是,将必要性与可能性紧密结合。在确定目标的阶段,秘书活动若完成这两项任务,就可算是尽职尽责了。

(二)精心设计制定方案

确定了决策目标,紧接着就应该设计方案。决策方案应该多种多样,至少要有两种以上,以便进行综合比较，择优选用。而每一份合格的决策方案起码应包括以下内容：(1)制定决策的依据；(2)决策要达到的目标；(3)现有的自然条件、社会条件和技术条件；(4)实现目标的途径(方法)；(5)可能出现的问题及其解决办法。决策方案的具体形式多种多样，但不论是决议、决定，还是计划报告等等，一般都应包括以上5个方面的内容。

决策方案的设计通常有3种方法：

1.仿照法。即模仿他人的或自己过去制定的方案来设计新方案。模仿是人类的一种本能行为，初学书法先要"描红"，初学写作先要模仿，治理国家先要看看本国的历史和外国的模式，个人的生活行为可以模仿自己敬仰的某个名人，局部的经验向全局推广等等，都是仿照法的具体运用。这在现实中不难见到。从本质上来讲，人们的行为有相当大的一部分来源于仿照——对前人、对同时代人、对自己过去的仿照(如小孩模仿大人)。仿照法可以节省时间、精力，并有一定的可靠性。但仿照并不等于生搬硬套或全盘照搬。实际上，任何仿照都是基本仿照，在仿照过程中必然要根据目的、要求和条件限度作一些或大或小的变动，以形成新的决策方案。

2.组合法。组合法是以多种现成方案作为参照物，经过分割、抽取、归纳、综合，摘取各类方案中的优点而组织合成一种新方案的办法。它脱开了仿照法的模仿单一性，而要求一种在各类现成方案的基础上呈现总体结构的变化。它从部分来说是仿照，而从总体来说是创新。

3.推演法。仿照和组合都是以既存的方案模式为基础。然而，有时要设计一个决策方案，找不到适合参照的模式，这就需要从目的和条件出发进行推论演进，循着相关因素，一步步地去寻找实现目的的最佳途径，从而制定出决策方案来，这就是推演法。以制定某个军事行动决策方案为例，如果目的是夺取某一城市，可以设想各种手段：(1)轻兵偷袭，(2)强力突破，(3)断路困敌，(4)劝降瓦解，(5)诱敌出城……这些都是实现目标的手段，然而未必都能行通。譬如，城内物资储备很充足，截断供给以困敌就没有什么意义；再如，敌人很顽固，进行劝降也不行。这样进行推论演进，把行不通的手段去掉，就能寻找出可供选择的几种决策方案。

在设计方案的过程中，秘书人员应该注意4点：第一，要有多种设想，以便进行综合比较，择优选用。俗话说"条条大路通罗马"，要达到任何一个目标，都会有多种途径。比如过河，可以架桥，也可以乘船；再如御寒，可以加衣服，也可以生起火。如果提供决策的方案只有一种，就会因无法比较而难以形成科学的决策。第二，方案设计必须坚持整体性原则，运用系统论的观点，考虑到各种因素——自然的和社会的、有利的和不利的等等，切不可以偏概全，一叶障目，不见泰山。第三，要考虑到具体措施的各个细节，要进行反复的计算、严格的论证和细致的推敲，要经得起怀疑者和反对者的挑剔。第四，既要解放思想，大胆创新，敢于冲击别人未涉足的领域，敢走前人未走的路，以战略眼光高瞻远瞩未来的图景；又要脚踏实地、正视现实，充分估计到眼前的困难和方案实施后可能出现的问题。缺少前者，方案就会保守落后；缺少后者，则容易导致盲目蛮干。任何一种偏向的决策方案都不利于事业的发展。

(三)综合评价选择优化

决策方案的选择优化，必须具备两个条件；一是要有一个合理的选择标准，二是要善于运用科学的选择方法。

所谓合理的选择标准,应当包括以下3点:

1.全局性原则。这是评价方案的根本原则,也是选择方案的首要标准。无论哪一个层次或哪一个部门的决策,都应站在全局的高度来衡量。假如一个方案对局部有利而对全局不利,那么这个方案就不能选用;相反,一个方案如果对局部不利而对全局有利,这样的方案就应该选用。特别是高层次的、宏观的战略性决策,更应注意这一标准。我国当前还处于社会主义初级阶段,多种经济成分并存,国家、集体、个体所有制都占一定比例。这样,统观全局,以局部利益服从全局需要就是决策的重要原则。

2.可行性原则。可行性是指必要性与可能性的统一。必要性的实质就是用发展的眼光预测未来,看到社会发展的需求必要;可能性是指社会现实中,政治体制、经济结构、技术条件以及思想观念各方面能够承受的程度。必要性与可能性统一的标准,就是马克思主义哲学中事物发展变化的基本原理和具体问题具体分析的方法论的实践应用。

3.效益原则。这也是选择决策方案不可忽视的重要标准。任何决策都是为了取得效益,离开了效益,决策就毫无价值。这里所讲的效益,不光是指经济效益,而是从全社会的角度来衡量的社会效益。所谓效益原则,就是指在评价选择决策方案的过程中,要以效益的高低作为标准之一来衡量一项决策是否合理。社会效益的高低是指对社会的有用程度。这种有用程度在选择决策方案的阶段只能是预测性估价,因而就特别需要持一种客观的态度。客观就是要不带或尽可能少带主观色彩,实事求是地预测方案实施后的效果——包括有益的和有害的,成功的和失败的、建设性的促进力和破坏性的冲击力等等。任何主观地夸大或缩小决策方案有用程度的做法,都会影响对决策效果的正确评价。总之,在评价选择方案的过程中,既要坚持全局性原则、可行性原则,也要把握效益原则,这样才能准确地评价一项决策方案的高低优劣,有效地防止决策失误。

决策方案的选择优化过程,较为科学的方法就是比较法。即将各种不同的决策方案放在一起,按照选择标准所确定的价值尺度进行比较论证,从中选出最佳者。概括来讲,任何一项决策的价值,都与它的合目的程度、可行程度、及时程度和资源条件的耗费程度相关。如果我们用“合目的度”、“可行度”、“及时度”、“耗费度”来表示这4个相关因素,则可以建立如下关系式:

$$\text{决策的价值}=\frac{\text{合目的度}\times\text{可行度}\times\text{及时度}}{\text{耗费度}}$$

这就是说,决策的价值与合目的度、可行度、及时度成正比,与耗费度成反比。

当可行度、及时度、耗费度一定时,合目的度越高,决策的价值就越大;

当合目的度、及时度、耗费度一定时,可行度越高,决策的价值就越大;

当合目的度、可行度、耗费度一定时,及时度越高,决策的价值就越大;

当合目的度、可行度、及时度一定时,耗费度越低,决策的价值就越大;

选择决策方案的过程中,将上述4个相关决策价值的因素加以比较,就不难选出最佳决策方案。而且对选定的方案进行优化,也可以从上述4个方面的因素考虑,通过提高合目的度、可行度、及时度和降低耗费度使决策方案达到优化标准。

(四)组织实施、追踪反馈

决策方案的实施和实施情况的反馈是整个决策过程中的最后一个环节。在这个阶段里，秘书人员的辅助功能主要表现在以下几方面：

1.编制实施计划。任何决策方案，都只能提出目标和实现目标的基本途径，而实施计划则是把决策方案进一步具体化。实施计划有总体计划和分期分批的执行计划之分。总体计划，应明确决策方案执行者的责任范围、目标指数、提供的条件以及实现目标的期限等。规模较大的决策方案，实施过程一般较长，需要分阶段进行，因而还要编制分期分批的执行计划，包括动员组织实施力量，安排实施进度以及协调各个方面的关系等等。

2.及时反馈信息，进行追踪决策。决策方案在实施过程中，必然会引起主客观状况的变化，这些变化大体上有3种可能：或者同既定决策方案的方向、途径基本一致，只在局部的、个别的问题上有偏离，从而影响实现目标的数量、质量和进度；或者由于制定决策方案时没有充分掌握某些重要信息，或预测不够准确，因而暴露出事物发展的实际状况同决策方案的方向、途径不一致或不完全一致，这样，若坚持既定决策方案，就会产生不良后果；或者出现新的因素，特别是出现主观力量不能控制的重大事变，改变了事物的发展方向，使既定决策方案不可能继续实践。无论出现上述哪种情况，秘书人员都应及时反馈不断变化的信息，使决策机构和决策者准确地掌握情况，以便进行追踪决策。

追踪决策也有3种情况，一是局部调整，二是重大修正，三是改变原方案。追踪决策不是原定决策的简单重复，由于它是依据原定决策在实施过程中的反馈信息来进行，所以又具有自己的特征：其一，非零起点。追踪决策所面临的状态，已不是原决策起点的状态，而要以已经变化了的主客观条件为起点，重新审查目标，进行追踪预测。其二，回溯分析。追踪决策要回溯原决策的产生及其环境，逆向推论分析，找到出现偏离的环节，确定问题的症结。其三，双重优化。追踪决策的方案选优，不仅是在供选择的几种方案中选优，而且要在原已选优的基础上更进一步地选优，使决策方案双重优化。其四，心理效应。原决策在实施过程中经过宣传动员，已被社会成员所接受；进行调整、修正或改变，就会发生社会心理影响。因此，追踪决策应考虑心理效应这一特点，尽可能激发决策执行者更高的行动热情。否则，就会出现不满、消极、抵触情绪，影响追踪决策的实施。

第三节　协调关系

协调，既指事物发展过程中配合得当的运动状态，又指人类进行协和调理的行为过程。人类社会的任何组织，只要有共同劳动，就必然有分工，有配合。恰当的分工固然不可忽视，而和谐的配合则更为重要。配合得当，则整体功能大于部分功能之和，反之，整体功能则小于部分功能之和。因此可以说，一个组织在活动过程中能否和谐地配合，决定着组织功能发挥的程度。任何组织都力图达到步调一致、整体和谐的状态，但由于种种原因，构成组织整体的各部分总有或多或少、或明或暗的不协调现象，而且会经常出现，这符合矛盾普遍存在的规律。现代社会的各种组织系统结构复杂,分工细密,不协调的因素更是普遍存在。这就需要有一种力量经常性地进行协调。由于秘书部门在各类组织中处于中心枢纽位置,能贯穿上下、沟通左右、联系内外,这就决定了协调关系是秘书活动中必须具备的基本职能。

一、秘书协调的特点

协调就是调解矛盾的活动。进行协调,可以靠权力,靠威望,靠理智的说服或情绪的感染感化。秘书部门要发挥协调功能,由于协调主体毕竟不是领导,没有权力发号施令去指挥别人或者决定重大问题,因而只能依靠组织潜在的权威以及秘书自身的素质和威信。所以,秘书的协调具有非权力支配性特征。这一特征决定了秘书协调时必须注意协调的艺术。在协调过程中,硬性的、命令式的、支配式的协调是行不通的,势必会使被协调者产生逆反心理而达不到目的。所以,秘书在协调时,一般采用软协调的方法,向双方说明从全局出发,维护整体利益的重要性;加强互相沟通,协商处理问题,尊重每一方,以"参谋"的姿态出现,提出建议或意见,不能摆"法官"的架子进行仲裁。由于秘书协调的特殊性,决定了秘书协调时,要多采用说服、协商的办法协调。当然,对于那些无理取闹、蛮不讲理者,也要实施一定的"硬"协调,对原则问题不能让步。但是,"硬"协调也必须建立在尊重对方、态度谦和的基础之上。而且在通常情况下,把"软""硬"协调结合起来,互相补充,会取得令人满意的效果,这可谓是"刚柔相济",相得益彰。

非权力支配性是秘书协调的基本特点,但也并不是说秘书在协调活动中丝毫不掺杂权力的因素。因为秘书的协调活动往往是受命而为,其协调行为本身就内含着组织或领导的潜在力量,因此,这种非权力支配性的协调活动常常以不同的形式表现:

(一)确定授权型协调

领导人在工作很忙或者不便出面时,授权其秘书对某一问题进行协调。在此情况下,领导者对需要协调的问题已有了清楚的了解,并且制定了协调要达到的目标和协调的途径。秘书只要按照领导的意图,出面实施协调即可。但是,秘书在协调过程中,不能以领导者身份出现,不能以领导口吻去支配别人,更不能下命令、作指示。就是传达领导者的命令或指示,也要作充分的说明,不折不扣地如实转达,绝不能摆出领导者的架子。领导委授的协调权力,只能作为解决问题的凭据,不能作为抬高身份的筹码。这不仅是一个协调方法问题,而且是一个认识水平和思想水平问题。如果处理得不好,虽然领导者委授确定的协调权力,秘书也难完成协调的任务。因此,在授权协调的过程中,秘书人员仍需坚持非权力支配的原则,在协调过程中,通过沟通信息,加强失调各方面的相互理解,传达领导意图,强化整体目标和整体利益,晓之以利弊,以达到协调目的。在协调实践中不是仅凭借领导者的威势,而是凭借自己灵活有效的协调艺术达到目的,才是真正高明的秘书。

(二)不确定授权型协调

当需要协调的问题发生时,领导者无暇顾及,交给秘书全力处理。这类协调,领导者只指出了协调问题的目标,而对具体的方法、步骤和范围都无明确指示。秘书可根据自己的经验和能力,充分发挥主观能动性,以求得最佳的协调效果。这是展现一个秘书活动能力的最佳时刻,作为一个好秘书,必须具备这种独立处理问题的能力。然而,不确定授权型协调的难度是很大的。领导虽然没有确定协调的方法、步骤和范围，但是领导的思想上已产生了抽象的要求和协调标准。秘书在协调过程中，若凭借着委授的不确定协调权力，管得过宽或者管得过头，甚至打乱了领导的布置和计划，不仅会引起领导的反感，而且会造成更大范围的失调。若缺乏胆略，束手束脚，或该协调的矛盾不敢解决，或事事请示领导，也难以解决失调问题，会被领导和群众认为无能而失去信任。秘书在不确定授权型协调中，一定要准确地把握失调现象的关键和范围，大胆而慎重地进行协调，既要切实解决失调的主要矛盾，使组织运转恢复协调状态，又不能就一切问题都过问，希望一切矛盾都能得到解决。要准确把握委授的协调权力的使用范围，畏首畏尾不行，急功近利更不行。

(三)弹性协调

领导者已经明确了失调问题，委派秘书去协调，对问题的严重性、解决问题的程度，要求、标准没有明确的指示，让秘书根据具体情况，灵活处理。这就需要秘书头脑灵活，观察敏锐，正确地分析失调矛盾，准确地把握弹性协调的限度。滥用权力，操之过急，处理过火等，都会超出弹性限度，影响协调效果。但处理不力，不能解决问题，又达不到协调的目的。秘书必须正确分析领导交待的需要协调问题的实质，集中解决主要问题，对次要问题和相关问题，顺势解决和自行协调。对于解决问题的速度、深浅、宽严，既不能拖拉、马虎，又不能不切实际地苛求，必须根据需要与可能，以谋求和谐为宜。对严重的问题，也不能要求一次协调就彻底解决问题。秘书的弹性协调，以化解对立矛盾为度。对遗留问题和尚待解决的难题，应如实向领导汇报，或者提出进一步解决问题彻底消除不和谐因素的建议，让领导者作出决断。

总之，秘书活动中的协调行为是非权力支配性的。秘书人员如果在协调中滥用领导者的权力，或者借用领导权威而造成不良影响，最终会失去领导的信任，失去群众的支持，协调功能将难以发挥。

二、对失调状况的分析

组织运转中出现的失调现象也是千差万别的，因此，秘书人员在协调实践中，对失调现象的周密调查和准确分析，是协调的起点和基础。只有准确地了解失调现状，抓住本质，秘书的协调活动才能有的放矢，发挥应有的作用。

一般来说，组织运转的协调状态是：整体运行正常，各子系统有序组织，彼此配合，目标确定，效率和效益均保持应有水平，信息沟通以及与外界环境进行的物质能量的交换都处于充满生机的和谐状态。一旦出现了失调，整体运转就会离开正常轨道，各相关方面的排列及彼此的配合紊乱，目标体系发生偏离，整体与局部的运转节奏不稳定，信息沟通和与外界环境的物质和能量的交换失去平衡等等。这些现象只要出现一种，就表明出现了失调，或者出现了失调的倾向和趋势。然而，失调现象并不都是简单的，一眼就能看清的。有些失调状况浮在表面，很容易发现；有些失调因素却沉在里层，不容易被发现。如果秘书人员只能看见表面现象，看不见深层的实质问题，就很难有效地采取协调措施。在某种情况下，表面仍然保持着协调的现象，而深层已出现严重的失调。秘书人员若被假相所迷惑，就可能造成失调的扩散和延伸。还有的表面失调现象虽然纷繁复杂，而里层造成失调的原因却比较单一，如果秘书人员被表面的失调现象所吓倒，丧失了协调的勇气；或者被表面纷繁的失调现象所迷惑，抓不住协调的关键,就会酿成更为严重的失调。有些失调表象,只是偶然发生的个别现象,组织机体的正常运转并没有发生重大变化,凭借组织正常运转的惯性和组织机体的规范性,很快就能自行恢复协调,有些虽然只是个别失调现象,若不立即采取对策,就会造成极其严重的后果。因此,秘书在对失调现象的调查中,要善于抓住问题的本质,了解情况,分析问题。不仅要调查失调的现状,而且要调查其原因和背景;不仅要正确地认识已经出现的状态,还应该预测将来可能发生的变化。

在确认组织存在着失调状况或失调倾向后, 秘书人员还应该深入分析失调各相关方面的情况,即分析失调各相关方面的差异、矛盾或和谐因素,以及各相关方面的共同之处。前者是要解决的问题所在,后者是协调的基础。没有差异和矛盾,就不会出现失调,也就没有协调的必要;没有和谐之处,也就没有协调的条件和协调的可能。毫无共同之处的事物之间,协调就很难取得成功。在实际工作中,差异性越大,失调现象越严重,协调的阻力越大;共同之处越多,协调的有利因素越多,协调也就容易取得成功。寻求异同的分析比较中,必须将失调前后的各种相关因素一一对应地比较分析,寻求差异,找出失调的原因和协调的办法。

(一)差异性分析

失调状况的形成,可能受许多因素的影响,但引起失调的关键,往往在于一个或几个主要因素。由于这些主要因素出现了变化,协调状况就无法维持,组织应有的运转状况和效果与实际运转状况和效果之间就出现了差异。这类差异,可能是简单的,也可能是繁杂的;可能是表面的,也可能是本质的。无论是哪一种形式的差异,都要通过比较一一列出来。

(二)共同性分析

寻求共同性也必须通过对比。差异性和共同性并不是截然分开的, 而往往彼此相互交错,相互渗透。因此,在寻求共同性的过程中,同样存在着极为复杂的现象。分析共同性应从失调前后对比,如果失调前后各相关方面的某一因素没有发生变化,就可以确认各相关方面保持着共同性的东西;如果失调前后某相关因素同步变化,变化后相关方面仍是和谐的,也可以算是共同之处。

(三)因果分析

在进行差异性和共同性分析的同时,还必须进行因果分析,也就是分析出现差异性和共同性的原因,以及这些差异性和共同性将会导致的结果。通过因果分析,有利于在确认差异性和共同性的基础上,找出最主要的、最本质的、起关键作用的差异性和共同性,这对于正确认识现象并采取有效的协调措施,都是十分重要的。

三、协调原理

原理即具有普遍意义的基本道理。协调原理对协调活动有普遍的指导意义。秘书人员进行协调活动,必须符合组织协调原理。理解并运用组织协调原理,才能使协调活动更加符合客观规律,才能进行有效的协调。运用协调原理,能够科学地分析失调现象,从而把握住失调的本质或关键因素, 有效地采取协调手段; 可以推演出各种解决具体失调问题的原则和办法,从而进一步指导协调的实践。

(一)整体效能最大原理

在保持协调状态的组织内部,各子系统在整体配合条件下发挥出的效能,比各子系统失去整体配合的效能相加的和要大得多,若某个子系统的效能突然猛增,就可能出现与其他于系统的配合失调,整体的运转就会受到影响,整体配合的功能放大机制就很难发挥作用。因此,局部效能最佳不一定就导致整体效能的最佳。在某种情况下,还会导致整体效能的削弱。

(二)组织协调的应变原理

组织处在多变的、多元化时空之中,要想协调运转,必须根据组织所处的内外环境条件的变化做权宜应变。在人类的社会实践中,没有千古不变的组织协调方法,组织协调就是要针对变化着的环境条件作出反应,以求适应环境条件的变化,从而达到协调。组织协调的应变原理与协调的动态规律是一致的。组织在不断变化,组织环境在不断变化,组织的内部条件和外部关系也在不断变化,组织要保持协调运转,必须适应这种变化。固定的、机械的协调模式,停滞的、僵化的协调行为,单一的、孤立的协调方法,都不能适应动态多元化的发展需要。在组织协调实践中,任何一种效果良好的协调方法,都只能适应其特定的环境,都不是包治各种失调病症的灵丹妙药。如果条件环境变化了,组织协调的方法模式不变,就不可能获得良好的协调效果。

(三)信息沟通导向原理

组织各个环节的运转无不以信息为依据,以沟通为重要手段。组织的决策计划、执行措施及要求均是以信息的依据制定的,又通过信息沟通,传递给下级各子系统、各组织成员。组织各子系统、各组织成员通过沟通的载体,接受决策内容、计划和执行要求,并加以理解和确认,作为自己行为的导向。这样,就使命令能够执行,政策能够贯彻,组织行为能够统一,任务能够完成,目标能够实现,组织也就能够得以协调运转。信息沟通对组织各子系统、各相关方面,起着极为重要的导向作用。组织管理实践证明,组织必须保持组织首脑机关与组织各子系统之间畅通无阻的信息沟通。组织的信息沟通引导着组织行为。有了畅通无阻的有效的信息沟通,组织才能保持整体协调状态。

四、协调原则

协调原则,是根据协调规律和协调原理的指导和推演,并经过协调实践工作的检验得出的。它对于解决各类具体的协调问题,具有实际的指导作用。

(一)协调选向原则

秘书人员在协调的过程中,必须选定协调的方向。根据整体效能最大原理,个别和少数最优的局部导致的整体失调,一般来说,可以采取负向协调,即对最优的个别或少数局部进行必要的控制, 使组织整体恢复协调状态。如果个别和少数最差的局部导致组织整体的失调,就应对于个别或少数最差的局部进行补充和加强,使之达到整体协调。组织的协调选向,应以如何有利于形成最大的整体效能为标准。形成了最大的整体效能,协调就达到了目的。

(二)整体强化原则

要想对协调运转的组织进行强化,就必须对该组织的所有子系统都进行整体强化。如果只对局部或个别子系统进行强化,就会出现失调现象。进行整体强化后的各子系统仍然保持着协调状态,因而也就能取得最大的整体效能。这就要求组织在制定发展计划的过程中,要注意整体协调的发展。对出现失调的局部,必须针对造成失调的因素及其相关方面进行整顿,使之迅速恢复协调状态。只有整体协调发展,才可能避免发展过程中的混乱和失调。整体的发展才是稳定的有效的发展。

(三)信息疏导原则

在某些情况下,造成失调的原因不是事权冲突、利益矛盾或目标差异,而是由于信息流通受阻,相互不了解情况而引起的误会。如果不迅速加强沟通,进行疏导,消除误会,就会加深误解,激化矛盾,使组织陷入严重的失调,给组织带来损失。在这种情况下,秘书人员应发挥信息枢纽的优势,加强信息沟通,消除误解,实现协调。

(四)政策公开原则

在组织管理实践中,将政策公开才能有效地发挥政策的作用。将政策公开,一方面能使政策在群众中得到优化,从而使组织的政策更有利于组织效益的提高;另一方面,全体组织成员能监督政策的贯彻实施,维护执行政策的严肃性和统一性。在某些组织管理活动中。往往由于政策没有公开,组织成员只能按照职位层次被动听令,不能正确地理解上级的指示,造成了行动上的失调;或者负责人由于自身利益和认识差异,曲解或篡改政策,造成权力和感情代替政策的失调状态。如果按照政策公开的协调原则,把政策交给群众,就可以有效地避免或控制这类失调现象。秘书人员协助领导将政策公开,使各级负责人和有关工作人员互相配合,互相监督,以正确的政策为准绳,行动上就容易协调起来。

(五)连续协调原则

组织及其各相关因素都在不断地发展变化,组织协调必须连续不断地进行。无论多么高明的组织管理者,或辅助协调的秘书人员,无论采取什么科学有效的协调的方法,都不可能保证一次协调成功而永远不再出现失调状况。组织运转不停止,协调活动也就不应停止。

五、协调方式

现代组织的结构和运转方式越来越复杂,相关因素和可变因素越来越多,失调现象也千姿百态。秘书人员在协调过程中,应根据不同的失调类型,采取最适宜的协调方式。一般有命令式、建议式、说服式、渐变式,突变式等等。

(一)命令式协调

命令式协调一般是领导者采用的协调方式,秘书人员较少运用。即使在特殊情况下,也必须用传达命令的方式,并且要利用恰当的时机,以免引起对方的反感。

(二)协商式协调

对于没有法定管理决策权的秘书人员来说,采用协商式协调更符合其职能地位,更有利于发挥其协调作用。在协商过程中,秘书受权代表领导机关,约集各相关方面进行商讨,寻求解决问题的办法和具体步骤。协调的目标和措施由各相关方面商讨确定。采用这种方法,有利于失调各方在商讨沟通中加强理解,互相体谅,自愿调整各自的行为。这样既能消除失调现象,恢复整体协调;又能强化有关方面的关系,强化团体意识。

（三）说服式协调

秘书在协调的过程中，通过启发、讨论、思想沟通、理性说服，使失调的有关方面接受并贯彻组织的协调意图。这种协调方式，在秘书人员协调活动中作用很大。说服的过程，实际上就是沟通思想、明白事理、统一认识、增进感情的过程。采取说服式协调，秘书人员应对各相关方面作耐心细致的思想工作，晓之以利害，让各方面认识协调的必要性和紧迫性，认识到失调将造成的危害。清醒地理解了利害关系后，各相关方面就会从思想上产生协调愿望，愿意接受协调方案，贯彻执行协调措施。采用说服式协调，在解决问题的同时，还可以传播现代管理思想，提高组织成员的素质；使协调过程中，减少阻力，保证协调的实施。

（四）建议式协调

当秘书人员发现某些失调倾向或某些矛盾、问题时，向有关各方面提出自己的看法或建议，供对方参考。若对方采纳，或从中得到启示，改进了工作，即实现了组织运行协调，也就达到了协调的目的。秘书人员采用建议式协调，不是向对方指出“你去如何如何”，而是向对方建议“你看这样做是否有利”？这种建议式协调方式，不是借助权力的强制，也不是居高临下地用“大道理”说教，而是以平等的身份，提出一个思路、一个想法，供对方分析参考。这样，真诚地向对方提出建议，尊重对方的自主权，可以让对方根据实际情况，灵活地选择协调手段，实施协调，就能够起到良好的协调效果。

（五）渐变式协调

即逐步改变原有运转方式中的不利因素。同时注意保留其有利的一面，逐步稳定地进行有计划的协调，以实现组织整体的协调运转。秘书人员在协调过程中，要善于准确地分析组织模式和运转方式的利弊，既不能一遇问题就认为一无是处，全盘否定，也不能盲目认为是完美无缺的。要根据组织功能是否能充分地发挥作用，组织运转的效率是否达到了预定的目标，组织各子系统是否达到了最佳配合等多方面去分析。秘书人员只有准确认识了组织模式和运转方式的利弊，才能逐步采取恰当的协调措施，兴利除弊，以保持组织的生机与活力。

（六）突变式协调

突变是指原结构顷刻瓦解，由新的结构取而代之，使组织不稳定的无序状态迅速转变为稳定的有序的状态。突变是组织的基本要素骤然变化的结果。在突变式协调过程中，既要果断，又要准确；既要有采取非常手段的魄力，又要有立即建立新的合理结构和运转方式的才能。只有这样，才能使组织从极不稳定的无序状态转变为相对稳定的有序状态。突变式协调随机性大，秘书在协助领导进行协调的过程中，应注意权变性和灵活性；必须具有敏锐的观察力和敏捷的反应能力，适应突变，进行调整。要在失调前尽可能把握住种种可能突变的征兆，并对可能发生的情况，作出各种设想和安排。这样，突变发生后，就可能思路清晰，及时采取果断的措施。否则，当突变发生后，就会茫然失措，心中无数，举棋不定，贻误时机，使突变造成的失调更为严重，组织遭受更大的损失。秘书应协助领导者随时对突变有足够的准备，经常从宏观和微观方面分析组织运转的态势，分析组织各相关要素的变化，抓住突变的临界点，作出各种应付突变情况的假设方案，从而减少突变可能带来的损失，在突变协调中实现组织的新稳定和发展。秘书在突变协调中，往往采取传达领导者的命令的形式，要求组织成员采取“非此不可”的措施。在紧急情况下，及时传达领导者的命令，不仅能够稳定军心，统一行动,而且能够集中力量,控制事态的发展或恶化。

六、协调手段

不同的协调内容应采用不同的手段。秘书人员要成功地进行协调,除了要掌握协调的规律、原理和原则以外,还必须掌握一定的协调手段。科学有效的协调手段,是秘书人员顺利进行协调工作的保证。

(一)会签与会稿

秘书在处理公务的过程中,若干相关部门或个人在处理相关的问题时,必须要各方面认同与合作。关系到各方面的利益和责权的事,仅凭上级的行政命令是不行的,必须要照顾好各方面的利益和愿望。因此,可以用会签或会稿的办法,消除分歧,求得协调。会签是向上级请示、报告或陈述意见时,由有关人员在文件上共同签字或盖章,以表示有共同的了解和看法,并对文件或文稿负责;会稿即由各方共同协商形成一份文稿。会签和会稿,虽然都有有关负责人出面,但大量的具体工作,是由秘书人员承担的。

(二)会议与会商

对于组织有关方面,或各职能部门共同的问题和事务的处理,秘书部门应于事前约集各有关人员举行会议或进行会商,交换意见,沟通思想,互通情况,以求得共同的了解和认识。有了一致的意见和互相的理解后,再根据共同的意见去采取行动。这样,在工作中就会相互配合,协调统一,避免发生分歧或冲突。在这个过程中,秘书人员既要做好事前的准备工作和进行过程中的具体事务,还要做好事后的落实工作,使会议和会商真正起到协调作用。

(三)会谈与对话

为了取得相互理解,意见一致,行动协调,在处理事务时,各有关人员可以举行会谈或对话。参与会谈与对话的可以是与其内容有关的各方面的人员,而秘书人员是实际的组织者和具体的工作人员。

(四)座谈讨论

为了各相关方面共同的问题和处理有关的事务,可以采用座谈讨论的办法,集中意见,研究问题,求得行动的一致和协调。座谈讨论的准备、记录、整理座谈讨论的结果等事项一般都由秘书人员承担。

第四节　督促检查

督促检查是秘书活动中的一项古老而又恒久的内容。督者,监督;促者,推动;检者,寻求;查者,考究。这些都是历代秘书活动中必不可少的内容。但只是到了20世纪90年代,督促检查才被我国党政最高领导机关明确规定为秘书部门的一项特定的职能。[1]督促检查,就

[1]参见江泽民同志1990年1月在全国省、市、自治区党委秘书长座谈会上的讲话。载《秘书之友》1990年第4期。

广义而言，是指上级机关对所属的下级部门或单位贯彻上级决策和执行工作任务的情况进行监督、检查和推动，从而发现问题，纠正偏差，促使下级保质保量地按期完成工作任务。而秘书活动中的督促检查，特指秘书部门根据工作需要、领导指示或群众反映的情况，对本组织辖属各单位的职能活动进行督促、催办的过程。

一、督促检查工作的地位和作用

督促检查工作在秘书活动中占有十分重要的地位，起着推动决策执行、矫正决策方向、提高工作效率、克服官僚主义的巨大作用。

自有秘书活动以来，督促检查工作就与秘书活动融为一体，不可分割。在古代中国，督促检查一直被视为秘书活动的一项重要职能而严格地执行着。中国共产党诞生以来，“我们党历来重视督促检查工作，曾制订过一系列的规章制度。毛泽东、周恩来等老一辈无产阶级革命家，对这方面要求十分严格，布置的工作要按时报告结果，重要事项的催办有时甚至不过夜”。[1]江泽民同志也强调指出：“我们各级领导机关长期以来存在的一个比较薄弱的环节，就是布置多，检查少，或者说得更严重一点，就是有布置无检查。我们应该下决心改变这种状况，做到布置一项工作，就要把它落到实处，抓一件是一件，我看办公厅应该发挥这样的督促检查作用。”[2]这就更加明确地将督促检查工作列为秘书部门的职责中了。如果说历史上的督促检查在人们思想中还仅仅是一种模糊的认识，并没有明确它的功能作用与职能归宿，那么，经过长期实践，而在 20 世纪 90 年代，人们已经明确了督促检查工作的职能所属和它的重要作用。

（一）督促检查工作是推动各项决策顺利实现的重要保证

任何决策都要最终变为改造客观世界的实践活动，决策必须经过实践才能显示其功用。然而决策的实施需要一个过程。在这个过程中，一帆风顺是少见的，而更多的时候则因种种主观因素或客观原因而出现“中梗阻”现象，阻碍或干扰着决策的顺利实施。督促检查工作正是消除“中梗阻”的有力手段。它能疏通渠道，排除故障，协调关系，从而保证决策顺利地实施。

（二）督促检查工作能为决策的正确贯彻执行起到定向作用

由于决策层与执行层在思想觉悟、认识水平等等方面的差距，决策在执行过程中往往会出现偏差，造成执行轨迹偏离决策目标的现象发生。有时是执行层对决策理解不透，执行不力而发生无意识偏离；有时是执行层顾及某些局部得失或小团体利益而发生有意识偏差。在这种情况下，通过督促检查，就能及时发现决策在执行过程中偏离目标的情况并及时纠正方向。这样，督促检查就能起到矫正作用。

（三）督促检查能起到克服官僚主义，提高工作效率的作用

无数成功的经验和失败的教训使人们认识到，在组织运转的过程中，效率就是生命。社

---

[1]温家宝同志 1990 年 1 月在全国各省区市党委秘书长座谈会上的讲话。载《秘书之友》1990 年第 5 期。

[2]江泽民同志 1990 年 1 月在全国省区市党委秘书长座谈会上的讲话。载《秘书之友》1990 年第 4 期。

会愈发展,时代愈进步,人们对高效率的要求也就愈加强烈。然而在各类社会组织当中,由于运行体制、机构设置、分工情况等等原因,或办事拖拉、行动迟缓;或职责不清、推诿扯皮;或议而不决,决而不行,办事效率低下。这种种现象的发生,除了别的因素之外,官僚主义作风是一个重要因素。督促检查工作可以运用监督、催促、考查等手段,有效地克服官僚主义弊病,从而促进组织运行的高效率。

二、督促检查工作的基本任务

督促检查工作涉及面广,情况复杂。如果事事都查,把组织运转过程中出现的所有问题都列入督察范围,势必造成大小不分,轻重难辨,眉毛胡子一把抓的混乱局面。但如果把范围限制得过小,该管的不管,该查的不查,又会削弱督促检查工作的力度,使这项工作起不到应有的作用。对此,温家宝同志明确指出:“第一,督促检查工作要按中央的要求,紧紧围绕中央工作的中心进行。要坚持实事求是,全面准确地反映和了解真实情况,既报喜又报忧,力争做到有情况、有分析、有建议。这项工作一定要扎扎实实地进行,绝不能流于形式。这是督促检查工作必须遵循的原则。第二,督促检查工作的重点,是党的路线、方针、政策和中央的重大决策、重要工作部署、包括中央领导同志批示,交办事项的贯彻落实情况。第三,开展督促检查工作的具体方式,一是进行催报检查。在中央文件发布或工作部署后,要求各地区、各部门按期向中央报告贯彻落实的情况,中办负责督促。凡中央文件上已注明报告日期的,要按期催报;文件中未规定报告日期的,要根据情况确定时限予以催报。对催报事项,要按问题分解立项,适时向各地区、各部门发出催报要点。二是加强日常催办。在中央决定事项和中央领导同志批示办理通知发出后的相应时间内,要向各承办部门了解办理情况,进行督促检查。对中央领导同志交办的事项,要督促承办部门抓紧落实,做到事事有着落,件件有回音。三是搞好信息反馈,充分利用分布全国的信息网络,及时收集和反馈中央决定贯彻落实的情况。对各地区、各部门报送中央的报告、简报、材料,进行汇总、整理、分析和综合,及时提出综合报告。四是深入下去了解情况。选派有一定的政策水平和调研能力的同志到各地区、各部门实地了解情况,这是督促检查的一种重要方式。下去的同志,既要听取情况介绍,又要进行实地调查,掌握真实情况,并把全面了解和重点考察相结合。调查了解的情况,要向中央提出专题或综合报告”。[1]由此可见,督促检查的范围,原则上是指那些关系比较重大,性质比较严重,影响较为深远,问题较为典型的各类事项。这些事项一般表现为5个方面:一是上级组织(包括直接上级组织、间接上级组织和上级业务主管组织)交办的要求汇报直接结果的事项;二是本组织的领导批示件及会议决定的事项;三是本组织制发的文件贯彻落实情况、下级的请示报告的办理情况及下级要求帮助解决的有关事项;四是新闻单位披露的,或人民群众反映的有关本组织工作上存在的问题或要求核查的问题;五是秘书部门自身从各种信息渠道了解掌握的有关本组织活动的重要问题。所有这些,即是督促检查工作的基本任务范围。

从根本上来说,督促检查的任务就是以监督、催促、检查的手段来克服决策实施过程中的偏差因素。决策实施过程中的偏差因素是客观存在的。所谓偏差,就是处在一定时间和空

[1]温家宝同志1990年1月在全国省区市党委秘书长座谈会上的讲话。载《秘书之友》1990年第5期。

间的客观事物，在运动中出现的偏离规定方向和运行轨道的现象。领导机关的每一项决策都有鲜明的目的性，都是为了追求或实现某种目标。决策目标是领导集团对未来状况的期望、设想，往往带有超越现实的特点，实际上这就在决策目标和客观现实之间形成了一种距离。决策的实施又是一个复杂的、曲折的运行过程。决策任务从领导机关下达后，要途经若干横向和纵向的执行部门，到达系统最远端，直至输入具体承办对象。这中间由于客观环境、主观因素、随机情况的影响，也会不可避免地出现偏差。更确切地说，决策的层次越高，运行的层次越多，区域越大，时间越长，其偏差因素也会相对增多。决策实施完全是动态性的，要想不出一点偏差是不可能的。而且，就决策自身来说，有时也或多或少地存在偏差因素。按理讲，决策必须反映客观事物的整体发展趋势和规律，但是由于情况的不断变化，尤其是在决策环境较为复杂的情况下，做出正确的决策并不是一件容易的事。即使是一项正确的决策，也不可能尽善尽美，而且也需要随着情况的发展变化不断地进行调整完善，否则就会给事业带来不应有的损失。

既然决策本身及决策实施过程中都不同程度地存在着某些偏差因素，督促检查的根本任务就在于：一方面对领导决策、工作部署的执行落实实行有效的监控，通过一定的工作方式，克服修正实施过程中的偏差因素，使决策者和执行者保持一致，促进各项决策任务的实施落实；另一方面有效地揭示出决策本身所存在的偏差因素，发现各类问题，多方面地反馈情况，为进一步完善决策提供再认识与参谋建议。

第一，督促检查要克服决策实施过程中的“进度差”，促进慢的，推动停的。任何决策的实施都有时间性，提出的任务、确定的目标都需要在一定的时限内完成。在这里，时间既是促进任务完成的约束条件，也是衡量任务完成与否的尺度。而许多执行部门实施决策任务时，经常达不到指令性时限要求，完不成决策目标。一种是进度慢，或是整体工作进展缓慢，或是只完成一部分任务，而大部分没有完成。另一种是工作处于停滞状态，对上级布置的任务不认真组织实施落实，甚至放在一边，没人管、没人抓。造成这种情况的主要原因，是有些单位对上级的决策任务重视不够，工作拖沓，缺乏组织观念；客观原因是受到所处环境的制约，可能遇到了资金、原料、人员等方面的困难。在这种情况下，督促检查既要解决执行部门主观努力不够的问题，又要协调解决具体问题，促进慢的，推动停的，使执行部门的工作进度与决策的整体运行协调起来，保持各项决策任务落实的同步性。

第二，督促检查要克服决策实施过程中的“行为差”，鞭策推脱的，查办顶牛的。领导决策包括的内容很多，情况也较为复杂。有些决策、决议事项必然涉及一些单位和个人利益关系的调整，涉及对某一问题的处理。与决策部门相比，执行部门所处的角度不同，思想认识不同，所以在实施决策过程中就会产生态度、行为上的差异，比较多见的是推脱和顶牛。有些单位故意“念错经”，搞上有政策，下有对策，有令不行，有禁不止，致使上级决策、决议、指示中间梗塞，不能顺畅地运行落实。强有力的督促检查，对推诿扯皮的，它能帮助其明确主办、协办责任，提出指令性要求，协调有关方面共同承担起任务；对顶着不办的，它可运用教育、行政、经济手段，必要时进行查办，把切实的督促和严格的约束结合起来，克服承办单位的消极态度，规范执行单位的行为，使上下左右协调一致，从不同的角度积极落实决策任务。

第三，督促检查要克服决策实施过程中的“效果差”，主要是弥补差的，调整过的。从某种意义上说,实施决策的每一过程都含有质、量、度 3 个因素。当三者平衡统一时,就能增大效应值,取得最佳效果;否则就会缩小效应值,效果不佳。在决策实施过程中,就经常遇到差的和过的两种偏差。差,就是没有达到质、量、度的要求,工作也干了,但效果差,与既定的工作目标和经济指标有较大的距离,没有保质保量地完成决策任务;过,就是单纯追求速度指标,片面加码拔高,超越了客观现实的承受能力。通过督促检查可以调控这两种偏差现象,对没有达到决策目标要求的,能促其弥补欠缺,对超过实际承受能力的,能督促其进行自我调整,克服“过热”的东西,以使局部和全局之间形成一种稳定、平衡的状态。

第四,督促检查要克服或修正决策自身的“失误差”,改正偏的,纠正错的。实施决策的过程,实际上也是不断验证决策、完善决策的过程。领导决策虽然来自于客观实际,但在具体实施落实时,却不可能百分之百地完全符合实际。因为决策必然带有领导者的主观期望;加之决策前后的客观情况可能有所变化,所以在实施决策的过程中,往往会产生某种误差。对失误的决策,越是机械地督促实施落实,其失误性、危害性就会越大。因此,需要通过督促检查,验证、反馈决策正确与否,并提出调整完善决策的建议和意见,由决策机关对有偏向的决策方案作必要的调整和修正,使决策更加完善,以期达到既定的目标。对完全脱离实际的错误决策,进行追踪决策,依据新情况重新确立目标和方案,以增强决策的科学性,提高决策水平与质量。

三、督促检查的一般特点

(一)程序性

督促检查是一项程序性鲜明的工作,通常由确定项目、检查催办、结果反馈三大环节构成。确定项目是督促检查的准备阶段。一般来说,上级有明确要求,或本级领导明确指示进行督察的事项,都要列入督促检查的项目之中;但对于下级单位及社会各界群众反映的问题,是否列入督察项目之中,就需要进行一番审理,必要时还需进行一番调查研究,然后报经有关领导批准,方可列入督察项目。哪些事项该查,哪些事项不该查,秘书部门中负责督察的人员只能提出意见供领导裁决,而不能擅自做主。项目确定之后,就进入了检查催办的阶段,这是整个督促检查工作的中心环节。检查催办的方法可以灵活多样,可以面对面进行,也可以用发文件、打电话的方式进行。大多数情况下,是先向承办单位寄发催办文件,以明确任务、要求及时限,然后综合运用多种方式进行查办。对一次检查催办不能奏效的,还需进行多次查办。一项具体的查办任务完成之后,要有结果反馈,即用专题报告或其他形式,向有关领导汇报督察结果,若发现新问题还应提出合理建议。总之,督促检查工作一般遵循一定的程序进行,才能做到有条不紊,多而不杂,忙而不乱。

(二)权威性

督促检查工作是一项自上而下进行的工作,负责这项工作的人员受命于上而行权于下。因此,人们往往称其为“钦差大臣”。在办理一些具体事项中,领导往往赋予一些较大的权力,可以代表一级领导机关,检查了解下属机关单位的工作,对督促检查工作人员的职级待遇规定较高,还让督促检查人员列席本级领导机关除讨论人事任免以外的最高会议和重要会议,看密级较高的重要文件等。这些都表明督促检查工作具有很强的权威性。

(三)层次性

督促检查工作是按一定的管理层次来进行的,一般实行分级负责制。要健全分级责任制度,哪些事项由哪一部门、哪一级负责督促检查,要分清责任,既不能推诿扯皮,无人负责,也不能越权进行,包办代替。上级机关要充分依靠和尊重基层和部门,涉及基层和部门的工作,首先要由有关基层单位和部门进行督促检查;上级机关进行督促检查工作,以了解情况为主,不直接处理问题,不代替基层和部门的工作。

(四)政策性

督促检查工作主要是贯彻和实施领导机关、领导同志的决策和意图。领导机关、领导同志的决策和意图,一般都涉及党的方针、政策,从一定意义上说,督促检查工作凡事皆涉及政策。因此,督促检查工作政策性强的特点十分突出。督促检查工作必须严肃认真地按照党和国家的方针、政策处理工作中遇到的各种问题。

(五)时限性

督促检查部门的工作都有时限要求,必须在要求时间内完成。中共中央办公厅曾为此发文,要求对中办交办的事情,必须在两个月内上报办理结果。有的省、市、自治区及地、市领导机关都根据本地情况作过一些具体时限要求,规定时限最短的在一周内办结。督促检查工作,最重要的目的是为了加快决定事项的办理速度,使工作尽快落到实处,提高办事效率。时限性强这一特点,也较其他秘书工作更明显。在督促检查工作中,要严格按照时限要求办理,不拖拉,不延误,做到及时、灵敏、高效。

第七章　秘书活动的一般方法

毛泽东同志曾经指出:“我们不但要提出任务,而且要解决完成任务的方法问题。我们的任务是过河,但是没有桥或没有船就不能过。不解决桥或船的问题,过河就是一句空话。不解决方法问题,任务也只是瞎说一顿。”[1]对于秘书活动的研究也是这样,不仅要提出任务,把握规律,而且要探讨利用规律、完成任务的方法问题。前述秘书活动的基本特征、辩证范畴以及与社会文化的关系,回答秘书活动“是什么”和“为什么”的问题,专项实务与综合职能回答“做什么”的问题,其中已有针对具体任务而采取的具体方法。在这个基础上,立足于秘书活动整体的高度,抛开具体任务的困扰而抽象出适合秘书活动规律的一般方法,即回答“怎样做”的问题,便是本章所论述的课题。

第一节　思维方法

秘书人员是脑力劳动者。秘书人员的劳动主要是脑力劳动,即思维活动。思维是客观事物在人脑中的反映,客观事物运动形式的复杂多样决定了思维方法的多样性。秘书人员又是“杂家”,秘书活动的多侧面、多方位也决定了秘书思维方法的多种多样。

一、趋同思维法与求异思维法

从思维主体和客体的同异上来划分,可划分为趋同思维法与求异思维法。

(一)趋同思维法

趋同思维法指的是,人们依据相同的思维要素,选择相同的思维角度,采用相同的思考形式,并从传统的思维经验中或遵从别人的思维导向而引出解决问题的方法。求同性是这种

[1]《关心群众生活,注意工作方法》,《毛泽东选集》第1卷,第139页,人民出版社1991年版。

思维方法的主要方面,它体现着事物发展的继承性、统一性。

首先,趋同思维要求思维主体有着共同的要素基础,包括思维主体所赖以存在和认识的社会环境相同,时代背景相同,思维对象相同,思维目的相同,思维角度相同,以及思维主体的语言、知识、情感等基本相同。比如在21世纪的中国,13亿人民都思考着怎样实现全面小康,怎样才能推进社会主义民主政治建设,这就是思维的环境、背景、对象、目的的共同点。至于语言、知识、情感等思维要素,都是个体所特有的。如秘书协助领导者处理一件有关本单位职工的事,倘若这三者的生活经历、受教育程度等相同,就容易使思维趋向统一,相互容易理解。

其次,趋同思维要遵循一定的思维框架,这个框架可能是现有的程式,可能是生活经验的积累,也可能是某种观念或传统。如一位领导者拟了一个提纲,要求秘书人员按此提纲写一篇讲话稿,秘书就自然而然地按领导者所拟提纲的思路去思考,其发挥主观能动性也只能在这个提纲范围之内。

(二)求异思维法

求异思维法则与趋同思维法相反。求异思维法不是站在已知思维成果的同一角度,用共同的眼光去看待事物,而是站在与已有经验、框架不同的角度去看待事物,得出与已有程式不同的(有时甚至是相反的)思维结论。

趋同思维和求异思维都有各自的长处和短处。趋同思维的优点是稳妥、平衡、统一、和谐,而缺陷是呆板、局限,缺乏创新精神。求异思维的优点是新颖、独到,敢走人未涉足的路,而缺陷是冒险,有失败的可能。因此,我们不能片面地用封闭性和创新性来否定趋同思维而肯定求异思维。正确的态度应该是,各取所长,辩证统一,对不同的事物采取不同的思维方法。

二、顺向思维法与逆向思维法

从思维导向的角度来划分,可分为顺向思维法与逆向思维法。

(一)顺向思维法

顺向思维法即按照事物的发生、成长、衰落和消亡的历史过程进行思考的方法。我们写一般的记叙文章,通常沿着起因、发展、高潮、结局的次序;我们追述一个人物,往往历数其诞生、成长、死亡的整个过程,这都是运用顺向思维法。顺向思维法最明显的特征是时序性,即按照时间的先后顺序来考察事物,从过去到现在再到将来,以时间的单维性为导向。顺向思维是历史、时间、过程的考察法,是事物发展历史性、时间性、过程性在思维中的运用。历史、时间、过程本身就有逻辑规律包含其内,因而,顺向思维法是发现事物发展规律的可靠的思维方法。

(二)逆向思维法

逆向思维法是从结果推及原因,从现时追溯历史的思维方法,也就是人们常说的“反思”。客观事物之间存在着各种复杂的内在联系,许多现象常常互为因果,具有可逆性。已知甲与乙之间的联系,反向推出乙与甲的另一种关系,即为逆向思维法。当人们在社会生活中遇到了一些难以解决的问题时,不妨从相反的方向,从问题的反面进行思索,往往使人茅塞顿开,获得意外的成功。

逆向思维是从事物的反面,从相反的方向考虑问题的思维方法,它是唯物辩证法的对立统一规律和否定之否定规律在思维过程中的应用。当人们站在自己的对立面思考问题时,很多问题就容易理解,容易沟通,也容易解决。比如秘书人员接待一位来访者时,不妨先站在来访者的角度做一番思考,就能体会到来访者的愿望和要求,以热情诚恳的态度帮助其解决困难。同时,逆向思维是对已有思维方向的一种否定,这种否定是在对原有思路的某些局限性、狭隘性作出肯定的基础上,对其思路的界限和途径做了否定,因而就使思维进入了更广更深的境界。

三、纵贯思维法与横断思维法

从思维方向的比较上来划分,可分为纵贯思维法与横断思维法。

(一)纵贯思维法

把事物放在自己的过去、现在和将来的对比环境中,发现事物的前后联系和不同阶段上的特点,以此来把握事物的本质及其发展规律,这种思维方法就是纵贯思维法。它是考察事物本身的发展过程的思维方法。任何事物都有一个发展过程,在这个过程中,事物必然表现出它本身所具有的运动规律。人的思路沿着事物发展的历史轨迹前进,就能把握事物的来龙去脉,找出支配其发展的矛盾的主要方向及其转化因素,从而找出驾驭事物、解决问题的途径。

纵贯思维有3个明显的特点。其一是同一性。纵贯思维所涉及的客体是同一的,即所考察的是同一对象的过去、现在和将来,这样就能保持思维对象的稳定,从而进行纵向的比较。其二是历时性。纵贯思维一般是按照时间的先后顺序来考察事物,由过去到现在,由现在到将来,这样就容易理清脉络,找出规律。其三是预测性。纵贯思维在考察事物的过去和现在的基础上,把对将来的推断作为一个重要方面进行考虑,因而具有明显的预测性。

(二)横断思维法

横断思维法是截取事物发展的某一横断面, 在一事物与它事物的普遍联系和互相作用中考察事物运动特点的思维方法。我们常说的横向比较就是这种思维方法的一种。横断思维是一种开放型思维。这种思维方法不是局限于某一事物本身,而是要求将一事物放在众多的事物当中进行比较,把一种联系放在众多的联系当中去展现,从而发现优劣长短。

运用横断思维法要注意两点:一是可比性,这就是一事物与他事物要处于同一类别,或在其中有必然联系。二是同时性。横断思维强调时间上的同一,即首先要把时间概念的范围确定下来,然后再考察在这同时间范围内一事物与它事物之间的异同长短。这里的同时性有两种含义:第一是指纳入横向比较的事物都已经过了同样长短的发展期限;第二是指以同一时代为准线。

横断思维法具有强烈的激励作用。一个单位、一个部门、一个企业或一个人,当他们经常用纵贯思维法考虑问题的时候,思维导向总是看到成绩,看到进步,看到自身,难免一叶障目,不见泰山;但用横断思维法截取自己的某一方面或全面地与外界同类进行比较的时候,就容易发现自己的缺点和不足,从而激励自己急起直追,奋发前进。特别是在世界各地的横向联系越来越频繁、越来越紧密的今天,横断思维对刺激一个民族的奋发力量,是有着巨大作用的。

四、精确思维法与模糊思维法

从思维对象和思维结果的清晰程度上来划分,可分为精确思维法与模糊思维法。

(一)精确思维法

精确思维法也可称为定量思维法或数学分析法,它是以数量分析作为思维活动基本依据的思维方法。

世界万事万物都体现为质和量的统一。事物的质通过量来表现,事物的质变也是通过量变而发生。质和量互为前提,互相转化,要了解事物的质,就需要把握事物的量。正是在这样的辩证理论基础上,各个学科都运用数学手段进行描述和研究,从而促进了各学科的数字化趋势。精确思维法正是由此而来。人们常说,对思考对象要做到"心中有数",这个"数"即是指在性质分析指导下的完整的数字指标系列,也就是指对研究客体进行数量分析的精确思维。在秘书活动中常常要运用这种数学分析的精确思维。比如草拟一份年度工作计划,最重要的是突出数字指标系列,其他只是附带的说明性的文字;撰写一份年终总结报告,最有说服力的也便是百分比、增长率等等数字指标。特别是经济实体、经济集团内的秘书人员,更是要时时运用精确思维方法来进行工作。

(二)模糊思维法

"模糊"一词,是指反映事物属性的概念外延不清晰,事物之间的关系不明朗,难以用定量方法来进行考察。模糊性是事物的特征之一。由于世界上万事万物的复杂性以及事物之间联系的复杂性,人们往往难以用精确的量化语言来反映事物的属性,因而只能按模糊的方法去考察。在社会生活中,存在着大量的模糊现象,人们也就大量地使用着模糊概念。如大与小、高与低、清与浊、美与丑、宽与窄、明与暗、长与短、多与少、轻与重等概念之间并没有截然可分的严格界限,相对论和辩证法才是事物运动的普遍原则。

模糊思维法最根本的特征是:在模糊条件之下的利取最大、害取最小原则。也就是说,当事物呈现不明朗不清晰的状态时,或是两利相权取其大,或是两弊相权取其小,或利弊兼而权之,取利大弊小者。比如在辅助领导者选择决策方案的时候,往往很难用精确的数字来显示出不同决策方案的长短优劣。在这种情况下,就需要用模糊思维法的利取最大、弊取最小原则,即将多种方案进行具体比较,看哪一种方案利最大、弊最小,从而选出优者。当然,这个过程的具体环节中也有精确思维参与其内,但思维总体是模糊的,并不十分精确。在这种情况下,模糊思维比精确思维更能简洁明快地得出正确结论。

五、系统思维法与层次思维法

从思维的结构和功能上来划分,可分为系统思维法与层次思维法。

(一)系统思维法

系统思维法是按照事物本身的系统性把思维对象放在系统的形式之中加以考察的思维方法。它从全局出发,着重从整体与部分之间、整体与外部环境之间的相互联系、相互作用、相互制约中综合地考察对象,以达到最优化的思维效果。

系统思维法有两个显著特点。其一是整体性特点。它要求把思维对象看做一个有机的整体,从整体上考虑问题。整体运动规律和功能特征存在于它的各个组成要素的关系之中,整体性质不同于各个部分的性质,整体功能大于它的各部分简单相加的功能。这就突破了传统思维方式把有机联系的整体分成互不联系的部分, 然后机械相加的局限。其二是综合性特点,就是把系统整体看成是以诸要素为特定目的而组成的综合体,从整体的成分、结构、功能、相互联系方式、历史发展等方面进行综合性考察,从而把握思维对象的运动规律。

(二)层次思维法

世界万事万物都有层次联系结构,依次构成事物富有活力的内在机制。所谓层次,是指事物有序地排列与分层。国家可以划分为中央、省、地、县、乡、村等层次;军队可以划分为军、师、旅、团、营、连、排、班。各种事物都以层次将不同部分联系在一起,互相发生作用,形成系统整体。有效地利用层次,不仅能透视事物的内部结构,而且能把握事物的发展脉络,产生整体效益。

秘书人员的层次思维包括3个侧面。一是分清思维主体的层次级别。如果思考自己职责范围以内的问题,就从自身的级别层次出发,尽力发挥自身的职能作用,尽职尽责地处理好问题;如果是替领导机构或领导者出谋献策,就应站在部门整体或领导者的层次上,全面地考虑系统整体的利弊得失。二是分清思维客体(即思维对象)的层次级别。任何事物的出现、任何问题的发生都源于不同层次。一般来说,较高层次上出现的事物,发生的问题影响较大,扩散范围较大,常常作用于系统整体;而较低层次上出现的变化、发生的问题,影响较小,扩散范围较窄,往往只作用于系统的某一部分。三是层次与系统的有机统一。系统由层次构成,依据层次的存在而存在;层次归属于系统,遵循系统的运动规律。系统的变化肯定要影响层次的变化,而层次的发展往往也会带动系统的发展。如果脱开系统整体而单从层次出发进行思考,往往会使思维陷入片面和狭窄的境地;而从系统整体的高度考虑,撇开层次的具体情况,也会脱离实际而走向官僚主义的邪路。只有将系统整体与层次结合起来进行思考,才会使宏观与微观相一致,全局与局部相协调,其思维活动才能走上科学化途径。

六、发散性思维法与聚敛性思维法

从思维起点与归宿的状态上来划分,可分为发散性思维法与聚敛性思维法。

(一)发散性思维法

沿着不同的方向,多角度地进行思考,多方面寻找解决问题的途径,这种方法就是发散性思维法。发散性思维法是力求多方突破的思维方法。即面对一个问题,思维不是选择一个角度,不是沿着一个方向,不是局限于某一种模式,而是从多个角度进行分析思考,在原有思维方向的基础上开拓出新的思维方向、新的思维视野、新的思维领域。

发散思维的哲学基础是普遍联系的法则。马克思主义认为, 任何事物都不能独立地存在,而是与其他事物存在着千丝万缕的联系,或是直接的,或是间接的;或是历史的,或是未来的;或是表面的,或是实质的。这种事物之间普遍联系的法则,反映到人们头脑中,就启迪人们进行多方位的思索。因而,人的思维在本质上就是发散性的。秘书人员在辅助领导进行决策时,要收集种种决策方案,这多种决策方案本身就是发散性思维的成果,而且每一种决策方案中也包含着发散性思维的结晶。

(二)聚敛性思维法

聚敛性思维法也称为集中思维法。为了集思广益,社会各界经常召开各种会议。而无论何种会议,在与会人员充分发表意见的基础之上,总是要把议题和意见集中一下,这就是思维的聚敛过程。

聚敛性思维的最大特点是目标的肯定和专一。聚敛性思维以一个目标为归宿,其本身并不要求创新,不去设计各种不同的方案,而是在现有的方案、措施、途径中,通过比较,寻找一个较为合适的方案、措施、途径。从这个角度讲,聚敛性思维有着相对的封闭性。聚敛性思维需要严格控制思维空间,不能让大脑思维散漫无边,也不能让思维处于无序状态,而是要让思维主体始终紧扣思维客体(目标)。虽然聚敛性思维不要求创新,但对于已有的想法、已经设计出的方案,它会按照严格的程序进行审查、比较、品头论足,以确定对目标实现的利弊。比如秘书人员要写一份会议纪要,他的思维就不能超出会议的内容,不能超出会议上所提出的方案而另求新路,而只能在会议内容所限的范围内进行比较选择,取重避轻,取大避小,去粗取精,从而把握会议的实质,这就是聚敛性思维法的典型运用。

秘书的创造性思维强调的是思维的发散性,没有思维的发散性,或不会运用发散性思维,就不会发现事物的新情况、新问题和新经验。但是,思维的发散过程又必须由聚敛过程来补充。只有正确处理发散性思维和聚敛性思维的关系,才能提高秘书思维的创造性和科学性。

第二节 沟通方法

处于枢纽地位的秘书部门或秘书人员,保持组织内外、上下,左右的全方位沟通,是秘书活动的重要职责。在沟通过程中,必须根据不同的对象、不同的内容,选择适当的沟通方法。

一、与领导的沟通

秘书人员必须经常向领导汇报情况,请示工作,提出参谋建议。与领导保持经常沟通,既有利于领会领导意图,得到领导的指导和帮助,也有利于帮助领导全面了解信息,优化决策,有效指挥。在与领导沟通过程中,需要把握以下3点:

(一)内容与时机

新情况、新问题、新趋势以及领导关注的热点、影响全局的矛盾冲突、突发事件、组织内外环境条件的重大变化,必须及时沟通,立即汇报,不得迟缓或延误;对例行的工作事务和细节性问题,有的可自行处理,有的可在一定场合集中汇报。不必事事请示汇报,以免打扰领导工作,影响工作效率。一般来说,常规性工作,定期向领导汇报;突发性大事,立即向领导汇报;领导催办的工作,及时向领导汇报;工作过程中的一般情况,在总结中作简要汇报;下级单位询问的大事,要分轻重缓急向领导请示,已有明确规定的问题,可按规定回复对方。

(二)时机与方式

秘书人员向领导请示汇报,必须选择适当的时机,采取不同的方式。如政策性强的事项,宜用书面请示报告;事务性工作,可用口头沟通方式。需要领导批示的工作,需用书面形式;只需领导知晓的事,可用口头沟通方式。当领导正在集中精力处理或思考某个问题时,一般不要打扰;若有特殊情况必须向领导请示汇报,可用简练的语言,向领导陈述要点,待领导表示要详细了解时,再作全面汇报;当领导有空闲或主动了解某一方面情况时,可详细向领导汇报,并可提出自己的看法和建议。当发现领导由于情况了解得不充分或出现认识偏差,作出错误判断或决定时,必须及时采取恰当方式,主动向领导提供准确全面的情况,或提醒、规劝领导,帮助领导改变看法或修正决定。

(三)内容和对象

秘书人员与领导沟通,必须根据沟通内容,向有关分管领导对口沟通,按职责划分单向对责任领导请示汇报。具体地说,就是对领导人分工范围内的专题性工作事项,应向分管者请示汇报,按其指示办事,切忌多头请示;对涉及多方面的、综合性工作,应请示主持全面工作的领导,由其裁定,并向与该项工作有关的领导人通报。若对同一项工作任务,有两个以上的领导人作出了不同的指示,特别要慎重处理,秘书人员应请示负责全盘工作的领导人,或建议领导班子集体商定。

二、与组织成员的沟通

秘书人员在工作中必须与职能部门和职工群众密切沟通。在与职能部门的沟通中,向职能部门传达领导指示时,要原原本本地传达,不能以上级自居,随意解释领导的指示;向职能部门了解有关情况,或做调查研究时,要态度谦虚,虚心求教,不可不懂装懂。职能部门的负责人,虽然不是自己的直接上司,但也要一样的尊重,对职能部门的一般工作人员,也不能摆架子,要保持和谐的关系。只有这样才能进行有效的沟通。

秘书人员还必须经常与本系统、本部门的群众沟通,向群众调查了解情况,传达领导的指示或命令,到群众中去征求意见或建议。这不仅需要秘书人员与群众之间建立正常的工作关系,而且要有深厚的感情联系,做到相互了解、相互信任。这样,群众才愿意向秘书人员提供真实情况,秘书人员才能真正成为领导和群众之间联系的纽带。

三、与组织外部公众的沟通

秘书人员要经常与组织外部公众进行广泛的沟通。秘书人员与外部沟通的效果,不仅关系到秘书活动的成效,而且关系到组织的声誉和形象。秘书人员在与往来单位代表和社会公众的沟通中,要真诚热情,注意礼仪;与竞争单位代表的沟通,要豁达大度,友善开朗,不能带对立或敌视情绪;与社区公众沟通,重点在于建立感情联系,让他们了解本组织,求得理解、支持与合作,同时也应了解社区公众的需要和社区发展状况,并根据情况建议领导为社区发展和社区公众利益承担应尽的责任。秘书人员不仅要接待外部公众,还应主动到各类相关公众中去,求得广泛的理解与支持,以促进组织的发展。

在与组织外部公众进行沟通的过程中，特别要注意正确处理宣传与保密的关系，把握沟通的分寸。对本组织的目标、宗旨、职能指向及其他允许公开传播的工作内容等，要以多种方式进行宣传，与有关单位广泛交流，让公众充分地理解，使之变成公众的共识；而对某些问题要保守机密，守口如瓶。对需要宣传的事错误地列入保密内容，就会脱离群众，影响宣传效果，从而也就会影响有关方针政策和决策安排的贯彻实施；对必须保密的事有意无意地泄露出去，或者错误地作为宣传的内容，就会因失密而使工作受到重大的损失。秘书人员必须从内容、人员、时空等方面严格地划清宣传与保密的界限，才能在对外沟通中有分寸地妥善处理好二者的关系。

第三节　管理方法

秘书活动中离不开管理。秘书人员了解和掌握一般的管理方法，有利于当好参谋助手。

一、行之有效的传统方法

经受过无数次实践检验的传统管理方法，是前人实践探索和智力创造的结晶，学习和运用这类方法，不仅有利于提高工作效率，而且有利于培养和继承优良的工作作风和传统。

（一）走群众路线的方法

即从群众中来，到群众中去，充分相信群众，依靠群众，尊重群众的首创精神。在工作中，认真倾听群众的呼声，了解群众的需要，关心群众的疾苦，反映群众的要求，代表群众的利益；在工作过程中，能遇事和群众商量。如运用开“诸葛亮会”向群众征求意见、建议的工作方法；到群众中调查研究，了解实际情况，征询各方面有代表性的意见和看法，作为制订方针、政策和决策的依据的办法；关心群众生活以调动群众积极性的工作方法等，都应熟悉和掌握。

（二）抓典型的方法

即选择、发现或培养具有代表意义的典型人物或典型事例或典型单位，以带动全局的方法。如选择、发现各类典型先进人物，起到榜样和表率作用的方法；通过试点取得经验以推动全局的方法；发现典型案例，认真总结教训，起到警戒作用的方法；发现新的典型经验，总结探索新的规律，以指导全局工作的方法等。这是从个别到一般、一般到个别、一般和个别相结合的办法，在我国长期的革命和建设实践中曾发挥过巨大推动作用，至今仍有很强的现实意义。

（三）有效推动工作的方法

如抓住先进的带头作用和后进的转化工作，以带动中间大多数的“抓两头，带中间”的方法；抓住中心环节和中心工作不放，对其他各项工作统筹兼顾的“弹钢琴”的工作方法；历史回顾与现状分析相结合，以预测未来，筹划和安排将来工作的方法等。

(四)实施管理控制的方法

秘书活动中有许多管理方法可以运用。如凭借管理职权,在其权限范围内,强制性地使有关方面听从指挥、服从命令的行政手段方法,这种方法便于集中统一指挥。通过制定和实施法令、规章、制度进行管理的法规手段方法,这种方法有极强的规范性和稳定性,宜用于在一定范围内有共性的问题,对管理对象能产生自我约束的影响和法规导向与惩戒的威慑力。运用工资、奖金、罚款等经济杠杆来调节人们的经济利益,引导人们的行为,实现管理目标的经济手段方法,这种方法对管理对象的影响十分敏感,具有灵活性,便于及时调整。通过理性说服,晓之以理,动之以情,明之以事,启发其觉悟,调动其积极性、自觉性和工作热情,使其自觉按照管理者意志行动的思想教育方法。诸如此类, 都是秘书活动中常用的管理控制方法。

二、智力共振的智囊方法

在实际管理活动中,辅佐领导者决策的有专家咨询人员、职能管理人员、秘书人员等。在重大决策中,秘书人员往往协助领导,采用各种智囊方法,广泛收集各专家内行的意见和建议,并加以整理,作为领导决策的重要参考依据。常用的智囊方法有以下几种:

(一)头脑风暴法

即将一组有关专家和咨询人员组织在一起,通过分析、探讨、辩论,让他们互相启迪,互相影响,互相争论,互相引导,从而产生联想,发生“智力共振”。这样,在较短时间内为决策者提供较多新的设想和较好的方案。采用这种方式,参加的人数不宜太多,以5~10人为宜,便于充分发表意见;主持者要简要地说明目的和要求,要善于提出引导性意见,创造自由发言的气氛,让思想活跃的人先发言,最大程度地发掘其联想能力和创造力;秘书人员要记下提出的所有方案和设想,待会议结束后,协助主持人分类整理各种新设想;时间控制在一至两个小时,以保证思想集中;地点选在不受干扰的安静场所。运用这种方法,事先要通知智囊咨询人员,提出议题,使之有所准备。每次咨询活动要限定题目范围,以便集中探讨某个问题。在咨询过程中,不要批评别人的设想,以防阻碍其创造性思维的发挥;要提倡设想的创造性和新意,引导自由发言、畅所欲言,主意越多越好,以量生质,在众多主意中得到好设想的可能性才更大。要鼓励专家进行综合与改进,发挥别人的设想,或者把别人的几个设想综合起来,产生一个新的设想。这种方法力求在轻松自由的气氛中进行,对一些专门性问题,能起到促进创新的作用。

(二)特尔斐法

又称为专家集团咨询法,即向有关领域的多位专家明确地提出问题,用函询的方式请他们答复;然后集中整理收集书面意见,进行定量分析和归纳;再用信函反馈给专家,让其根据统计归纳的结果,慎重考虑别人的意见,并允许修改自己前一次的意见;最后再把意见收集整理归纳。如此反复几次,专家意见基本上趋于一致。这种方法的好处是,既依靠了专家,又因为对专家的姓名保密,从而避免了专家会议上由于当面接触而造成的随声附和现象,能够真实地反映专家意见。这种方法相对于会议咨询方法而言,一是可扩大咨询面,可征询更多人的意见;二是避免了由于对权威的崇拜而左右他人的意见;三是避免了由于自尊心、爱面子的情绪,不愿改变自己的意见和观点;四是避免碍于情面,随大流,不愿发表不同意见等不利因素。采用这种方法应注意的是,对提出的问题应作充分的说明,以便专家充分了解意图;所提出的问题要集中,有针对性,不要过于分散;要构成一个有机的整体,要避免提出组合问题,以免专家难以回答;用词要确切,表明数量概念时应用百分比,避免使用“普遍”、“较多”等含糊字眼,表格设计要简化;要酌付报酬以免影响表格的回收率。另外要注意保密,不可泄露专家的意见。

(三)专题分组法

即将需要咨询研究的问题,划分成若干个小专题,把这些专题进行分类以后,分别对口交给有一定专门知识的人去研究,然后对各个专题小组研究的情况进行综合。如三峡工程是关系到后代子孙的重大决策,可将这个系统工程分成水利、能源、搬迁、农业、水产、长江航运、三峡风景古迹等专题,组织各个方面的专门人才进行分组专门研究。这种方法,往往研究的是重大决策问题,挖掘深,分析透彻,但运用此法需有较强的综合能力。

(四)专家“会诊”法

当有关组织出现经济、管理或人事、技术等方面的问题后,由组织负责人向各个领域的专家介绍情况,然后由专家实地考察分析,提出“诊断”意见。

三、调度工作的基本方法

秘书在实践中,必须善于调度工作节奏,要做到忙而不乱,细致周全,运作自如,不能忙于应付,失于疏漏。实际工作中应注意以下方面:

(一)分清主次、轻重、缓急

秘书活动日常事务头绪纷繁,综合职能十分宽泛。秘书人员如果被动地按照事情发生或任务下达的先后次序去做,就可能陷于忙乱,顾此失彼,力不从心,贻误急事或要事,把精力和时间消耗在本来可以缓办的次要事务或枝节问题中。因此要善于将各类事务按重要程序和急缓程度,分类排列办理顺序。要事、急事可列为A类,重要而且紧迫,优选办理;重要但不紧迫或紧迫但不十分重要的事可列为B类,次优办理;一般性事务和可以暂缓的事可列为C类,放在时间比较充裕时办理。这样就可以在被动接受任务后取得完成任务的主动性。

(二)全心投入,一鼓作气,有始有终

秘书人员面临多项工作,不能干着这项事想着那项事;一件事投干完,又去干另一件事,结果很多事都虎头蛇尾,或者半途而废,造成疏漏遗忘,搁置延误,甚至前功尽弃。秘书在每干一件事的时候,应专心专意,全力投入,尽可能一鼓作气地迅速办理完毕,避免中途间断或搁置。如果办事中途发生了必须立即处理的事务,最好对后发生的事作临时处理后,尽快办完第一件事,再办第二件事。如果办事过程中发生了重要且紧急的事必须立即处理,也要将第一件事办理到一个阶段,并记下后面的办事要点。处理完重要紧急事务后,立即顺着第一阶段的思路和程序,办完后一阶段的事务。必须办一件了一件,事事有结果,不能有头无尾。一般来说,无论是办文还是办事,全力投入,一气呵成,今天要办的事今天做完,不要拖延到明天。这样才能提高工作效率,确保工作质量,减少疏漏,取得主动。

(三)手脑并用,处处留心,统筹兼顾

秘书工作除了要安排有序,一鼓作气外,还特别要注意手脑并用,分析各项事务间的联系。要善于从一段时间内的事务工作中发现组织运转中的各种倾向和趋势,善于从纷繁琐细的事务中发现问题、分析问题,获取有价值的信息,从而发挥参谋建议作用,做到办理事务与辅助决策的参谋活动统筹兼顾。手脑并用不仅能提高事务的效率和质量,而且能增强辅助和服务的有效性和力度。不动脑只动手,只能充当被动的办事工具;只动脑不动手只能流于品头论足、坐而论道。前者虽手忙脚乱,但忙而无功;后者虽说起来头头是道,但浮泛不实。两者均算不上称职的参谋助手。秘书人员既要有计划、有步骤、有效果地办好每一件事,每周每天都要安排好工作程序,不能“干到哪里算哪里”,陷入盲目状态;又要善于在工作中随时捕捉信息,观察分析问题,起到辅助或优化决策的参谋助手作用。在会务组织工作、大批来客的接待工作中,更应注意手脑并用,统筹安排。可以用网络图设计某项工作计划中各个工作环节的先后程序、相互联系、工作任务、时间安排以及工作的承担者和督导者,按时序和任务要求构成网络,以便在执行过程中进行有效控制和督导,从而保证合理使用人力、物力和财力,保质保量地完成任务。一旦出现困难或障碍,也能迅速地查明问题出在哪里,如何调整力量以解决问题。

(四)服从需要,机动有序地调度工作时间

不少秘书人员经常感到时间紧任务重,有时则在消极等待中谈天说地,无所事事。要处理好时间调度上的矛盾,合理安排工作时间应把握好三点:一是要认识到秘书工作时间调度的从属性,也就是秘书工作时间的安排要与领导工作进程协调统一。这样,既能适时为领导工作提供服务,又便于把握各个时期的工作重点。二是要注重时间安排上的机动性,针对组织管理中随机发生的问题,灵活地调整自己的工作时间。在整体上要按组织运转的环节安排自己的工作内容,在局部上要注意灵活调整。三是要注重具体时序安排上的自主性。要善于有效利用零散时间,集零为整。忙中取闲,整理资料,收集信息;变闲为忙,分析资料,思考问题,预测发展变化。

第八章　秘书活动的基本类别

秘书活动是一种社会职业行为,它与社会的分工紧密结合。在人类社会的早期,社会分工尚不明晰、尚不确定的时候,秘书活动呈现出混沌模糊的状态。随着社会分工越来越明确、越来越细致,秘书活动也就随之分化,带着浓重的行业色彩,而成为各种具体的职业行为,也显示出秘书活动的类别差异。然而由于社会分工的日趋细密,要从理论上将秘书活动的分类与社会的行业分类完全吻合,几乎是不可能的。因此,我们只能从相对的差异性出发,将秘书活动分为经济系统的秘书活动、政治系统的秘书活动、社会事业系统的秘书活动和私人秘书活动等四大基本类别,以探讨其特点。

第一节　经济系统的秘书活动

经济是社会存在和发展的基础,经济活动是人类最基本的活动,经济行业是社会多种行业中人数最众、分布最广的行业。因此,经济系统的秘书活动,在整个秘书活动中占有相当大的比重和相当重要的地位。国民经济是一个国家在其辖属范围内全部经济活动的总和。它是由不同的地区、部门、企业,以及社会再生产的各个环节的经济活动所构成的统一的有机整体。按照管辖范围,国家可分为若干地区,各个地区内的经济活动和地区之间的经济联系,即构成国民经济活动的总体运动,这是国民经济地区结构的反映。按照生产特点,国民经济可分为若干部门,各个部门的经济活动以及相互联系,使整个国民经济活动正常运行,这是国民经济部门结构的反应。若从社会再生产过程的角度来看,国民经济活动又可分为生产、流通、分配、消费等环节。各个环节不断循环的社会再生产过程,即构成国民经济活动的运行轨迹。然而不论是地区经济、部门经济还是生产环节,都是由企业组成的。企业是从事经济活动的基本单位,是国民经济系统的要素,是国民经济的细胞。因此,国民经济系统按层次结构划分,企业是最低层次,地区经济、部门经济是中间层次,国民经济总体是最高层次。在国民经济这个大系统中,地区、部门、企业以及社会再生产各环节的活动互相交织、互相联系。这是因为,任何一个地区的经济都包含有许多部门;而任何一个部门的经济活动都要在具体地区进行。地区或部门的经济活动最终都具体化为企业经济活动。而且不论地区、部门、企业都是从事着生产、流通、分配、消费各环节的经济活动或某一环节的经济活动。

经济系统的根本任务就是管理,而核心目标是提高经济效益。因此,经济系统的秘书活动也必然围绕经济管理、提高经济效益来进行。

一、高层经济部门的秘书活动

高层经济部门是指国家经济管理部门,它的活动就是对国民经济的宏观管理活动。适应这种宏观管理的需要,高层经济部门的秘书活动体现出整体性、计划性和系统性三大特点。

(一)整体性特点

国民经济的宏观管理,就是国家对社会的生产、流通、分配、消费的全过程和国民经济的总体发展进行的管理。实施这种宏观管理的高层经济部门必须要站在全局的高度,以“全国一盘棋”的原则对全国经济实施整体管理。这就要求高层经济部门的秘书活动必然要体现整体性特点。其一,秘书活动介入的决策大多为战略性决策,即影响国民经济总体发展和国民经济管理机制完善的全局性的、长远的决策。如确定国民经济的社会发展目标;经济管理体制的改革和完善;国民经济增长速度和质量;经济建设的战略布局和主要方针等。它必须注意国民经济系统的内外环境,如科学技术发展、生态平衡、智力投资、对外经济技术交流以及国民经济重大比例关系、产业结构、地区结构、企业组织结构等重大问题。它以制订与执行有关国民经济全局的方针、政策、目标、任务为手段,协调全国各地区、各部门之间,社会各环节之间,经济、科技、社会之间以及人口、资源、环境之间的关系,从而达到发挥国家整体功能的目的。其二,秘书活动所着眼的效益概念是宏观经济效益。这种社会经济效益,是指由相互依存的各个经济实体的经济效益所组成的国民经济效益的整体,是社会再生产全过程中的经济效益,而不是生产、流通、分配、消费某一环节的经济效益,更不是某一部门、某一地区的经济效益。这就要力争摆平各方面的关系,包括投入与产出的关系,近期利益与长远利益的关系等等。秘书活动的侧重点正在于此。

(二)计划性特点

高层经济部门的秘书活动有很强的计划性。这种计划性表现有二:其一,在这类部门的秘书活动的具体内容当中,制订计划占有相当大的比重,如五年发展规划,农业生产计划,工业发展计划,商业和外贸计划,国民收入计划,固定资产投资计划,物资计划,运输计划,工资计划,价格计划等等,都是秘书活动最为重要的内容,舍此而不能完成国民经济发展的整体管理。其二,这类部门的秘书活动本身必然体现出很强的计划性。这就是说,它不像具体的经济实体内部的秘书活动那样,随机性占了很大的比重,即许多秘书活动的内容都是临时出现的,可以随机应变的;而高层经济部门的秘书活动却必需提前做好计划安排。长远的有5年、10年的规划,短期的也必然有年度、季度的活动计划,绝不可能像经济实体的秘书活动那样可以临时抱佛脚。在秘书活动的具体内容当中,哪一项内容投入多少人力,花费多少时间,需要创造什么条件,都必须一一计划,并且要按计划执行。

(三)系统性特点

高层经济部门的管理活动是系统管理的过程，它的秘书活动也必然体现出系统性的特点。其一,这类秘书活动的客体对象是个多层次、多目标、多功能的有机体,是个大型的复杂系统,因而就决定了它的活动内容都是综合的、复杂的问题。不仅要处理国民经济系统内部的问题，而且要处理国民经济系统与外界各系统的关系，要按照各方面的内在联系进行计划、组织、指挥、协调、监督,从而使整个国民经济朝预定的目标发展。其二,这类部门秘书活动的系统性特点还表现在,它的主要职能是综合调控。作为高层经济管理部门,其最根本的任务就是依据客观规律,从国家资源条件和经济技术状况出发,统筹兼顾,全面安排,合理分配全社会的人力、物力、财力,求得社会总供给与总需求的基本平衡,使得国民经济各部门、各地区和社会再生产各环节之间相互适应,保证国民经济和社会事业按比例地协调发展。这样秘书活动便侧重于各类综合调控。如人力调控——劳动力的生育、教育培训和劳动就业；物力调控——社会总产品、生产资料和消费资料的供需调控；财力调控——国民收入的生产、分配和使用的调控、财政调控、信贷调控、外汇调控以及部门调控、地区调控、投入产出调控等等。

二、中层经济部门的秘书活动

中层经济部门,是指地区性的和行业性的经济部门。这类部门秘书活动的特点是,行业性、地域性和宏观与微观相结合。

(一)行业性特点

行业是随着社会劳动的自然分工而形成的经济组织形式,即按同类产品、相同工艺过程或提供同类性质的劳动服务来划分的经济类别。如农业、工业、商业、交通运输、邮电、银行等等,就是这类行业性分工。中层经济部门的管理活动,通常体现为行业管理,这就使其秘书活动体现出行业性特点。其一,这种行业性特点,决定了秘书活动的主体必须有行业知识积累,熟悉本行业进行再生产的整个过程。例如,工业部门的秘书人员,就必须熟悉工业生产的基本原理、工业工艺流程、工业质量管理、工业原材料、工业产品的来龙去脉等。其二,这种行业性特点也决定了秘书活动过程的阶段性。例如,农业部门的秘书活动必然要围绕生产的季节性而进行,春种、夏锄、秋收、冬藏,秘书活动必然围绕其而展开服务。

(二)地域性特点

中层经济部门与国家行政区划相结合,便形成了地区经济体系。这就使得中层经济部门的秘书活动呈现出地域性特点。

1.秘书活动以熟悉本地的资源条件为基础。各个国家的各个地区都有其独特的资源条件。这些资源条件决定着本地区经济发展的方向,也决定着社会生产方式和产品的结构。广袤肥沃的土壤资源,就能为农业、林业的发展提供良好的条件,这些地区的经济必然以农业经济为主,其秘书活动的主要内容也就必然侧重于农业经济。而矿藏丰富的地区,必然以工矿业经济为主,其秘书活动也就伴随工矿业生产来进行。

2.秘书活动必然伴随地区经济的生产特点来展开工作。资源条件的地域性决定了地区经济的性质,其秘书活动也就必然伴随地区经济的生产特点来进行。比如以农业经济为主的地区,粮食、油料、蔬菜、棉花及多种农副产品的生产是这个地区的经济命脉,而秘书活动也就伴随农业生产的原料、技术、生产进程来开展工作。以工矿经济为主的地区,工业品生产和矿藏开发是本地区的生产主体,其秘书活动也就必然围绕矿藏的勘探、开发、利用和工业品的生产过程来进行。

(三)宏观与微观相结合的特点

中层经济部门的秘书活动,既有宏观的一面,也有微观的一面,因而体现出宏观与微观相结合的特点。所谓宏观的一面,是指中层经济部门的秘书活动同样要体现出整体性、计划性与系统性。它也需要站在全地区或全行业的高度,对所辖的各个经济单位(实体)进行整体性管理、计划性的参谋和系统性的筹划。它所着眼的是全地域、全行业的布局与发展、投入与效益。它也要把协调各个经济单位的关系摆在重要位置,因而担负着掌握调控的重大责任。同时,地区经济或行业经济又是整个国民经济的组成部分,受国家经济发展的影响和制约。其秘书活动必然考虑国民经济发展的整体状况,比如经济结构调整等等,因此具有宏观性。

所谓微观性的一面是指中层经济部门的秘书活动,其落实点在基层。因此,它要考虑到所辖的一个个具体的经济实体(单位)。也就是说,在介入经济决策时,必然涉及一个个具体的经济单位,考虑他们的资源条件、技术状况、人力、财力、物力以及发展前景等等;调整产业结构时,也必然涉及一个个具体的经济单位,因而它又有微观性的一面。

这种宏观与微观相结合的特点,正是中层经济部门的最大特征,也正是它们活动的难点。既要顾上,又要顾下;既要与国家的经济政策相吻合,又要发挥本地区、本行业的经济优势;既要服从国家利益需要,又要兼顾地区与行业利益,同时也顾及具体经济单位的利益,这正是中层经济部门秘书活动的特点所在。

三、基层经济部门的秘书活动

基层经济部门,是指具体进行生产、流通的经济单位(实体)。这些经济单位通常以企业或企业集团的形式出现,诸如工业企业、商业企业、金融企业、建筑企业、交通运输企业、邮电通讯企业等等。企业秘书活动紧紧围绕着具体的生产经营过程来进行,因而与实践环节最为接近。相对于高层和中层经济部门的秘书活动,企业秘书活动更加细微化、具体化。由于企业的种类繁多,性质各异(有国营企业、集体企业、私营企业、独资企业、合资企业等等),不同企业里的秘书活动就体现出不同的特点。但一般来讲,普通秘书活动的全部职能,企业秘书活动中都有体现。

(一)秘书活动中要全方位地收集和处理经济信息

既要把握本单位的人、财、物、产、供、销和技术、经营、管理等各方面的现状和运动变化的势态,掌握各个时期本单位生产经营中的倾向性问题,又要把握国家经济政策的变化,原料市场、产品市场的动向,从而为领导者(或管理者)及时地提供所需信息,以便于领导集团和管理层做出正确的决策。

(二)秘书活动要完成各种文字工作任务

除了具有普遍性的应用文书的撰写印制任务以外,还要完成经济类文书的撰写任务,诸如经济活动分析报告、可行性研究报告、市场调查报告、企业生产简报、企业经济合同、商业广告、企业大事记、企业声明、企业通令、企业公告、企业启事等等。精确的数据表达，是经济单位的秘书活动中必须注意的问题。

(三)上承下达、联系协调依然是基层经济单位秘书活动的重要职能

用多种形式将本单位领导的意图，传达给各职能部门及其职员群众，将群众的愿望和要求反映给领导集团，这是企业秘书部门无可推卸的职责。除此而外，与上级主管部门、经济协作单位、业务往来单位、同行兄弟单位以及本单位的用户、服务对象等保持经常性的联系，协调相互关系使之和谐融洽，也是企业秘书活动中的重要内容。

(四)督促检查也是基层经济单位秘书活动中经常性的内容

对领导集团的决策，本单位作出的工作安排、计划指标、生产进度、经济方向以及领导交办的事项，秘书部门有责、有权进行督促检查，这是保证本单位各项工作正常运转不可缺少的环节。

企业集团的秘书活动，除了上述职能活动以外，还有为董事会议服务的职能。英国对此的要求有一定的代表性：(1)必须对公司的业务、公司备忘录、公司章程以及与公司经营业务有关的法律和规章有全面的了解。(2)应确保公司章程上规定的法定人数出席董事会议。(3)精心布置会场，确保会议场地条件舒适、方便工作。(4)应确保会议议程安排有条不紊、简洁明了。会议提纲一般应附以要处理事务的简短说明，让董事们了解要处理事务的性质和特点。议程一经确定，就应依次逐项地进行讨论或处理，以保持处理事项的顺序性。对于那些非常规的议项，最好也安排在议程表上。(5)仔细编纂会议文件索引，以利于董事们随时查阅。在会议上要讨论的文件，最好要在会议召开前，给董事们传阅，以便董事们有充裕的时间去阅读和考虑，尽量避免在会议上传阅文件。对于那些篇幅长、内容复杂的文件，还应附上文件摘要。(6)在会议上，秘书应坐在董事的身边，以便随时回答一些问题或提供一些情况。秘书还应考虑到，会议将要讨论某个特定问题时需听取专家的意见，事先要安排专家参加董事会议。(7)做好会议记录和记录整理。在大多数情况下，秘书采用手记的方式，把会议要点记下来即可。会议记录应是会议处理事务的简明而准确的记录。会议记录的整理应在会议结束后尽快完成，最好不要晚于会议结束后的次日。会议记录整理好后，经董事长或其他行政首脑审核，然后寄给各位董事。(8)对董事会议讨论的各个问题，要绝对保密，守口如瓶。[1]

企业秘书活动的特点，决定了企业秘书人员除了具备普通秘书人员应具备的智能素质以外，还要具备企业特需的素质。最基本的，企业秘书人员应具备经营管理知识、现代化的管理方法及生产工艺知识。在企业中，企业秘书既是具体工作人员，又是综合管理人员。他们通过撰写文稿、参加会议及提出建议等方式，参与企业的生产经营管理活动。同时，企业秘书对企业所属单位和部门的工作，又可由领导授权进行协调。因此，企业秘书必须具有企业经营管理知识，诸如计划管理、生产管理、质量管理、安全管理、技术管理、物资管理、劳动人事管理、财务管理、产品销售管理等都是企业秘书知识结构的重要内容。同时，企业秘书还应了解、熟悉现代化管理方法，诸如全面计划管理、全面质量管理、全面经济核算，价值工程、系统工程等。不仅如此，企业秘书人员还要具备自己所在企业的生产工艺基本知识。如钢铁企业

[1]参见余同吾：《企业秘书怎样为董事会议服务》，载《秘书之友》总第48期。

的秘书人员要了解钢铁生产工艺的基本知识，造船企业的秘书人员要了解轮船生产工艺的基本知识，汽车制造企业的秘书人员要了解汽车工艺的基本知识，机械制造企业的秘书要了解机械制造工艺的基本知识等。

总之，无论基层经济部门的秘书活动多么繁杂，多么具体，其最大的特点，则是一切以具体的经济活动为中心，围绕本单位的生产经营活动来进行。因此，基层经济部门的秘书活动，既是整个经济系统总体活动的组成部分，又是具体的经济单位各项工作中不可缺少的环节之一。

第二节　政治系统的秘书活动

政治系统由政党、国家权力机关、行政机关、司法机关等肩负政治使命的部门组成。这些部门的秘书活动，以维护一定的政治权益为准则，都有着政治色彩鲜明的共性；但又因其职能侧重点的不同，其秘书活动显示着不同的特点。

一、党务部门的秘书活动

政党是现代世界各国普遍存在的一种社会政治现象。作为一种政治组织，政党是社会发展到一定历史阶段的产物，更确切一点说，政党是人类社会发展到资本主义阶段的产物。在封建时代以及以前的时代，没有政党，也不存在政党产生的条件。封建统治阶级为了强化专制集权制度，不仅剥夺了被统治阶级的结社自由，也不允许本阶级成员享有结社的权利。在中国历史上，汉武帝制定了“阿党附益之法”，对朝中大臣和地方官吏同诸侯王“结党营私”采取了严厉打击的措施。明朝的《大明律》和清朝的《大清律》都有打击大臣、官吏“私植党羽”的规定。统治阶级内部不同政治集团在他们的斗争中，相互攻击对方为“朋党”，如唐朝的“牛党”、“李党”，宋朝的“元祐党人”、“元符党人”，明朝的“东林党人”等都是一派加给敌对的另一派的贬称。真正科学意义上的政党，萌芽在17世纪欧洲资产阶级革命的过程中。17世纪70年代出现的英国的辉格党和托利党是最早的资产阶级政党。1847年出现的共产主义者同盟是历史上第一个无产阶级政党。总之，政党是人类社会发展到资本主义阶段才形成的政治组织，是各阶级的政治发展和它们之间的政治斗争的产物。

(一)党务秘书活动必然依据党的纲领来进行

政党是政治色彩最强的社会集团，任何政党都是代表一定的阶级、阶层或社会集团，并为其根本利益而奋斗的政治组织。政党都有自己的政治纲领，政治纲领集中反映着政党所代表的阶级、阶层或社会集团的根本利益和意志，全世界1000多个不同类型的政党都是如此。中国共产党的纲领明确规定：“中国共产党是中国工人阶级的先锋队，同时是中国人民和中华民族的先锋队，是中国特色社会主义事业的领导核心，代表中国先进生产力的发展要求，代表中国先进文化的前进方向，代表中国最广大人民的根本利益。”党的最终目的是实现共产主义。中国共产党的党务秘书活动则体现着工人阶级先锋队的本色，全心全意地为中国各族人民的利益服务，并以自己的政治功能使党组织充分发挥领导核心的作用，在中国社会主义事业中为全国人民导向指航。党务秘书活动完全服从党的纲领，这是其最本质的特点。

(二)党务秘书活动必然体现政党的宗旨

中国共产党的根本宗旨是全心全意为人民服务，中国共产党各级党组织的秘书活动，都始终如一地遵循党的群众路线和党的根本宗旨。毛泽东同志曾明确指出："在我党的一切实际工作中，凡属正确的领导，必须是从群众中来，到群众中去。这就是说，将群众的意见(分散的无系统的意见)集中起来(经过研究，化为集中的系统的意见)，又到群众中去做宣传解释，化为群众的意见，使群众坚持下去，见之于行动，并在群众行动中考验这些意见是否正确。然后再从群众中集中起来，再到群众中坚持下去。"[1]党务部门的"办公厅是各级党委联系群众的桥梁和纽带。基层的情况，群众的意见和呼声，要通过各级办公厅反映到党委，党委的决定，又要通过办公厅传达到基层和群众中去。各级领导把办公厅当做重要的信息渠道和工作中的参谋助手。""我们要充分认识自己所处的地位和肩负的责任，充分认识我们的工作作风直接关系到党和群众的联系，关系到党的事业，从而自觉地坚持全心全意为人民服务的宗旨，和实事求是联系群众的工作作风。"[2]

(三)党务秘书活动必须服从和服务于政党的奋斗目标

在我国，中国共产党是执政党，是全国人民的领导核心。中国共产党要领导全国各族人民实现社会主义现代化的宏伟目标，其党务秘书活动就要紧紧围绕这个大目标来进行，以其秘书活动的特定职能，团结全国各族人民，自力更生，艰苦奋斗，逐步实现工业、农业、国防和科学技术现代化，为把我国建设成为高度文明、高度民主的社会主义国家而尽职尽责。我国有众多的民主党派，他们是中国共产党的同盟军，总的目标与中国共产党是一致的；在多党合作制的原则下，其秘书活动也就遵循着维护中国共产党的领导，与中国共产党长期合作，互相监督，肝胆相照，荣辱与共的方针来进行。各个国家的执政党都是要求其秘书活动紧紧围绕本党的目标，维护本党的统治地位；而那些在野党，同样要求其秘书活动根据自己的目标，或者提出各种政治主张，通过各种渠道，影响政府实行某些有利于自己的政策；或力图在议会中占据更多的席位，在政府中谋得更多的职位，以便为自己所代表的阶级、阶层或社会集团的利益服务。

(四)党务秘书活动必须维护政党的领导

政党通常都是由最有威信、最有影响、最有经验的领袖集团领导的，任何政党都有一个领导核心。一定的阶级、阶层或社会集团都要造就和选择一批经过考验、具有政治经验、斗争艺术和组织才能的政治人物来充当政党的领袖。政党主要由领导集团去统一全党党员，进而统一阶级、阶层和社会集团的思想和意志，集中指导全体党员，进而指导本阶级、阶层或社会集团的联合行动。这就要求党务秘书活动必须维护党的领导，维护党的领袖集团的威信。中国共产党的党务秘书活动必须接受党中央的领导，听从党中央的召唤，维护党中央的威信。温家宝同志在 1990 年全国省区市党委秘书长座谈会上曾经指出："办公厅的所有工作人员，

[1]《关于领导方法的若干问题》，《毛泽东选集》第三卷，第 901 页，人民出版社 1966 年版。

[2]温家宝同志 1990 年 1 月在全国省区市党委秘书长会议上的讲话。载《秘书之友》1990 年 5 期。

必须在政治上、思想上和行动上坚决同党中央保持一致,坚持一个中心、两个基本点,紧紧围绕党的路线,方针和政策进行工作,必须自觉维护党中央的权威,维护各级党委的权威,坚决贯彻党委的决定和工作部署。"[1]中国共产党的党务秘书活动如此,其他种党派的秘书活动也是如此。

(五)党务秘书活动必须遵守政党的纪律

政党都有严明的组织纪律。通过组织纪律来约束其成员的行为,是政党开展活动的保证。资产阶级政党的组织纪律,是通常用来控制党员在竞选中投本党候选人的票,或者在投票表决中实现本党的政治意图,把党员变成投票和表决的工具。无产阶级政党的组织纪律,则是无产阶级先进性的具体表现,是建立在民主集中制基础之上的,是在党员具有高度自觉性的条件下实现的,以保持党的组织上的统一和巩固,思想上的先进性和纯洁性,政治上的统一和团结为目的。政党的组织纪律性,也必然体现在党务秘书活动之中。江泽民同志曾经指出:"办公厅的工作人员在政治上要过得硬,要同党中央保持一致。办公厅发表意见要跟党委一个调,不能两个调。即便有不同意见也要下级服从上级,个人服从组织,因为这不是学术理论研究。中央办公厅要跟党中央保持一致,各省、自治区、直辖市办公厅同样要跟党中央保持一致,并且还要跟省、自治区、直辖市党委保持一致,这是党的政治纪律。当然,在服从并无条件执行党的决定的前提下,允许在内部有不同的意见,不同意见可以向上级反映,这是民主的表现。我们这里说政治上要过得硬,最重要的是和党中央保持一致。"[2]

总的来说,党务秘书活动是根据政党的纲领、宗旨、目标、纪律来进行的,一个政党的特点就能通过其党务秘书的职能活动充分地表现出来。

二、国家权力机关的秘书活动

国家权力机关是代表统治阶级、国家和人民行使统治权的机关。由于各国的国体、政体不同,国家权力机关的组成也不同。在专制国家,君主或独裁者集中掌握国家权力,并通过其军政官僚机构对国家实行统治与管理。在资本主义国家,奉行"三权分立"原则,国家权力一般划分为立法权、行政权、司法权3个部分,分别由立法机关、行政机关、司法机关行使。社会主义国家的国家权力机关则是民主选举产生的人民代表机关。我国的国家权力机关是人民代表大会,《中华人民共和国宪法》规定:"中华人民共和国的一切权力属于人民。人民行使国家权力的机关是全国人民代表大会和地方各级人民代表大会。"全国人民代表大会是最高国家权力机关,它的常设机关是全国人民代表大会常务委员会。地方各级人民代表大会是地方国家权力机关,县级以上的地方各级人民代表大会设立常务委员会。人民代表大会代表国家和人民的意志,集中统一掌握和行使国家权力,国家的行政、审判和检察机关是国家权力机关的执行机关。

国家权力机关的组成及权限与其他机关明显不同。我国有5级政权机构——国家、省(自治区、直辖市)、市(自治州、盟)、县(县级市、区、旗)、乡(镇),各级人民代表大会经过直接

[1]载《秘书之友》1990年第5期。

[2]江泽民同志1990年1月在全国省市区党委秘书长座谈会上的讲话。载《秘书之友》1990年4期。

选举或间接选举产生，即：人民群众通过直接选举代表组成县、乡人民代表大会，县以上人民代表大会代表依法选举产生上一级人民代表大会代表，直至全国人民代表大会代表，由此组成市人民代表大会、省人民代表大会、全国人民代表大会，形成国家权力系统。我国宪法和法律对国家权力机关的职权有明确的规定，概括来说有6个方面：一是立法权，即制定和颁布法律、法规；二是保障权，即保证宪法、法律、法规、上级人民代表大会的决议、国家计划和预算的执行，保护国家、集体和个人的合法财产，维护社会秩序，保障公民的人身权利、民主权利和其他权利；三是选举权，即选举本级人民代表大会常务委员会的组成人员、政府组成人员和法院、检察院负责人；四是决定权，即审查和批准本行政区域内的国民经济和社会发展计划、预算、决算，讨论决定本行政区域内的政治、经济、教育、科技、文化等重大事项；五是监督权，即监督本级政府部门、司法部门、检察部门的工作；六是任免权，即对本行政区域内的国家机关工作人员的任命、免职、撤职和决定辞职。

围绕法定职权的行使，国家权力机关的秘书活动体现出3大特点：

(一)民主宗旨

国家权力机关本身就是民主政治的产物，其秘书活动必然要体现民主宗旨。国家权力机关的秘书部门在进行职能活动的过程中，始终要把握建立民主政治的方向，坚持权为民所用，情为民所系，利为民所谋。在辅助本机关在行使立法权、保证权、选举权、决定权、监督权、任免权的过程中，充分发扬民主，倾听人民群众的呼声和要求，问计于民，问需于民，形成浓厚的民主气氛。权力机关的秘书部门直接服务的对象，一是本级人民代表大会代表，二是本级人民代表大会常务委员会组成人员，三是本级人民代表大会常务委员会的领导同志，四是上级和下级人民代表大会代表，五是本行政区域内的人民群众。对这诸多方面，权力机关的秘书部门都要给予沟通信息、辅助决策等多方面的服务，对每一位公民、每一位代表的意见、建议和要求都要及时反映，真正体现人民当家做主。同时，国家权力机关的秘书部门还要注意与党委、政府、司法系统及社会各界的经常性沟通，从而为民主政治建设尽职尽责。

(二)法治精神

国家权力机关依法产生，职权法定，其职能就是履行宪法和法律赋予的职责。国家权力机关的秘书活动必然体现着法治精神。法治是人类伟大的创造，是人类社会文明进步的标志。从蒙昧经过野蛮走向文明，人类最深刻的变革就是由无节制地索取自然到有目标地规范自身。茹毛饮血、理蓁辟莽的严酷与艰难使人类逐渐懂得，为了聚集力量求得生存，必须用规则来统一行动。于是聪明的人类拿起了“法”的武器，从原生态的习惯法到逻辑化的成文法，完成了质的飞跃，从而使自己由只知道饱腹暖身的物质人进化为用理性来支配物质和精神需求的社会人。人们把“法”看做天，“无法无天”的成语就深刻地说明了“法”在人们心目中至高无上的地位。而在当今，建设法治国家、法治社会，仍然是人们普遍的追求。法治的基本功能就是制约、导向和规范人的行为。表面看来，法治确定人和社会集团的权利、责任和义务，划分利益范围并提供争端解决机制。其深层意义在于，通过对人的行为的规范、制约和导向，透露出一个国家、一个社会倡导什么、支持什么、反对什么的基本理念。法治是国家的意志，在特定的时空环境中，法治要体现出基本功能，就必须涉及政治、经济、文化以及千姿百态的社会生活。法治理念反映着社会的核心价值体系，法治水平反映着社会发展水平，法治风格反映着社会文化。因此,法治本身就是一项宏大而又复杂的课题。国家权力机关担负着法治建设的历史重任,集中体现在制定法律法规和监督法律法规的实施。其秘书部门不仅要研究法治涉及的重大理论问题,又面对千姿百态的社会实践,而且不容忽略专业意义的操作技巧。在日常工作中,秘书活动涉及最多的是法治方面的内容——法律草案的起草,法律条文的修订,法律文本的审议、通过和颁布,法律法规的贯彻实施等等。仅就制定法律法规(通常称为立法)来说,就要遵循"科学立法、民主立法"的原则,把握立法范畴的定位、立法原则的确立、立法制度的健全、立法权限的划分、立法机构的设置、立法程序的设计、立法特点的选择、立法技术的运用、立法手段的规范、立法成本的核算、立法效益的评估等等密切相关的诸多要素。权力机关的秘书活动必须坚持法治原则,办文、办会、办事都必须依法进行,法治的严肃性、程序性、强制性都在秘书活动中得到体现。

(三)会议服务

与党务系统、行政系统、司法系统的首长负责制不同,国家权力机关的工作原则是民主集中制,集体有权,个人无权,一切通过民主的形式决定。于是,会议这种发扬民主的方式就是国家权力机关最常用的方式,为会议服务也就成了国家权力机关秘书活动的主要内容。各级国家权力机关每年至少都要召开一次本级人民代表大会会议、六次本级人民代表大会常务委员会会议(乡、镇人民代表大会不设常务委员会),日常工作中还有主任会议、专门委员会会议、部门工作会议、各种专题会议,其秘书部门就要围绕这些会议细致策划,精心组织,提供全面周到的服务。

三、国家行政机关的秘书活动

行政机关一般由行政领导机关和行政职能部门两大系统组成。我国的最高行政领导机关为中华人民共和国国务院,其职能部门有国家发展和改革委员会、财政部、外交部、国防部等60多个直属机关。各省、自治区、直辖市以及市(自治州、盟)、县(县级市、区、旗)、乡(镇)政府是地方行政组织的领导机关,它也拥有体现地方特点的众多职能部门(通常称为委、办、厅、局等)。行政机关机构庞大,职能面广,其秘书活动就体现着高度综合性的特色。

行政领导机关的秘书活动涉及面非常广泛,包含丰富的内容。仅就中层行政领导机关来看,其秘书活动要顾及工业、农业、交通、能源、商业、财贸、科技、教育、文化、卫生、体育、民族、宗教等等方面。这样,行政领导机关的秘书活动,就与本机关的领导活动有着同一的宏观性。收集处理政务信息,必须把握从宏观角度反映倾向性、全局性的重大问题;辅助决策,必须从本机关领导集团宏观决策的需要出发,提供各种整体性的情况和战略性的方案;协调关系,侧重于协调各行政职能部门在重大利益比例上的分歧与冲突;督促检查,也要侧重于督促本地区机关的下属单位,落实重大方针、政策、重要战略部署和中心任务,检查其重点环节、重要方面。当然,这并不是说行政领导机关的秘书活动,就不承担具体的专项事务,恰恰相反,秘书活动中必须承担的撰写文稿、管理文书、组织会议、操办事务等等专项职能任务,在行政领导机关的秘书活动中分量更重。正因为如此,行政领导机关内不仅有数量庞大的秘书人员队伍,而且还分设许多部门来分担秘书活动职能。在一个省级行政机关的办公厅之下,一般都有起综合枢纽作用的秘书处(有的分为秘书一处、二处、三处)以及文电处、信息处、研究室等等机构，都是为了适应繁重的秘书职能任务的需要。

与行政领导机关相比，行政职能机关的秘书活动内容业务性较强，由此而表现出明显的专业性。一般来说，行政职能机关，是以专业内容来分设的专业管理机构，因此，其秘书活动的特点就由本机关的专业内容来确定。如计划、经济、财政、地矿、建设、能源、铁道、交通、机械、冶金、化学、轻工、纺织、邮政、电信、水利、农业、林业、商业、外贸、物资等职能机关的秘书活动就与经济部门的秘书活动相似；国防、外交、民族、民政、人事、劳动等职能机关的秘书活动，与政治部门的秘书活动相似。

四、国家司法机关的秘书活动

司法机关是行使司法权的国家机关。我国的司法机关主要是具有侦察、检察、审判、监管等职能的机关，包括审判机关（人民法院）、检察机关（人民检察院）、公安机关、司法行政机关、国家安全机关。人民法院依法独立行使审判权，依法审理和裁决刑事、民事案件和其他案件，通过对纠纷的裁判而维持社会的正常秩序，维护社会的公平和正义。人民检察院依法独立行使检察权，有权对国家公务人员履行职务进行监督，对公安机关的侦查、人民法院的审判工作、司法行政机关的监狱工作进行监督。公安机关依法行使侦查权，具有双重属性，除具有司法机关的属性外，归属国家行政机关的组成部分，属于公安行政管理机关，其主要任务是维护国家安全，维护社会治安秩序，保护公民的人身安全、人身自由和合法财产，预防、制止和惩治违法犯罪活动。司法行政机关依法行使司法方面的行政管理权，其职能主要是：制定法制宣传教育和普及法律常识规划并组织实施，指导和检查各地区、各行业的依法治理工作，监督和指导监狱执行刑罚、改造罪犯、劳动教养工作，管理社会法律服务机构，监督和指导律师工作和法律顾问工作，监督和指导全国公证机构和公证业务活动等。国家安全机关依法行使特殊侦查权，依法办理危害国家安全的重大案件，在国家安全工作中依法行使侦查、拘留、预审和执行逮捕以及法律规定的相关职权。

司法机关的秘书活动是有显明特色的。由于法律本身的严肃性、强制性，使得其秘书活动中也必然体现着是非分明、一丝不苟、执法如山的专业特性。这种专业特性，在司法文书的撰写当中就能够清楚地看到。司法机关的秘书活动中所产生的专业文书种类繁多，如公安机关就有立案报告、破案报告、起诉意见书、免予起诉意见书、提请逮捕书、提请延长羁押期限书、撤销案件书等。检察机关就有起诉书、免予起诉决定书、抗诉书、复议决定书等。人民法院就有刑事判决书、民事判决书、无罪判决书、民事调解书、裁定书等。国家公证机关有各类公证书等等。司法文书具有惩罚犯罪、保护人民、调整各种利益关系的重要作用。司法文书的撰写，有其显著的特点：

首先，司法文书必须严格遵守“以事实为根据，以法律为准绳”的原则，所用的事实必须确凿无疑，所作的结论必须有法律依据。司法文书是诉讼活动和非诉讼法律活动等法律活动的产物、结论和凭证，同时它也起着忠实记录这些活动的重要作用。以刑事案件为例，从公安机关的立案、侦破、预审到检察部门的审查起诉，再到法院的审理判决，直至交付执行，都离不开司法文书。除在重要的诉讼环节中要有重要的司法文书起着承前启后的法律功能作用外，在整个司法过程中还应有大量的各种笔录，以反映全部活动的进程。因此，客观真实是司法文书对案情事实材料的第一位要求。因为它关系到法律活动的真实、客观性,也影响到当事人的切身利益,甚至国家、集体利益。司法文书中所叙述的案情事实必须忠实于事实真相,有确凿的、充分的证据材料加以证实,只有这样才能保证案件得到公正处理。同时,司法文书是法治活动的忠实记载与反映,因此,司法文书都要以法律为准绳。解决实体问题的文书,应以相关的实体法为依据;解决程序问题的文书,应以相关的程序法为依据。

其次,司法文书还必须表现法定的强制性,实施的排他性。司法文书是针对具体人、具体事实施法律,它以国家机器的强力为后盾,因而具有强制力。司法文书一旦生效,当事人必须接受并履行法律文书规定的义务,不允许有任何形式的抗拒行为,也不容许任何人撤销或变更,否则,司法部门可以强制执行。这不仅指刑事裁判文书,民事裁判文书也如此,如债务偿还、损失赔偿、财产分割、婚姻关系的解除等等,同样具有强制性。司法文书一旦生效,本身就排斥其他处理决定,除了依据法律程序上诉以外,任何机关不得受理,更不能改变法律决定。这就是司法文书在实施中的排他性。

再次,司法文书还必须具有解释的单一性,因而要求语言的准确性。司法文书是要付诸实施的,是必须兑现的,所以解释必须单一,不能产生歧义,否则就难以执行。正是基于这一特点,司法文书的语言必须准确,不允许有模棱两可、语义含混的现象。在司法文书当中,一般的概念往往用特殊语来表达,形成了专门的法律术语,如"原告"、"被告"、"已遂""未遂"、"正当防卫"、"紧急避险"等等。司法文书中还大量使用文言词语和成语、惯用语,以求语意的凝练和庄重,如"证据确凿"、"供认不讳"等等。

第三节　社会事业系统的秘书活动

社会事业是指国家为了社会公益目的,由国家机关或其他组织举办的社会服务事业。社会事业为广大民众提供基本的公共服务,即根据一国经济社会发展阶段和总体水平,为维持经济和社会的稳定,保护个人最基本的生存权和发展权,实现人的全面发展,提供所需要的基本社会条件。在我国,社会事业包括教育事业、医疗卫生、劳动就业、社会保障、科技事业、文化事业、体育事业、社区建设、旅游事业、人口与计划生育等十多个方面。社会事业系统的秘书活动因其职业领域的不同而表现出各自的特色。

一、教育部门的秘书活动

教育,是按照一定社会的现实需要和发展需要,以及人的自身发展的特点和规律来培养人才的社会实践活动。换言之,按照一定社会的需要来培养合格的人才是教育部门的根本任务。人类施行教育的历史由来已久,其内容和形式也不断发展变化。但迄今为止,学校教育仍是教育的最基本的形式。因此,教育部门的秘书活动以各类学校的秘书活动为主要方面,而学校又有初等学校、中等学校和高等学校等等层级。从典型意义上讲,又以高等学校的秘书活动最有代表性。

每一所高等学校都是一个小社会，也是一个大系统。高等学校的教学系列（学院、系、专业、教研室）、科研系列、思想政治工作系列以及管理部门、辅助部门、服务部门等等，就是零部件和子系统，其秘书部门就处在这众多的子系统的中心枢纽位置。为使整个学校教育秩序井然、有条不紊地进行，学校的秘书活动发挥着重要作用。当然，高等学校的秘书活动又有层次之分，但总括来讲，都是为教学、科研服务，为既出人才又出成果而尽职尽责。

教学活动是学校最基本的活动。要培养出德、智、体、美、劳全面发展的合格人才，就要有计划地组织严格的、系统的教学活动。在教学过程中，教育秘书主要是协助校、院、系领导制定科学的教学计划，安排课程设置，组织课堂讲授，配合教学实习、社会调查以及生产实践和军事训练，进行成绩考核等等。教学过程是教与学两方面紧密结合的过程，是通过教师有目的、有计划的教育引导和学生积极主动的学习钻研来完成的。因此，教育秘书活动的任务，不仅要调动教师的积极性，充分发挥教师的主导作用，而且要积极引导学生学习基础知识、基本理论，掌握基本技能，树立正确的世界观、人生观，使教学活动达到预期的效果。教育秘书必须认识和把握教师的教学能力与教学任务之间、学生的认识能力与认识任务之间以及教师的教导方法与学生的认识程度之间的矛盾发展变化，掌握教学活动中各个阶段的规律性，对教学过程实施全面的质量管理。要协助有关领导选配好教学第一线的骨干力量，落实好辅导答疑、批改作业等辅助力量；要制定好教学大纲、课程教学计划，组织教师研究教材与教学内容，总结交流教学经验，不断改进教学方法；要对实践性的教学环节（如实验课、教学实习、生产实习、社会调查等）明确要求配备好指导力量；要对教学效果进行经常性的检查总结和信息反馈。通过这一系列的活动，使得教学过程有条不紊，保证教学活动高效率进行。

除了教学以外，高等学校还有科学研究的任务。高等学校的教师及科研人员是国家科研力量的重要组成部分，在一个国家的科研事业中具有十分重要的作用。我国确定重点大学和部分有条件的大学要办成教育、科研两个中心，是符合现代教育、科技发展要求的具有战略意义的决策。从1809年德国教育部长洪堡第一次明确提出了科学研究与教学相统一的办学原则，并按此原则创办了柏林大学（又称洪堡大学）以来，教学与科研的结合，成了世界高等学校发展的普遍趋势。英国剑桥大学的卡文迪什实验室成立一百多年来，先后有20人获得了诺贝尔奖金。前苏联于1969年颁布的《高等学校条例》中，明确规定教学和科研同为高校的基本任务，并提出“教学工作科研化，科研工作教学化”的口号。因此，教育部门的秘书活动把科研工作作为一个重要方面。在制订和实施教学计划的过程中，体现着教学与科研相结合的基本原则，鼓励教师既搞教学又搞科研，同时安排学生参加科学研究活动，根据不同专业、不同课程的特点进行科研训练。

当然，教育部门的秘书活动不仅如此。“教育秘书可以在小学、中学、社会学院或大学工作。这个工作是一个高度地由人来决定的工作。教育秘书与管理者、教师、学生、教育部以及普通公民都打交道。这个秘书必须能联系不同年龄层次的人和处理各种人的不同需求。教育秘书的工作包括定购书籍，安排课程表，编制预算，开列财产清单，打印试卷等。”[1]由于教育是社会性的事物，它的作用在全社会。因此，社会生活的丰富复杂就构成了教育的多样性和

[1]《美国高校的秘书管理》，载《秘书之友》总第30期。

复杂性。教育部门的秘书活动也就有多样化的特点。比如教育管理部门(如国家教育委员会、各省、各市、各县教育厅、教育局等)的秘书活动,侧重于协助领导搞好全面的教育规划、教育制度,宏观把握教育方向;中等、初等教育机构的秘书活动则不涉及或很少涉及科研任务;各类成人教育机构的秘书活动必须注意教育与生产(工作)的紧密结合等等,都是教育部门秘书活动的不同特点的体现。这些特点的研究任务,应该由专门的教育秘书学去完成。

二、科技部门的秘书活动

科学技术是第一生产力,科技部门是科学与技术密切结合的部门。科技部门的根本任务就是对自然界和人类社会的各种现象进行深入的系统的研究。这种研究,有的是以集团的形式(科研组织)进行的,有的则以个体的形式(科学家)进行。因此就决定了科技部门的秘书活动既要为科技团体服务又要为科学家个人服务。

科技团体内的秘书活动是配合科研管理活动来进行的。科研管理有宏观管理和微观管理两大类。宏观管理是指高层的科研管理机构,对整个国家科学研究的管理。这类机构中的秘书活动的基本内容是:(1)搜集和处理科技情报资料,帮助领导了解世界各国科学发展水平及发展趋势,进行科技预测。(2)协助领导提出有利于科学技术发展的一系列政策——从本国的经济政治结构和现状出发,而制定发展科学技术的策略原则,鼓励和支持重要科学领域的研究,以适应本国的经济、技术发展需要以及世界市场、国际竞争的需要,提高本国在国际政治、经济、军事、外交、科学文化各方面的地位和作用。(3)协助领导制定科研规划、进行科研决策。微观管理是指具体的科研团体(如研究所、研究室、教研室、课题组等)对科研过程的管理活动。这类科研团体中的秘书活动,是围绕着科研团体的具体科研活动过程——确定项目、分配力量、准备实验材料、仪器设备、进行实验、发表论文、总结转让科研成果等等来进行。秘书人员不仅要协助领导对科研项目、科研时间、科研人员、科研物资、科研财务等方面进行统一的计划、组织、指挥、协调、控制,还要帮助科研课题的负责人选定研究方向,进行联系协调,编制财物预算、监督研究进程,协调研究过程中出现的矛盾,推广和应用研究成果。

为某一科技专家服务的秘书活动更能体现科技秘书活动的特点。这类科技秘书活动的一般职能是:

(一)协助专家选择科研课题

科学研究工作的第一步,就是要选择课题。选题的适当与否,直接关系着科研工作能否顺利地展开、研究成果价值的大小,及至科研工作的成败。由于科技专家对本学科的研究历史、现状及发展的新动向、新问题有着深刻的了解,有着丰富的科学研究经验,因此科研课题主要由专家本人来确定(有的是专家直接接受科研任务)。但科技秘书人员也要根据自己获得的资料和信息以及掌握的专业理论知识和实践经验提出必要的、合理的建议供科技专家参考;也要接受专家的派遣,做必要的调查和咨询工作,以便选出符合社会与科学发展需要的,即有价值的和在主客观条件上均有利于展开的恰当的课题。在这个过程中,秘书人员要做大量的工作。

(二)制定科研计划

科学研究是一项很复杂的工作,在正式开展研究工作之前,必须先制定一个研究计划。

这项工作一般是在科技专家指导下由科技秘书完成。即秘书人员根据研究方向,拟定整个研究工作进行的步骤和方法,从而明确研究范围和具体的研究内容、要解决的问题、问题的核心和突破口;明确要检索哪些文献资料,做哪些必要的调查研究以及采用何种科学方法,有步骤地解决这个课题,保证科研工作的连续性,使科研工作的开展按照一个系统、严谨的程序,有步骤地进行。一个有创造性的计划,既能提高研究工作的效率,使研究工作如期或提前完成,也能保证科研工作能有创造性的成果。因此,制定科研计划有着重要的作用和意义。秘书人员制定的科研计划,要具有明确性、迅速性、易行性和创造性等特点。

(三)搜集和整理资料

搜集资料是科学研究的前期工作,是科学研究的基础和关键性环节,也是科技秘书的主要工作内容。科技秘书要根据研究对象,按照科技专家意图,及时、认真、负责地帮助专家做好资料的收集和整理工作。搜集资料的过程也是秘书人员提高专业素质、扩大知识面的过程,能使他们更好地发挥参谋和助手作用。搜集资料要走进图书馆、资料室和进行必要的实地考察。秘书工作者要有针对性地大量查阅专题书目和与研究项目有关的重点文章和对口文献,包括图书、核心期刊、报刊论文资料及其他文献。科技秘书当然要把精力集中于登载与其研究学科相关的、数量最多、质量最高的那部分期刊上。例如,一个化学工作者就要及时查阅国内大量发行的《化学通报》、《化学通讯》、《大学化学》和美国的《化学文摘》等核心文献,要注意其论文专栏里提供的最新科研成果报道、学术动态和科学发展新动向,从中获得第一手的资料。要查阅与本科研课题相关的专题图书,从而获得该方面已有的科研成果资料和原始的实验数据,以便于核对、比较、改进和发展。必要时要做实地考察,以便于对研究的对象有深入的了解,细致的把握,获取必要的实验素材,获得真实可靠、丰富生动的第一手资料。譬如一个地质研究专家的秘书人员,要经常到野外获取有价值的矿石来作为研究对象;考古学家的秘书人员经常要寻求和发现生物化石来研究;一个生物学教授的秘书人员时常要走出实验室寻找动、植物标本。搜集的资料要具有针对性、真实性、系统性和完整性,以利专家进行的研究工作。

(四)配合实验

科学研究工作常常要有实验的环节。实验是根据科学研究的需要,有目的地控制和模拟客观现象,排除各种干扰,在有利的条件下获得科学事实的研究方法。这也是一项在科研工作中起决定性作用的步骤。实验的成功与否预示着此项科研工作的成败,而秘书人员的配合工作也是实验成功的重要因素。首先,秘书人员要协同科技专家,根据已掌握的理论知识和查阅的文献资料,搞好实验设计,准备好实验器材和其他物品器具,以便专家能及时、顺利地进行实验。例如,一个化学教授的秘书,首先要根据教授的指导思想和方法写好实验设计,明确实验按哪种方案、哪些步骤进行;根据要进行的实验内容,准备好实验中要用到的化学药品、安装好实验器材,如根据要分离样品的物理性质的差异选取合适的分离方法和分离装置,该蒸馏分离的要选好和准备好普通蒸馏装置,减压蒸馏装置或水汽蒸馏装置;根据实验中要加热的温度要求要分别选取的是酒精灯、煤气灯或电热器,还是烘箱;如为烘箱,则应提前开启预热,要确定是水浴,还是油浴等等;估计可能发生危险的实验,要为专家和自己准备好防护眼镜、面罩、手套等防护设备;如使用或要生成毒性较大的物质(如四氯化碳,砒霜等),则应把仪器安置在通风橱内进行等等。这些准备工作,一般由秘书人员在实验前完成。在实验过程中,秘书人员要做到密切配合。除关键性的步骤需专家亲自操作外,一些基本的、普通的实验过程,秘书人员要有能力独立完成。有的实验需多个操作同时进行时,秘书人员应积极、主动地给予配合。在实验中要谨慎、认真、仔细地完成每一个步骤,做好实验中的观察和记录。实验完成后,要及时应用计算机处理和打印实验数据及结果,随时做出正确的分析和比较,呈交科技专家进行分析研究。

(五)协助撰写学术论文

学术论文是进行科学研究和描述科研成果的文章。协助专家撰写学术论文是科技秘书的基本功。实验成功之后,科技秘书就要按照科技专家的指示和意图,着手撰写论文的准备工作。论文必须论点明确,层次清楚,论证充分,语言精确、简洁、平易。在写作过程中,秘书人员必须密切配合专家教授,虚心听取他们的指导性意见,完成拟稿、打印、校对等具体工作,在论文中集中体现科技专家的意图,从而园满完成论文撰写任务。

(六)调查研究

科技秘书人员还有陪同科技专家或接受派遣独自去工厂或科研单位, 进行调查研究的职责。这项工作的进行可在一个课题的研究之前,也可在课题完成之后,还可以穿插在该课题的研究过程中。包括根据所掌握的资料来确定研究方向,改进实验方法以及科研成果的推广应用等方面。在这个过程中,秘书人员要认真负责地发现问题,搜集信息,以便及时向专家反映情况,提出改进建议。

总之,科技秘书工作具有严密的科学性和高度的专业性,这就要求这个职业的从事者必须有良好的素养和独特的才能。科技秘书不仅是要有专业特长、训练有素的专门性人才,还要有一定的财务管理才能,并掌握速记、打字、印制等方面的技术,懂得计算机在该专业当中的应用知识,会用计算机语言处理基本的专业问题。另外,在职业道德上,科技秘书必须具备严谨的实事求是的作风,要忠于职守,积极负责,严格要求自己,努力学习,勤于思考,在专业技能上不断提高自己,在理论知识和实践经验上不断丰富自己,从而更好地完成自己的工作任务。

三、文化部门的秘书活动

文化是一种复杂的社会现象,关于文化的定义就有100多种。广义的文化包括人类社会的物质文化(房屋、器皿、机械等)、规范文化(组织、制度、政治、法律、伦理、道德、风俗、习惯等)、精神文化(科学、知识、技术、宗教、信仰、文学、艺术)等等,而狭义的文化只是指精神文化。[1]因此,在现代社会里关于文化部门的范畴,通常是指文学、艺术、新闻、出版以及广播、电影、电视等部门。

文化部门是生产社会精神产品的部门,它的生产活动有着明显的特点。首先,文化生产是一种特殊性的创造活动,虽然这种创造并不能凭空进行,而要依靠一定的社会物质基础,要在不断总结人类的社会文化的基础上,从已有的文化特质、文化要素中进行再创造;但无

[1]参见司马云杰:《文化社会学》,第10–26页,山东人民出版社1987年版。

论如何，文化的生产绝不是重复人类已有的文化特质，而是创造人类还没有的文化新特质。一个工人可以按已有的设计千百次地生产同样的产品，一个农民可以在一生中反复种植固定的几种农作物，而一个文化生产者却不能这样。他必须不断地总结经验，推陈出新，根据社会需要不断地进行新的设计、新的创造。正是文化生产的这种创造性，才使文化生产区别于一般物质生产。其次，文化生产是一种精神生产，这种生产无疑是要有一定的社会经济基础，要在一定的社会形态下进行，但它并不直接由经济基础和社会形态所决定，而是表现出较大的自由和较明显的独立性。正如列宁所说："无可争论，在文学事业中，绝对必须保证有个人创造性和个人爱好的广阔天地，有思想和幻想的形式和内容的广阔天地。"[1]再次，文化产品有商品和非商品之分。马克思曾经指出，一般说来，资本主义社会的文化、艺术生产者，如诗人、画家、艺术家等，所进行的生产是非生产劳动；所生产的产品，也是非商品。只有当他们成为雇佣劳动者成批地生产为资本家致富的时候，才是生产劳动，其产品才是商品。[2]因此，从本质上来说，文化生产应该是一种无私的精神生产，其产品是属于全人类的共同财富。

对文化部门的活动特性大致把握之后，理解文化部门的秘书活动就较为容易了。总的来说，文化部门的秘书活动是辅助部门领导对社会文化的繁荣发展进行管理的活动。具体来看，文化部门的秘书活动在以下方面发挥参谋助手作用。

(一)贯彻党和国家关于文化艺术事业的路线、方针、政策

文化事业是社会上层建筑的组成部分，文化生产和文化发展就必须遵循党和国家的路线、方针、政策。这就使得文化部门的秘书活动，要把贯彻党和国家关于文化艺术工作的路线、方针、政策作为主要职能，并协助领导根据有关方针、政策来制定和监督执行有关文化艺术事业的法规制度。在人民民主专政的社会主义国家里，文化艺术事业是社会主义事业的组成部分。正如毛泽东同志所指出的那样："无产阶级的文学艺术是无产阶级整个革命事业的一部分，如同列宁所说，是整个革命机器中的'齿轮和螺丝钉'。因此，党的文艺工作，在党的整个革命工作中的位置，是确定了的，摆好了的；是服从党在一定的时期内所服从的革命任务的。反对这种摆法，一定要走到二元论或多元论，而其实质就像托洛茨基那样：'政治——马克思主义的；艺术——资产阶级的'。"[3]中华人民共和国建国初期就确定了"百花齐放"、"百家争鸣"、"古为今用、洋为中用"、"推陈出新"等发展社会主义文化艺术事业的基本方针；新中国成立60多年来，党和国家又陆续制定了许多关于文化艺术的政策法规，保证社会主义文化艺术事业的发展和繁荣政策。这样，文化部门的秘书活动，就需要协助领导正确地贯彻执行各项方针、政策。在总体方针的指导下，根据本地区、本单位、本部门的具体情况，建立健全发展文化艺术事业的各项具体的规章制度，并监督有关部门有关单位正确地贯彻执行，用政策法规来调动文化艺术工作者的积极性和创造性，以保证和促进文化艺术事业的发展繁荣。

(二)协助部署文化艺术事业的发展规划

文化艺术事业是一项创造性的事业，因而就不能停留在一个水平上，而要不断地有所发

[1]《党的组织与党的文学》，《列宁选集》第1卷，第648页，人民出版社1972年版。

[2]《马克思恩格斯全集》第26卷，第432页，人民出版社1974年版。

[3]《在延安文艺座谈会上的讲话》，《毛泽东选集》第3卷，第822-823页，人民出版社1967年版。

展、有所创造。这就给文化部门提出了不断更新文化艺术的课题。适应这种需要,文化部门的秘书活动要协助领导研究文化艺术事业发展动向,讨论制定并监督实施文化艺术事业长期发展规划和年度计划,协调调控有关文化艺术事业发展的重大比例关系。要注意继承和发扬民族优秀文化遗产,借鉴和吸收国外优秀文化艺术成果,扶植实验示范型文化艺术品种。要顾及老年文化、青年文化、少年文化、职工文化及少数民族文化等多种类型的文化事业,推动文化艺术事业全面发展。要参与研究对外文化艺术交流联络工作,负责与外国政府签订中外文化合作协定和文化交流项目计划。要研究对外书刊出版、印刷、发行工作,统筹规划和组织管理外文书刊的出版发行。要进行文化艺术人才需求的预测,制定文化艺术人才专门教育和在职教育规划,参与研究制定文化艺术人才就业和人才流动政策。要规划协调文化艺术设施的布局,制定文化艺术设施装备的挖潜、更新、改造和利用措施。要规划组织文化艺术科技应用研究,开发推广文化艺术科技成果。要制定有关文化艺术的技术标准和技术规范,推行文化艺术生产、服务的标准化管理和质量管理。不仅如此,文化部门的秘书活动还要注意研究文化经济政策,提出改善文化艺术投资体制和经费支出结构的建议,指导文化艺术单位的经营管理,统筹安排有关文化事业的国家预算和地区预算。用种种周密的规划措施来保证文化艺术事业的健康发展。

(三)协助管理文化市场

文化艺术产品虽然不是严格意义上的商品,但也有它特定的市场。文化艺术产品是在意识形态领域用潜移默化的方式来陶冶人们的情操,从而影响社会生活。它的认识作用、教育作用、美感作用都发生在意识形态领域,因而可以说社会意识领域即是文化的市场。如果我们把它作狭义的理解,文化市场则专指文化信息的传播集散地,诸如书店、图书馆、文化馆、报刊市场、音像市场、剧院、电影院等艺术演出市场以及歌馆舞厅等文艺娱乐场所。文化艺术产品有革命的与反动的、进步的与落后的、健康的与病态的、营养丰富的与内含毒素的等等不同种类。纷繁复杂的社会生活反映在文化艺术领域,也必然出现千姿百态的现象。这就要求文化部门对文化市场进行严格管理。文化部门的秘书活动就需要不断地收集、反馈文化市场的各种信息,及时地向领导提出各种预防办法和惩治措施,并根据不同的情况不断地提议改进管理制度,不仅要剔除糟粕、保留精华、保证文化市场的纯洁和健康,给人民大众提供有丰富营养的精神食粮,而且要使各种文化市场的布局和利用合理化、网络化、标准化、现代化,以促进社会文化艺术事业的服务能力和服务水平的提高。

(四)协助管理文物、博物馆事业

国家文物是一个民族文化的重要组成部分。文化部门的秘书活动承担着协助领导对文物、博物馆事业进行管理的职责。在这方面,要以《中华人民共和国文物保护法》及其他有关的法律法规为依据,拟定文物事业的发展战略计划,提出有关的法规、条例、制度和办法。要会同有关部门和各地政府机关,提出历史文化名城、重点文物保护单位,风景名胜保护区等建议名单;要组织检查指导文物普查、文化档案管理等工作,协助监督各有关部门设置的博物馆业务工作;调查研究、总结推广文物博物馆工作的典型经验,要检查文物拣选工作和私人收藏文物的保护,考察了解我国文物流失海外的情况,通过交换、收购、接受捐赠等方式收回珍贵文物。要协助领导审定文物博物馆业务技术规范,审批重点文物保护单位保护范围内的基建项目、重点考古发掘项目、文物商店、文物出口鉴定组织的设立与撤销。要指导监督文物经营单位的购销活动和经营方式,妥善解决国内文物市场和文物对外销售问题,并根据法规,与有关部门协商解决有关文化保护问题,协助和督促有关部门调查处理文物失盗、破坏的案件。要调查研究文物博物馆的人员情况,组织指导专业人才培训,提出人员管理的建议与办法。要组织、指导、审核文物博物馆事业的宣传工作与新闻报道,以及文物博物馆科研和文物保护技术项目的鉴定和评奖等工作。要办理全国各地人大、政协交办的有关文物博物馆事业的议案、提案的答复,对参加国际性文物博物馆组织以及国际文物条约公约提出审核意见和建议。

(五)协助管理文化社团,组织文化竞赛

文化艺术是社会性的事业,因此,文化类的社会团体便层出不穷。社会团体虽然是不以盈利为目的的松散性的群众组织,但每个社会团体都有自己的宗旨、自己的章程以及种种活动方法。随着社会的发展,各种各样的社会团体日渐增多,诸如各种学会、协会、研究会、联谊会等等,几乎无处不有,而文化艺术行业中的社会团体数量尤为庞大、名目繁多。由于它们组织松散,因而对文化社团的管理就是文化部门不得不重视的一个方面。这样,文化部门的秘书活动,就不仅有协助领导审查文化社团资格的任务,而且还要时常注意各种文化社团的动态,把握它们的发展趋势,引导文化社团向进步健康的方向发展。同时文化部门为了不断地推陈出新,还经常举行各种比赛、评奖活动,如各类大奖赛、表演赛、选拔赛等等。文化部门的秘书活动中就又有综合组织各类比赛及评奖活动的内容。

与教育、科技、文化等方面的秘书活动类似,医疗卫生、劳动就业、社会保障、体育事业、社区建设、旅游事业、人口与计划生育等方面的秘书活动也各有特点。总的来看,社会事业系统的秘书活动,既有服务性、公益性的共同点,又有不同领域的专业特色,在秘书活动中是别具风格的一个系列。

第四节　私人秘书活动

秘书活动当中不可忽视的一种类型是私人秘书的活动,它与各种公务秘书的活动有明显的不同之处。因此,对私人秘书活动的规律加以探讨是大有必要的。

一、私人秘书活动的起源与发展

秘书是一种社会职业,秘书活动是一种社会性的职业活动。因此,任何类型的秘书活动都是产生于一定的社会生活,又服务于一定的社会生活。社会生活形态的决定因素是生产资料所有制形式,因此,秘书活动的起源与发展与生产资料所有制形式紧密相关。人类走过了生产资料的原始公有制之后,即出现了生产资料的私有制形态,伴随着私有制的产生,私人秘书活动也就出现了。古埃及的国王、宰相及一般官员身边都有为其起草诏令、掌管印玺、记录言行、处理事务的私人“书吏”;古代中国的国王及官员身边都有为其服务的史官、作册;古代两河(幼发拉底河与底格里斯河)流域曾出现的苏美尔、阿卡德、巴比伦、亚述等国家的国王身边也有只属于私人的书记、文书;古代印度的孔雀王时代也有大量的书记之类的私人秘书。即使是国家产生以后,生产资料的一部分变为国家所有,但由于生产资料的所有制形态实质上仍属于私人占有,因此,秘书活动中虽然有了公务秘书活动的内容,但私人秘书活动仍未减弱。罗马帝国的皇帝身边就有“国务秘书”、“财务秘书”、“陈情表秘书”等等名目众多的私人秘书;各级官员身边也有书记、司书等私人秘书人员。不仅在皇室、官僚阶层是如此,其他如贵族、庄园主、高利贷者、包工头、包税人等等几乎都有私人秘书。在封建时代,私人秘书已相当普遍,世界各国的国王、皇帝、君主、政府官员、贵族阶层以及教皇、学者、作家、商人、大使、律师、私人侦探等等都有私人秘书。英国的伊丽莎白女王,法国的太阳王路易十四,沙俄的彼得大帝和风流女皇叶卡特琳娜二世,西班牙的腓力五世等,都有好几名私人秘书。中国的封建社会里各级官员的幕宾、幕僚则是秘书的别称。到了资本主义时代,拥有私人秘书似乎成为一种时髦,许多有政治权力或经济实力的人物都委任亲朋挚友为私人秘书。不仅当今的资本主义国家里私人秘书大量存在,即使在以生产资料公有制为基础的社会主义国家里,由于各种经济成分并存,私人秘书也依然存在,并且随着市场经济的发展而人员增多、业务扩大、职能增强。总之,私人秘书是一种客观存在,私人秘书活动是一种不容忽视的社会现象。如果对这种现象视而不见,则难以全面地认识和探讨秘书活动的基本规律。

二、私人秘书活动的基本职能

私人秘书是为其直接上司服务的。由于其所属的上司在工作性质、所处环境、职业特点等等方面的不同,私人秘书的职能也大不相同。

英国的私人秘书一般要做到如下几点:

1.接受口授任务(有时是面授,秘书用速记记下;有时是上司留下录音磁带,打成书面材料),使用文字处理机,起草信件和报告等。

2.处理外来信件和上司要发出的信件。

3.接待来访者,接收电话业务。

4.保存上司的日程簿,为上司安排好约会及业务性工作,帮助上司计划一天的活动。

5.为上司安排出差,包括日程、路线和住宿。

6.将上司的私人及业务文件归档并做出索引。

7.组织会议、出席会议,包括准备会议议程和作备忘录。

8.将上司的办公室布置收拾好:包括墙上挂的图表、资料、更新日历,当天用的文件放在随手可取之处。

9.利用电视情报、书报及其他途径向上司提供情况。

10.注意上司的小账目开支及银行的业务情况。

11.管理普通的秘书人员。

12.建立保密、安全规则。

13.保管文具、办公用品及办公室的公共物品,保证上司及秘书本人的使用。

14.组织社会活动。[1]

而美国的私人秘书,除完成听写、接电话、接待客人,打字、处理邮件等工作外,一般还要做到:

1.准备经理对外联系的通信稿。

2.阅读、签署和寄发一些行政上的函件。

3.撰写讲稿、备忘录或报告,供经理审阅。

4.撰写供发表的文章。

5.校订由他人准备和打印好的副本。

6.与资料管理部门协商,寻找那些经理比较需要的情报。

7.从各种资料中摘取经理所需要的情报。

8.为公司选择和推荐需要购置的办公设备和器材。[2]

尽管如此,私人秘书活动的众多个性当中仍然包容着某些相同或相似的职业共性,而且也超不出一般的秘书活动所涉及的职能范围。私人秘书要经常性地搜集、加工各种信息,为上司及时地做出决策提供各种方案。要起草各种文稿,办理来往文书,打字、速记、印制(有时还要翻译)各种文字材料;要组织各种会议,接待往来的宾客;要为上司安排日程,办好各种事务。所有这些,几乎都与公务秘书相差无几。但大多数私人秘书要为上司管理财务,特别是为工商企业界服务的私人秘书,而一般的公务秘书在职能活动中没有管理财务的责任。同时,私人秘书往往要负责上司的生活安排,这也是与公务秘书活动截然不同的。更重要的一点是,私人秘书都把协助上司搞好公共关系活动作为一项重要职能,十分注重协调各类公共关系,把疏通与上司有关的各种渠道,获得公众的理解与信任,赢得良好的社会信誉做为重要的职责。总之,私人秘书的全部职业活动,都是紧紧围绕着上司所从事的事业来进行的,其活动的内容随着上司事业的变化而不断发生着变化。

三、私人秘书活动的一般特点

私人秘书活动从本质上来讲是一种雇佣劳动形式,私人秘书是直接雇主的雇佣劳动者。从这一基本点出发,私人秘书活动便与公务秘书活动有截然不同的特点。

(一)依附性强而又流动性大

依附性与流动性似乎是一对矛盾,但在私人秘书活动中却奇迹般地统一起来了。从事私人秘书活动的人员与他的上司之间一般都是被雇佣者与雇主的关系。一方面,私人秘书对其上司来说,有一种依附性,上司及其事业存在,私人秘书就存在;前者消失,后者也就随之解除。这就与公务秘书完全不同。一般来说,公务秘书不会因上司的变化而随之变化。在公务组织中, 一个单位领导班子变化之后秘书人员依然如故的现象屡见不鲜, 而且是极为正常的,许多国家的公务员制度都强调公务人员队伍的稳定性。而私人秘书却截然不同。私人秘

[1]参见王书勤:《英国私人秘书的基本职能》,载《秘书之友》总第43期。

[2]〔美〕安娜·埃克丝蕾,安娜·约翰逊:《韦氏秘书手册》,上海大学文学院中文系译,中国新闻出版社1985年版。

书对其上司的依附性较强，上司的事业发展，自己就前途光明；上司的事业受挫，自己就前程暗淡；上司的事业失败，自己则有失业的危险。因此，私人秘书在其职能活动中，必须充分地了解上司，尊重上司的人格个性，时时处处与上司的思维脉络和行为节奏保持一致，善于发现上司的长处，体谅上司的甘苦，维护上司的威信，而且表现出了强烈的责任感，这与其职业的依附性紧密相关。另一方面，这种依附性又容易走向反面，形成私人秘书不稳定性的特点。私人秘书与其雇主是合同关系，双方都有选择和被选择的自由。在雇主一方，聘任了一名私人秘书之后，实践证明这位秘书是合格的甚至是优秀的，其职业行为是雇主满意的，那么就可能被长期聘任或连续聘任；如果不是这样，雇主就可以解聘，被雇佣者也就得另谋他路。在被雇佣者一方，受聘成为一名私人秘书之后，认为对这一职业或某一雇主是适应的、满意的，就可以继续职业活动；否则，就可以辞职另谋生计。因此，私人秘书活动的主体既有着强烈的依附性，又有着极大的不稳定性。

（二）业务性较强而政治性较弱

除了政治家的私人秘书在其职业活动中表现强烈的政治性外，绝大多数私人秘书的职能活动中业务性较强，而政治性较弱。首先，在私人秘书的就职过程中，雇主对秘书的选择一般不要求很严格的政治条件，而注重的是其人的业务能力。在美国，要成为一名职业秘书，就必须具备一定的业务技能：(1)必须掌握速记技巧——不论是格里格氏速记法、皮得曼氏速记法或其他速记法，每分钟记录口授的速度要达到100字以上，并且要将速记符号准确地翻译过来。(2)打字技术，每分钟至少要能准确地打出40~60个单词。(3)校对和编辑技术，要能准确无误地校对各类文稿，并且具备一定的编辑技能。(4)要能正确处理在工作环境中产生的各种人际关系。(5)要懂得商业法和公共政策——合同、财物委托、代理法、销售法、保险、票据转让，不动产及为政府规章立法的公共政策。(6)要懂得经济学和管理——实用经济学、管理原则、财务原则、管理会计学、商业数学、财政分析、市场管理等。(7)要掌握通讯及信息处理技术，尽快和尽可能有效地取得、处理、储存、复制种类不同的情报资料。(8)掌管办公室的工作程序。私人秘书在其职能活动当中必然突出较强的业务性，即一切活动都与雇主的业务活动紧密联系，或是商品业务，或是法律业务，或是医疗业务等等。而体现强烈政治色彩的私人秘书活动只有在政治集团和政治家那里得到表现，在大多数受雇的私人秘书活动中并不多见。

（三）综合性与专业性的有机统一

秘书活动本身有一种综合的特性。但在公务秘书活动中，这种综合性却往往通过许多秘书人员的分工合作而表现出来，即在一个秘书部门中，每个成员分担某一方面的工作任务，其工作总和就体现出一种综合性特征。而在私人秘书那里，综合性则体现于某一个人的职能活动中。优秀的私人秘书都是雇主的“总管家”，他要为雇主安排工作日程，要善于处理雇主在事业进展过程中的全部事务——文字材料、通讯联络、应对宾客、组织会议、处理信息、监督部属等等。与此同时，私人秘书的专业性在其职能活动中也表现特别突出，可以说，优秀的私人秘书都是某一方面的专家。比如，商务私人秘书，就要以商品目录学、商品分类学、商业社会学、商业心理学、市场学、物价学、商品物理学、商品化学以及商业会计学、统计学、广告学、工艺美术、商品的生产使用、保管、维修等方面通晓甚至精通。其他如法律秘书、科技秘书、教育秘书、医疗秘书等等都要有深厚的专业功底。这样，私人秘书活动中便体现出综合性与专业性高度统一的形态。

(四)突出的公共关系活动职能

公务秘书活动中的公共关系职能是不明显、不确定的，在私人秘书活动中却是另外一种景象，几乎所有的私人秘书都担负着公共关系职责，而且把这一职责放在显著地位上。私人秘书常常进行广泛的外部联络工作，雇主的业务通向何方，秘书就有与何方搞好关系的责任。因此，私人秘书在其职能活动中，必须十分注重与社会公众之间的相互关系，运用传播手段及其各种媒介，在上司和公众之间实现双向沟通，使上司了解社会公众的要求与愿望，同时使社会公众了解上司所进行的事业，时时处处注意建立与维护上司在公众中的信誉及良好形象。在这方面，私人秘书需要有计划地、全面地、细致地、坚持不懈地做出努力。一个工业企业的雇主，就要求其私人秘书能够协调他的企业和职工的关系、与股东的关系、与供应商的关系、与经销商的关系、与教育科研部门的关系、与用户的关系以及与社区的关系。一个商业企业的雇主，就要求他的秘书能够协调本企业与生产商、供应商以及贸易、银行保险、税务等部门的关系。因此，公共关系职能在私人秘书活动中占有突出的重要地位。

第九章　秘书活动的职能环境

环境是人类生存和发展的基本条件，人类的全部活动都是在一定的环境条件下进行。社会生活的多样化，决定了人们都有一定的职业分工及相应的本职任务。职业个人欲履行社会责任，必然处在一定的职能环境之中。换言之，职能环境是职业活动的基石。要研究各种职业活动，必然要研究职能环境。秘书活动作为一种职业活动，也必然处于一定的职能环境之中。除了与其他社会职业共有社会经济、政治等宏观环境之外，秘书活动还有它特定的职能环境，即由秘书活动的职能所涉及的不同的人群所构成的人际环境。它是由众多的要素组成且发生强烈效应的一种氛围。研究秘书活动的职能环境，就需探讨秘书活动的环境氛围、环境要素以及环境优化的标志与途径，以求得正确认识环境效应，把握其职能环境的特点及变化规律。

第一节　秘书活动的环境氛围

秘书活动必须在一定的组织环境中进行，而任何一个组织的环境都是一个有机的心理——社会系统。理想的环境氛围，应该具有使全体组织成员明确组织目标并为之而共同努力的共识度，具有产生组织凝聚力的互信度，具有足以密切组织各子系统间相互关系的相依度，具有促进各子系统不断发展的互促度。有了一定的共识度，全体组织成员才能统一认识，统一行动；有了一定互信度，组织成员才能相互信任，减少内耗，形成团体合力，紧密地凝聚在一起；有了一定的相依度，各子系统、各组织成员才能确立相依互补的关系，靠组织内部的各种联系发挥出自身的最佳功能；有了互促度，组织成员才能在平等的条件下，争先向上，使组织充满活力。在这样和谐而充满活力的环境氛围中，秘书活动才能充分地发挥其职能作用。然而，这样理想的环境氛围毕竟是不多的。一般来说，秘书活动的环境氛围呈现出 3 种类型，即和谐型、淡漠型和紧张型。在这 3 种类型的环境中，和谐型环境对秘书活动最为有利，秘书活动的效率也最高。在这种环境氛围中,组织内部的共识度、互信度、相依度和互促度都较高,它是每个组织都希望的理想的组织气候。淡漠型环境氛围中尚有一定的共识度和相依、互信度,组织内也无十分激烈的矛盾和冲突,但互促度较低,对秘书活动起不到促进作用,在这种组织气候中,秘书活动只能限于一般地完成任务,成效不会太大。紧张型环境氛围中,共识、互信、相依、互促度都很低,矛盾复杂,冲突激烈,往往对组织运转起阻碍作用,也严重妨碍着秘书活动的顺利进行。

一、和谐型的环境氛围

每一个组织都希望自己的环境氛围趋于和谐,它是充分发挥秘书职能作用的最佳组织气候。和谐型的环境氛围,是指组织中各部门、各成员之间关系协调,疏密相宜,各方面都能正常配合,犹如一首美妙的乐曲,各音色、旋律高低起伏,抑扬顿挫,配合恰到好处,人人心情舒畅。组织中的部门与部门之间,管理层与执行层之间,管理者与被管理者之间,管理者相互之间,被管理者相互之间,都能分工明确,步调一致,感情融洽;能互相理解、互相信任、互相关心、互相帮助、互相支持、互相照应;能互相交流经验、互相促进提高,经常开展批评与自我批评;工作节奏较快,工作作风严谨,在组织运转中能够充分发挥其整体功能。这种环境氛围的形成,不仅靠组织成员的良好素质,还有赖于合理的机构设置以及完善的规章制度。比如,有的组织有良好的传统,领导和下属之间既是上下级关系,又是同事、朋友,关系比较密切,互相比较了解情况。老一辈工作作风正派,业务过硬;新一代成员思想端正,肯学能干。在机构设置上恰如其分,各部门分工明确,互相默契;组织成员人尽其才,能发挥各自专长;工作制度严格,奖罚分明,有功必赏,有过必惩,就能形成和谐的环境氛围。在这种气候下,秘书工作效率一般是较高的。秘书部门与领导集团及其他部门容易配合默契,形成一种良性循环,促进组织运转不断发展。

二、淡漠型的环境氛围

淡漠型的环境氛围是一种疏松涣散的组织气候。在这种气候中,组织成员之间缺乏感情的联系,除了工作上的一般联系外,无其他接触,或很少接触。工作人员虽能按时到位,但很少有人考虑组织目标的实现进程,也很少有人关心人与人之间的感情沟通。各职能部门间也仅是业务上的往来,按程序办理。至于其他的工作经验交流、工作方法探讨、工作程序的改进等问题的互相讨论则很少进行,显示出一种“平淡如水”的气氛,因而使得工作缺乏生气,大多成员工作主动性不高。在这种氛围中,一个最明显的表现就是:无论组织什么活动,总是只看到少数几个人忙忙碌碌,其他人则采取观望的态度,事不关己,高高挂起,很少发表自己的意见或建议,更谈不上互相协作。形成这种环境氛围的原因,有组织成员的素质因素,也有领导者的性格及领导方法的因素。组织成员本身的素质不高,他们对组织的活动目标缺乏认同感和积极性,对组织的前途命运漠然置之,对自己肩负的职能使命缺乏深刻的理解,明哲保身,当一天和尚撞一天钟;没有进步的要求,没有发展的愿望,环境中常常充斥着一种淡漠气氛。从领导集团方面来说,或因为领导者本身就是一种内向性格,不善于交流感情,不善于做思想工作;或因为领导者能力较强而盲目自大,自以为是,唯我独尊,对下属及群众不屑一顾,缺乏民主作风,使组织成员不敢接近;或因为领导者虽有工作热情,但在领导方法上不注意,缺乏领导艺术。比如开一个座谈会,本来大家应该热烈讨论,谈谈各自的意见;但领导却忽视了这一点,一个人在那里夸夸其谈,似乎成了他个人的演讲会,这就容易造成冷漠气氛。再如制度不严、奖罚不明,办事不公平、不合理,也会造成淡漠的环境氛围。在这种环境之下,秘书活动的顺利开展就存在一定的困难。工作往往是单枪匹马,各自为政,得不到各方面的配合与帮助。工作成绩得不到正确的评价,成员的积极性与创造性难以发挥,久而久之,就影响了组织机体的正常运转。

三、紧张型的环境氛围

紧张型的环境氛围是矛盾突出的组织气候。这里的"紧张"主要指人际关系的紧张。在这种组织气候中,某些组织成员之间存在着较明显的冲突。某些职能部门之间也由于人际关系紧张,导致工作上推诿扯皮,配合失调。形成这种环境的原因,或是由于组织成员的价值观念不同而造成认识分歧; 或是由于个人恩怨和利益冲突形成矛盾; 或是由于有的领导偏听偏信,处事不公而使成员产生不平心理;或是由于机构臃肿,部门繁多,许多人员无所事事,而"人闲出事非"。在这种环境中,开展秘书活动的难度很大,办任何事都极费周折,而且常常是出力不讨好。秘书部门由于处在枢纽地位,往往也成了矛盾的集散地。秘书活动中除了执行正常的职能任务之外,还增加了协调关系的工作分量。这种氛围对秘书活动的进展是极为不利的。

第二节　秘书活动的环境要素

秘书活动的职能环境是由特定的要素组成的,这就是组织中的领导集团(或领导者)、组织中的各种职能部门以及与组织活动相关的人员。它们是秘书活动的服务对象,也是秘书活动的环境要素。

一、领导集团

大多数组织都有一个领导集团,它们把握组织活动的指导思想与发展方向,制定决策,发布命令,以控制、管理、协调、监督等手段来维持组织的正常运转,它们是决定秘书活动的职能环境氛围的首要因素。领导集团由领导者个体构成,而领导者个体必然在政治素质、思想观念、知识结构、能力特长等方面各不相同;在年龄结构、气质类型、身体状况方面也有明显差异。因此,他们的领导方式也呈现出种种不同的状态。

有的领导集团是集权型的,即一切权力完全掌握在领导者手中,其他人员完全处于被动地位,决策的执行也在领导者高度集权的控制下。在领导者公布决策之前,对决策的内容及执行步骤和方法等,下级均无所知;在决策的执行过程中,对工作人员的监督检查也由领导者亲自主持进行。领导者很少参加组织成员的群众性活动,很少同工作人员交流思想,很少关注组织成员的意见和建议。这种集权型领导方式,优点是步调一致,行动迅速,责任明确;但它只适宜于任务单纯、规模较小的团体组织。在这种情况下,容易导致“家长制”、“一言堂”,使组织成员的多种特长难以发挥,造成隐患丛生,积重难返的局面。

有的领导集团是民主型的,即领导者与被领导者常用讨论与沟通方式分享决策权,在决策的制定及执行过程中,都对组织成员坦诚公开;决策的执行采取分权的方式进行,让部属有选择方法与途径的自由,并注意鼓励部属参与决策,培养部属的主人翁责任感。对决策执行情况的检查监督,依靠有一定自主权的职能部门进行;在组织内部体现出权力分享的特点。这种民主型的领导方式,优点是领导者与其下属互相尊重,彼此信任,能集思广益,分工合作,各显其力,各尽其能,使每个组织成员在其职责范围内能够最大限度地发挥积极性、主动性与创造性。不足之处是决策过程较慢,环节增多,若掌握不当,容易由分权而导致各行其是,难以管理,造成混乱。

还有的领导集团是开放型的。即领导者只把握组织运转的大体目标,如政治方向、经济战略等等,而对具体的决策过程及决策的执行方法等却很少过问,放手让部属各司其职,各行其是,一切运转听其自然发展。只有当组织运转出现故障,或部门之间、人员之间发生矛盾时,领导者才出面协调解决。这种“无为而治”的领导方式适用于独立性和个体主动性较强的单位,如某些科研单位、文化团体等,但容易导致组织运转的无政府状态。

在现代社会生活中,较为常见的是首长负责型的领导方式,即在发扬民主的基础之上由组织首长最终决策的领导方式。这种领导方式,分取集权型领导和民主型领导的优点,体现的是民主集中原则。我国的各类社会组织中普遍推行这种领导体制,具体就表现为厂长负责制、经理负责制、院长负责制、校长负责制等等形式。这种领导方式,既能充分地发扬民主,集思广益,博采众长;又能实现统一领导,集中管理,防止自由化与无政府主义现象的发生,实践证明是较为理想的领导方式。

由领导体制及领导方式所决定,领导集团中的职能运行情况常常体现为两种状态:一种是协调、默契、高效运行的状态,即领导集团内各成员的综合素质较高,人员构成较为合理,集团成员素养之间形成较强的互补效应,且主要领导人具有较强的驾驭能力,领导集团一般都会表现出协调一致,配合默契,形成全系统同步运转的指挥、控制中心。另一种是失调、低效的运行状态。如果领导集团各成员的综合素养参差不齐,人员结构不甚合理,相互间不但不能互补而是相互排斥,且主要领导人的驾驭能力较弱,这样,领导集团就可能常有矛盾分歧,难以协调,进而导致思想、行动的严重失调,从而削弱领导集团对全系统的指挥、控制,工作效果较差。

领导集团的状况如何,对秘书活动有着决定性影响。因而,客观地分析领导集团的种种类型,是正确认识秘书活动职能环境的必要前提。

二、职能部门

在一个组织系统中,职能部门是领导层与执行层之间的职能控制环节,是一个组织中不可缺少的有机组成部分。职能部门各承担一个方面的明确、具体的业务职能,如组织、人事、计划、财务、监察、治安等等,介于领导与群众之间,承上启下。于上承受领导意图,对下宣传组织群众。在本职业务范围内,将领导意图化为群众行动,从一个方面去实现系统管理目标。

当然,秘书部门也可以看做是一个组织的职能部门,但它与一般意义上的职能部门不同。秘书部门的服务对象以领导为主体,同时涉及其他;秘书活动的内容多表现为无定向的综合形态,而不限于某一固定业务;秘书活动主要采取传达、沟通及协调、催办等方式,而不直接负责领导决策的执行与承办。秘书部门同其他部门之间的联系,主要表现为两种形态:其一,辅助形态,即从综合辅助领导的中心任务出发而同职能部门所发生的职能关系。秘书部门要履行其主要职能——综合辅助领导活动,就要在机关隶属的部门范围内,针对辅助任务的需要,同有关部门进行交往,在领导与部门之间架起桥梁,输送、反馈管理信息。这时,职能部门是秘书作用的一端,秘书的作用,是通过一条与领导直接指挥部门的主线相平行的辅线,而介诸领导与部门之间。其二,协调形态,即就某一综合、交叉事项,在有关职能部门之间进行沟通协调,而直接同部门所发生职能关系。此种职能关系形态,出于秘书部门的综合职能,机关秘书机构及其负责人均有此种协调任务。此时,职能部门之间是以秘书部门为交点,通过平行主线联系在一起,同步协调地完成一项综合、交叉任务。不过,尽管此种关系表现为秘书部门同职能部门的直接交往,而实质上,秘书部门是在领导意图及授权之下进行活动,仍属于辅助领导活动的范围。

由此看来,秘书部门要有效地辅助领导活动,全面履行本职任务,同样要注意处理好机关各职能部门之间的职能关系,建立起适宜秘书工作的职能环境。离开了职能部门的信赖与配合,秘书部门同样难于又好又快地完成本职任务。

三、公众

秘书活动环境的又一个要素是公众。秘书辅助领导推行公务的过程,从某种意义上说,就是协助领导者宣传公众、组织公众、服务公众的过程。领导活动的成果必然体现在公众的实践之中。因此,公众是秘书活动的职能环境中不可忽视的重要因素。

作为组织中的综合性枢纽部门,秘书部门在其职能活动中所面对的公众不是单一的,而是各种类型的复杂的集合体。秘书活动所涉及的公众,既包括组织系统之内各职能部门及下属单位的所有职员,也包括组织系统之外可能与本组织发生各种联系的其他人员。以一个经济类组织为例,它所涉及的公众对象至少来自八个方面,见图 9-1:

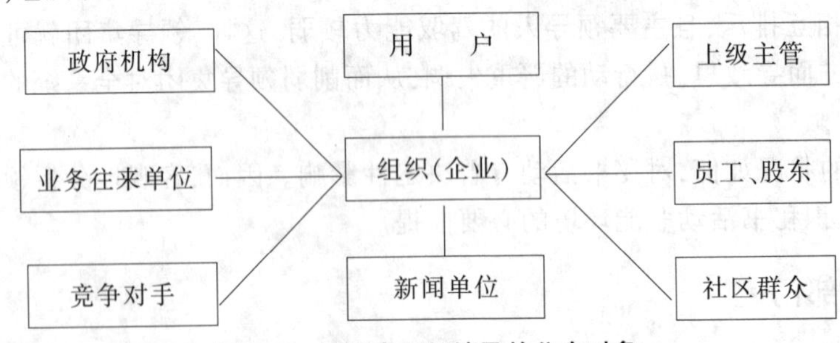

图 9-1　经济类组织涉及的公众对象

这些公众与组织联系的程度不同,对组织所产生的影响也不同。政府机构、上级主管以及股票持有者等等,是直接影响一个组织生存的系统。他们的观点、态度以及对本组织的估价,对组织的生存发生直接影响。本组织的员工及其群众性团体(如工会等),为组织提供生产原料、资金、设备、技术的业务往来单位以及使用本组织产品的消费者,乃是组织的功能性系统,他们的变化会引起组织功能的变化,向好的方向发展会使组织的功能增强,向坏的方面发展会使组织的功能紊乱甚至失调。与本组织的构成特点及发展方向相同的单位是本组织的横向同业系统,他们是本组织的竞争对手。他们对本组织产生的影响,可能是正面的、具有促进作用的;也可能是反面的,会给本组织带来压力和威胁,与本组织的发展呈反比趋势。社区居民、新闻机构以及与本组织无固定往来关系但也可能发生联系的人都是扩散性的群众系统,他们主要以社会舆论的形式对本组织施加影响。组织所面对的各个方面的群众,都是作为一个组织的枢纽部门——秘书部门所必须面对的群众对象。秘书部门在其职能活动中,必然和这些群众发生这样或那样的联系,因此这些群众就构成了秘书活动中必不可少的环境因素。

在实践中,秘书部门同公众的职能关系,也主要表现为两种形态:其一是被动形态,即秘书部门因领导临时指派或作为受权代表而同公众所发生职能关系,如领导因决策需要,指派秘书深入群众之中了解情况和意愿;领导为处理信访及有关事项,授权秘书面对群众进行调查;群众把秘书视作领导的代表,向秘书反映问题,而秘书代领导接受并遵照领导的具体意见进行处理等等,对秘书来说,都是要受明确制约、带明显被动色彩的一种职能关系。其二是主动形态,即秘书在自己的职能权限内自行同公众所发生的职能关系。如秘书随时有目的地在公众中了解、掌握情况反映;秘书主动地向公众调查研究;主动同公众交往,不需经过领导批准即可自己处理的信访事项等等,均属秘书不明显受制于领导、带主动色彩的一种同公众的职能关系。无论何种形态,秘书部门同群众的广泛联系在客观上就形成了一种职能活动的环境,公众也就成了这一环境中的要素。

由此可见,秘书活动的职能环境由领导集团、职能部门和公众三个主要方面构成。对秘书活动来说,这三个方面都起着重要的作用。这就要求秘书活动必然顾及各个方面,而不能顾此失彼。如果只顾领导而不顾部门意见和公众反映,秘书活动就会成为无源之水,无本之木;如果过分强调部门意见而不顾领导和公众,秘书活动就会无所适从;而如果只顾公众要求而不顾领导意图和部门愿望,秘书活动就会方向不明,失去目标,甚至滑入无政府主义的轨道。因此,秘书职能活动的环境因素是缺一不可的。

当然,秘书活动作为社会活动的一种,其活动环境离不开社会经济、政治等众多因素的制约和影响(这在第三章中已有论述)。但对秘书活动发生直接影响的则是具体的职能环境。明确了职能环境的各个要素,对于成功地进行秘书活动是大为有益的。

第三节　秘书活动职能环境的优化

环境是可以改变的。自然环境如此,社会环境及人际环境亦如此。秘书职能环境的改变,从根本上来说,要依靠社会大环境的变化。但即使在相同的大环境之下,不同组织中的秘书活动环境也显出较大的不同。这与秘书活动主体能否对环境加以优化改造关系极大。《韦氏秘书手册》在论述办公室工作环境中人与人关系的实质时曾写道:“没有一个办公室是与人隔绝的,你的巧妙之处应当在于在人们之间起促进作用,这将是你成功的基础。你必须与你的经理和其他上级、同级、下级以及来访者保持一种志趣相投的关系。能正确无误地、愉快而及时地完成自己的工作,同时又能和每个人和睦相处,这正是秘书最优秀的品质。”[1]因此,优化职能环境,是秘书活动应予以注重的现实问题之一。

一、为领导集团提供优质服务

全面地了解领导集团,正确地理解领导意图,有效地辅助领导工作,适时地发挥参谋作用,是优化职能环境的首要条件。领导是秘书部门服务的主要对象,是秘书活动的职能环境中最主要的因素。秘书活动要全面而有效地辅助领导集团,必须透彻地了解领导集团对工作的指导思想,了解领导集团内的权责分配、内部结构及思想素养、知识素养、能力素养、气质素养的整体结构,了解领导集团内性格素养的差异等等。在了解领导集团的同时,还需了解领导者个人,了解他们的思想觉悟、政治态度、政策水平、理论修养,对实际事物的认识水平以及对各种问题的分析、判断能力;了解他们的决策、组织、控制、协调等方面的能力;了解他们的专业知识和相关知识领域;了解他们在工作中表现出的气质、涵养、处事方式、工作方法及表达、交往习惯等等。秘书人员掌握了解领导集团的基本情况,有利于在其职能活动中把握领导人的需要,更好地为领导者提供服务。了解领导集团的状况后,还需要正确地领会领导意图。领导意图不仅体现着组织运转的目标,而且蕴含着秘书提供服务的方向和任务。秘书人员正确地领会领导意图,有利于明确工作的要求,把握住工作的重点,在工作上发挥主动性。组织管理目标,领导人近期和长期的工作构想,各项工作的计划和安排,具体活动的打算和要求,对某项事物处理的原则意见和口径等,都渗透着领导意图。秘书人员的职能活动要以领导意图为转移,要时时处处正确地领会和把握领导意图,严格地按照领导意图办事,通过自己的职能活动,去忠实地体现和贯彻领导意图。从优化职能环境来讲,正确地领会领导意图,不仅是作为领导助手的秘书人员角色意识的体现,是秘书必备的职业道德,而且也是取得领导信任,与领导建立和保持良好的关系,使秘书活动的职能环境达到优化的关键所在。如果秘书活动违背或曲解了领导意图,就会干扰领导工作,损害组织管理,危害事业和群众,也就会失去领导的信任,恶化秘书活动的职能环境。

有效地辅助领导工作,适时地发挥参谋作用,也是优化秘书活动环境不可缺少的方面。领导工作是全面性、综合性的管理工作。为领导工作的服务也是全面的、综合性的服务,偏重某一方面而忽视另一方面,都会影响秘书人员为领导服务的有效性。不管是信息服务还是事务服务,都必须保持与领导活动同步,必须准确无误,否则就会在工作中造成被动。所谓有效地辅助领导工作,就是要在为领导工作服务的过程中,既注重效益又注重效率,做到又快又好,把数量与质量,目标与手段,过程与效果等有机地统一起来。也就是既要有主动提供有效

[1]〔美〕安娜·埃克丝蕾,安娜·约翰逊:《韦氏秘书手册》,上海大学文学院中文系译,中国新闻出版社1985年版。

辅助的意识,又要有进行有效服务的实际本领,还要有提供有效服务的方法和手段。在这里很重要的一点是,适时地发挥参谋作用。领导工作的时效性很强,拖拉或迟缓都可能导致失去组织发展的良好时机。秘书人员在为领导服务的过程中,必须善于敏锐地观察和分析问题,或适时提醒领导者注意某种倾向,或提供准确全面的信息资料。秘书人员适时地、恰当地提出的参谋意见越有效,就越能密切与领导的关系,也就越能发挥参谋助手作用。这样对优化秘书活动的职能环境才是有利的。

二、与职能部门密切协作

领导集团虽然是秘书活动环境的第一要素,但并不是唯一的要素。优化秘书活动的环境,还必须注意组织中的各职能部门这一重要方面。在一个组织系统中,职能部门是组织直属的执行环节。机关最基本的日常职能活动,直接依赖它们分工进行。职能部门相对地自成一体,有一定的独立性,常常要通过秘书人员了解领导意图,反映情况、要求。秘书人员虽然贴近机关领导,秉承传达领导意图,在部门眼中占有特殊位置;然而无论何时,秘书人员都得正视其地位与作用的辅助性质,恪守谦虚谨慎的职业道德,体谅职能部门的难处,强化为职能部门服务的观念。要详细传达任务,便于职能部门理解执行;尊重体谅对方,少给职能部门施加压力;随时搜集情况,乐为职能部门反馈信息;发挥职能优势,多为职能部门排忧解难;注意同等对待,切忌自视高人一等,盛气凌人,或依仗领导权威,颐指气使,或利用职能条件,损人利己。

各职能部门在管理活动中,往往会因某些交叉性的事项而出现冲突或利益失调。秘书人员或受命于领导进行协调,或通过自身的职能活动进行协调;或通过会稿、会签、会议进行协调。必须认真仔细地了解各部门的职能范围,针对各自的任务与责任,力求准确地进行调解,不能盲目强加。调解职能部门间的问题,必须立足全面,切合实际,不能迁就、偏倚。面对职能部门间的矛盾,要通过协商解决,不能扩大纠纷。秘书人员认真处理好与职能部门的关系,既能促进职能部门团结一致,协同工作,也能优化秘书活动的环境,使自己的职能活动得到各部门的支持与合作,从而更有利于完成自身的职能任务。

三、为人民群众排忧解难

秘书职能环境的优化还有一个重要方面,就是优化群众环境。群众是领导活动的主要对象,因此也是辅助领导的秘书活动的重要对象。秘书人员若眼里只有领导,没有群众,就会失去群众的信任和支持,也就不可能使秘书活动收到良好效果。

在实际工作中,秘书人员往往受领导的指派或代表领导做一些群众工作,如深入群众了解其意愿及要求;受权向群众进行调查或答复某些问题;处理群众来信来访等等。在这些工作中,秘书人员既要忠实地体现领导意图和遵守组织规范,又要实事求是地了解和反映群众的有关情况和要求。既要坚持组织原则,又要坚持群众观点。秘书人员在职能活动中,还可以随时在群众中了解情况,收集信息,征求意见。这样主动地联系群众,不仅有利于秘书吸取群众的智慧,搞好本职工作,而且有利于更有效地辅助领导工作。

秘书人员在其职能活动中要优化群众环境,首先就要注意加强为群众服务的观念。秘书人员要从思想上正视自己，把自己作为普通群众中的一员，置身于群众之中，自觉地为群众服务。要尊重群众，在职能活动中不能把为群众服务放在可有可无的地位，更不能把为群众服务与为领导服务割裂开来或对立起来，而应自觉地将为领导服务、为职能部门服务和为群众服务有机地结合起来。秘书在领导身边工作，必须摒弃可能产生的优越感。要平等对待群众，诚心诚意地与群众交朋友，虚心做群众的学生，积极地利用职能条件，热情帮助群众，在协助领导推行公务的过程中，关心群众、依靠群众、尊重群众，从感情上密切同群众的联系。其次，要沟通领导与群众之间进行交流的渠道。秘书在领导与群众间传递信息，进行沟通，有利于排除各种干扰，取得真实、可靠的信息。在交流与沟通的过程中，能使领导与群众间的关系更为密切，也使秘书活动能够得到群众的支持和帮助。秘书人员要善于全面、准确地把领导意图适时、恰当地传达给群众，防止片面和曲解。对群众的信访接待要热情、周到、谈吐适度，要准确把握情况，及时反馈给领导和有关部门，防止轻慢、拖拉和疏漏，要真正做到对群众负责。再次，要尽可能为群众解除疑难。在实际工作中，群众可能因对某一政策不够理解，或因客观条件变化而遇到困难，或在切身利益方面有所要求，迫切需要面见领导或投书领导，这些都要通过秘书部门进行沟通或处理。一般情况下，领导工作较忙，很难事事亲自办理或立即办理。遇到这种情况，秘书人员应尽早为群众面见领导作出安排，促使领导直接接待群众来访，尽快地将群众的文字材料递送给领导，使领导尽早过目，帮助群众尽快知道处理结果，排解疑难。如果秘书人员一味地强调领导工作繁忙，对群众一律挡驾，就会割断领导与群众的联系。当领导者确实难以直接接待群众来访时，秘书人员必须代领导热情诚恳地接待群众，详尽地了解来访者陈述的内容和要求，或向领导汇报、请示，再做适当处理；或按具体情况和领导的意图，对群众做必要的宣传和解释；或在职能范围内，会同其他工作部门进行解决，尽量满足群众的要求。即使群众所反映的问题一时难以得到解决，秘书人员也应通过努力让群众理解，避免产生消极影响。

在优化群众环境的整个过程中，秘书人员要善于处理人际关系。建立和保持良好的人际关系，是构成和优化秘书活动职能环境不可忽视的重要方面。秘书人员要以诚待人，襟怀坦白，诚实守信，能办的应努力去办，不能虚以应付或拖着不办；不能办或一时难办的事，也要说明情况，既要注意方法又不能假意周旋。若有承诺，就必须认真去做，言必信，行必果。要严于律己，宽以待人，这样对优化秘书活动的职能环境才是有利的。

第十章　秘书队伍的建设

秘书活动是职业活动。进行这种职业活动,就需要一支职业队伍;而建设高素质的秘书队伍,就必须重视秘书人员的生成特点、素质要求及性别结构等方面的理论问题。

第一节　秘书人员的生成特点

职业秘书人员是社会实践的产物,是人类社会发展到一定阶段的产物。最早的秘书活动由巫、祝、觋、史一类人物承担,而这类人物是适应当时社会的需要而自发产生的。他们先是以自己的活动充当了类似秘书的角色,之后才获得了社会的认可。封建社会里的秘书人员一般来自两条途径,一条是国家通过选贤、科举等途径选拔文职官员,从中任命一部分担任秘书;另一条是封建官吏用招聘的形式聘用文人学士做幕僚,从而充当了秘书角色。在我国现代,秘书人员的生成主要有三条渠道:其一是从本行业从事其他工作的人员中选拔而来,属于自生型;其二是从某一行业转入另一行业的秘书队伍,属于转轨型;其三是经过秘书专业教育或通过国家标准考试渠道而走上秘书岗位,属于专业型。从这三条渠道而生成的秘书人员各有其特点。

一、"自生型"秘书人员的特点

所谓"自生型"秘书,是指秘书人员的生成没有经过正规的专业培训,而是在本行业非秘书岗位的工作实践中逐步摸索、积累工作技能和经验,然后通过选拔而进入秘书岗位成为秘书的人员。在我国,经过专业培训的秘书人员为数尚少,许多单位秘书人员缺乏而又难以得到,于是常常在本系统的所属单位或部门中选拔那些综合素质高、熟悉本系统的工作情况、有较好的文字修养以及比较了解秘书活动规范的人员来担任秘书职务。这就构成了"自生型"一类的秘书。

"自生型"的秘书人员有明显的特点。一是他们的生成是在进入秘书职业岗位之后,完全是按照本系统、本单位对秘书工作的要求来培养自己相应的工作技能的。这些工作技能有的靠自己在长期的实践中摸索积累而就,有的靠"师傅带徒弟"的传统方式获得。这些工作技能虽不规范,但很实用。二是这些人员来源于本单位、本系统,熟悉情况,能选择最实在、最简便的方法去完成各种工作任务,在工作实践中较少地受系统理论框架的约束。三是由于这些"自生型"秘书人员的专业特质不是通过正规的强化学习来形成,而是对自己某些适应秘书工作的素质(如性格、气质、文化素养等)的自然利用。进入秘书工作系统以后,他们往往在工作实践中把这些自然的素质加以职业化的延伸。因此,"自生型"秘书的专业素质结构并不完整,但却非常强劲、实用。他们往往以自己的某一点的优秀素质为轴心(比如能书善文)来构成自己的职业行为。在解决一些综合性的工作难题时,常常利用自己的这一"天然"素质来解决问题。但由于自生型秘书人员缺乏规范化的职业训练,常常无法及时获得先进的工作技能,如办公自动化设备的应用、科学管理的方法等。这使他们的"天然"素质的职业延伸仅仅局限在本单位、本系统眼前的工作任务,而难以有突破性的发挥。而且由于"自生型"秘书没有经过专业理论的熏陶,自修能力往往不足,更新知识结构的速度也比较慢。所以,一旦秘书工作的环境发生重大变化时(比如其所在单位由生产性组织变为经营性组织,或由理论研究机构变为行政管理机构,于是对秘书工作要求在内容、方法等方面有相应变化时),他们就会捉襟见肘,难以变通。"自生型"秘书虽然具有较强的"自然"工作技能,但这技能是因人而异,难以用统一的标准去考核管理。因而,他们是秘书队伍中个体素质的参差不齐表现最为明显的一类。

二、"转轨型"秘书人员的特点

从某一行业进入另一行业充当秘书的人员,可以称之为"转轨型"秘书。这类秘书又有3种情况:第一种是在某一行业的秘书岗位工作一段时间之后转入另一行业担任秘书;第二种是由某一行业的非秘书岗位转入另一行业担任秘书;第三种是接受了非秘书专业的系统教育培训之后,因需要而进入秘书行列。这3种秘书人员的生成都要通过"转轨"渠道,其共同点都是需要"改行",但"改"与"转"的程度都有所不同。第一种秘书人员"改"的重点是行业的变化,只需要增加新行业的知识,便能担负起岗位职责。第二种秘书人员则不仅需要补充新行业的知识,而且需要补充秘书专业的知识,才能顺利地进行工作。第三种秘书人员不仅要补充行业知识和秘书专业知识,而且还要提高社会实践能力,"转轨"的任务最大。"转轨型"秘书有着别人难及的长处,这就是,社会知识领域比"自生型"的秘书广阔,实践经验又比"正规型"的秘书丰富。因为他们都经过了另一种行业的知识熏陶或实践锻炼,在成为杂家、成为通才的目标上接近了一步,这恰恰与秘书工作的综合性和秘书人员的多重角色的要求合拍。因此,这类秘书人员,只要抓好"转轨"这一关键环节,将会成为秘书队伍中的优秀分子。

三、"专业型"秘书人员的特点

经过秘书专业的系统教育和训练、通过国家标准考试渠道而走上秘书岗位的人员可视为"专业型"秘书。这类秘书人员虽然目前在我国还为数不多,在秘书队伍中所占比例较小,但却代表着秘书人员生成的正确方向。这类秘书人员的生成具有其特点：一是他们有目的地全面学习了秘书专业的理论、规范、程序，接受了专业训练，这就使他们具备较厚实的专业理论基础和规范的工作基本技能，为他们将来朝“智能型”秘书的方向发展打下了较为坚实的基础。这类秘书人员是在完成了专业理论知识的学习和工作基本技能的培训之后获得了秘书资格认证，进入到某一秘书工作实践系统的，于是，他们走上工作岗位，实际是把先进的工作技能和秘书学科理论切入到了具体的秘书工作系统。当这些工作技能和学科理论领先于他们的工作实践系统时，他们无疑是改善了这一工作系统的整体水平。由于他们从理论上较全面地掌握了秘书工作的规范和学科知识，不论进入到哪一个层次（高级、中级、低级）的秘书工作系统都能较快适应。并且，由于他们的专业理论基础较全面，能够根据工作实践的变化需要不断进修，更新知识，使自己的专业素质和工作技能跟上社会管理水平的发展。通过专业教育来培养大批秘书人才，能够全面提高我国秘书工作的水平，是改善整个国家的秘书工作系统的有效途径。

但从另一角度看，“专业型”的秘书人员在接受秘书专业培养以后，往往是通过社会安排而进入某一具体行业的秘书工作系统的，因此对行业内具体的工作任务、工作特点、机关办公方式、领导工作习惯以及各种人事关系、各种特定的因素等知之甚少，缺乏在特定工作系统内长期实践的经验。这就容易出现理论脱离实际的现象。这有两种情况：一是理论领先于实际工作。当整个秘书工作系统还未达到某一高度、各方面的条件比如政治体制、经济状况、人的心理素质等还未达到某一水平时，如果出于激进的心理，用遥遥领先的“理论”去套工作实际，那的确会造成理论脱离实际，导致内耗性工作机制的产生。二是理论不适合工作实际。“理论”只是一种抽象的模型，虽然凝聚了许多个性实践而成为具有普遍指导意义的共性规律，但难以和千姿百态的个性实践状况一一吻合、对应。秘书学的专业也是如此。因此，掌握了专业系统理论的“专业型”秘书人员，在进入实践岗位之后，一时难以发挥出全部能量是不足为奇的。要改变这种状况，必须加强和完善秘书专业教育体系，在秘书专业的设置上，将社会各行业的内容渗透进去，即不仅要有总括一般规律的基础性的普通秘书学，还应有党务秘书、政务秘书、企业秘书、科技秘书、教育秘书、司法秘书、外事秘书等分支学科和专业，而且要在系统教育的过程中加强实践环节，这就能大大缩小专业秘书培训与社会实际需要之间的距离。

第二节　秘书人员的素质要求

建立一支优秀的秘书人员队伍，必须根据秘书职业的需要而对人员的素质提出明确要求。在这方面，不同的时代、不同的国度、不同的社会背景、不同的文化环境以及不同的社会行业对秘书人员素质的要求是不同的。但一般来讲，秘书人员的基本素质大致包括职业道德、知识结构及智能水平等方面。

一、职业道德

道德是一种社会意识形态,是人们调整自身行为及相互关系的思想意识和行为准则。职业道德则是在一定的职业活动中所应遵循的具有职业特征的思想原则和行为规范。

职业是人们在社会生活中所从事的作为自己主要生活来源的具有专门职能的工作。职业是随社会发展而产生的。原始社会末期,就出现了农业、畜牧业与手工业的分工,之后随着社会发展,分工越来越细致。《周礼·考工记》中就记载我国古代"国有六职":王公、士大夫、百工、商旅、农夫、妇功。职业分工的产生与发展,使职业道德的形成有了需要与可能。这是因为,职业分工使人与人之间的社会关系增添了新的内容,发生了与职业相关联的特殊的社会关系,需要有与之相适应的特殊的道德规范来调整。而长期从事某种职业的人们,由于有着特殊的活动方式,受过特殊的职业训练,因而往往具有特殊的职业兴趣、职业爱好、职业习惯和职业心理传统,形成了特殊的职业责任心、职业荣誉感和职业纪律。人们逐渐认识到,为了履行本职业的义务和责任,维护本职业的信誉和尊严,什么样的行为是正确的、应该做的;什么样的行为是错误的,不该做的。正是在这种认识实践的基础之上,各种职业集团中就逐渐形成了一些为本职人员应该遵守的职业道德,比如,被称为"医学之父"的古希腊著名医生希波克拉特斯就曾提出医生的八条道德规范,又叫"希波克拉特斯誓言",被1949年世界医协大会定为国际医务道德规则。

职业道德通过规定职业活动对内、对外应尽的义务和本职人员的行为规范,维持着职业活动的正常进行,保证了各行各业与整个社会的合理联系。就一般意义上讲,它有三个特点:其一,职业道德的约束对象是一定职业活动的从事者,超出职业范围就不具有对行为进行道德调节的效力。它只适应于特定职业的从业人员,而且还只适应于这种人员在职业活动中所发生的行为。其二,职业道德是同各种职业特点相联系的特殊的道德要求,它的内容带有具体的明显的职业特征。每一种职业都在社会上承担着特殊的义务,因而就有特殊的职业道德规范。如审判员的秉公执法、铁面无私;教师的诲人不倦、循循善诱;医生的救死扶伤、除病去痛等等,都是由该职业的特殊活动内容和活动方式所决定的。所以,职业道德往往世代相传,具有较强的稳定性和连续性,有的甚至不受社会变革的影响。其三,职业道德一般都明确而具体,易于被从业人员和社会各界所把握,如守则、公约、规章、制度、条例等等,都简明扼要地提出本职业的责任和义务要求,即是用不同形式表现出的职业道德规范。其四,职业道德与阶级道德既有联系,又有区别,一方面表现为阶级道德对职业道德有明显的影响制约作用,职业道德中体现或包含了阶级道德;另一方面,表现为职业道德对阶级道德有所突破,有时能超出阶级道德的范畴而为社会公共利益服务。

我国劳动和社会保障部1997年就制定了《秘书国家职业标准》,2000年又进行了修订。其中明确提出了八个方面的秘书职业守则:[1]

1.谦虚谨慎,文明礼貌。

[1]详见劳动和社会保障部办公厅:《关于印发组合机床操作工等28个国家职业标准的通知》,(2000年7月3日劳社厅发[2000]14号)。

2.办事公道,热情服务。

3.实事求是,讲究时效。

4.兢兢业业,甘当无名英雄。

5.忠于职守,自觉履行各项职责。

6.钻研业务,掌握秘书工作各项技能。

7.奉公守法,不假借上司名义以权谋私。

8.承诺意识、客户意识、时限意识、精准意识、保密意识、权责意识、服务意识。

这些秘书职业守则可以综括为秘书人员职业道德的4个方面,即:埋头奉献,尊重领导,严守机密,求实细致。

第一,由秘书活动的本质所决定,秘书人员不能站在社会活动的前沿阵地。军事秘书不能去冲锋陷阵,政务秘书不能去宣传演讲,企业秘书不能去生产产品,科技秘书不能去发明创造。秘书人员一般在公众场合出头露面的机会都不多,然而工作却非常繁忙,这就要求秘书人员埋头苦干,默默奉献,甘当无名英雄。

第二,秘书人员在领导周围工作,与领导者接触较多,对领导的言行、特长、缺点了解较多,就特别要注意尊重领导。这里的尊重有多层含义,既要服从领导的指派,严格按照领导意图办事,又要拾遗补缺,帮助领导改正错误,克服缺点,弥补不足;既要做到不借势压人,不"挟天子以令诸侯",又不能贬低领导而抬高自己;既要维护领导在群众中的威信,又要维护领导者之间的团结。

第三,严守机密是秘书人员必备的观念。不论是党委、政府,还是企业、团体以至个人,都有一些在一段时间内不公之于世的秘密。由于工作需要,秘书人员接触机密的机会较多,因而需要养成严守机密的职业习惯,不该看的不看,不该听的不听,不该说的不说,不该写的不写。

第四,在工作作风上要求实、细致,知一说一,知二说二,是一说一,是二说二,不迎合领导的口味而虚夸乱讲,也不找各种借口来敷衍群众。细致即不粗枝大叶,不马虎从事。对各种事物要进行定性、定量分析,工作要严谨有序,有条不紊,有始有终。这样才符合秘书职业的道德规范。

二、知识结构

所谓知识结构,是指一个人所掌握知识的广度、深度及其比例与融合状况。各类社会职业都要求其职业人员具备一定的知识结构,这样才能有效地进行各种职业活动。对于秘书人员来说,由于其职业的综合性,就要求他们有多维的知识结构。这种结构应该由3个层面交汇融合而成:

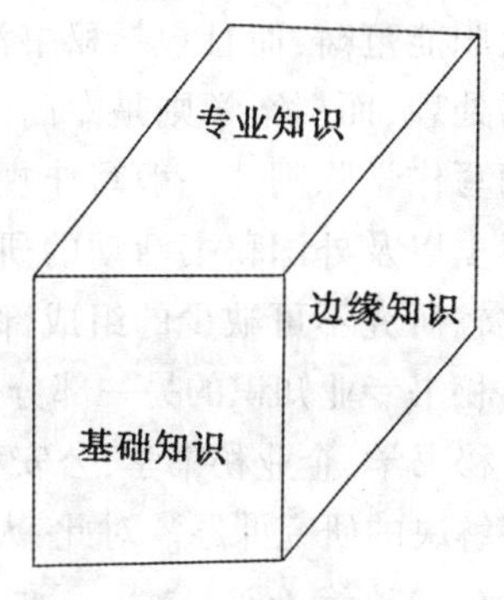

图10-1 知识结构的3个层面

(一)基础知识。

国家职业标准对秘书人员的基础知识有6个方面的要求:一是文书基础,包括应用文书的概念与制发程序、应用文书的格式、应用文书的要素、应用文书的表达方式;二是计算机应用基础。包括计算机基础知识、WindowsXP 操作系统的使用、Word2003 应用基础、Excel2003 应用基础、PowerPoint2003 应用基础、计算机网络应用基础;三是沟通基础,包括沟通的基本概念、沟通的基本内容、沟通的方法与技巧、横向沟通与纵向沟通;四是速记基础,包括速记概述、手写速记知识、计算机速记知识;五是企业管理基础、企业管理常识、企业文化知识、企业人事管理知识、企业公共关系知识、企业经营常识;六是相关法律、法规知识,包括《中华人民共和国公司法》相关知识、《中华人民共和国合同法》相关知识、《中华人民共和国反不正当竞争法》相关知识、《中华人民共和国劳动法》相关知识、《中华人民共和国知识产权法》相关知识、世界贸易组织法相关知识等。这个体系的设计实际上是秘书专业应用性的知识,而且侧重于企业秘书。

从社会各行业的普遍需要来看,秘书人员所必备的基础知识有 10 种:文、史、哲、经、数、理、化、天、地、生。"文",指语言文字,包括本民族的语言文字和其他民族的语言文字知识。按照现代社会的需求,一个合格的秘书人员应该掌握世界上通用的 7 种语言(汉语、英语、俄语、法语、德语、西班牙语、阿拉伯语)中两种以上的语言文字知识。语言是人们交流思想的工具,而文字又是记录语言的符号。在世界各国各民族的交往越来越频繁的今天,掌握多种语言会给秘书人员的各项活动带来极大的方便。"史",指历史学,包括中国古代、近代、现代史和世界历史。鉴古而知今,不懂得历史的人,难以理解今天,更无法把握未来。"哲",指哲学,即马克思主义的哲学知识。哲学是对世界上万事万物运动规律的高度抽象概括,也是人们认识世界改造世界的基础。没有正确的哲学观,就难以成为一名清醒的秘书工作者。"经",指经济学。经济是社会发展的基础,是人类生活的前提条件。社会的变化首先是经济形态的变化。尤其在大力发展社会主义市场经济的今天,经济学知识显得格外重要。数学、物理学、化学、天文、地理、生物等方面的知识,对于专业秘书人员(如科技秘书、医疗秘书等)来说,则显得更为重要。这 10 门基础知识,一般来说,经过中等教育的人都应基本具备。因此,《秘书国家资格标准》规定秘书职业的基本文化程度为高中毕业(或同等学历),这是有道理的。

(二)专业知识

秘书人员的专业知识分为两大部分。第一部分是秘书专业的基础知识,这就是秘书学、文书学、档案学、写作学以及中国秘书史、中国文书档案史、国外秘书活动概况等学科知识。秘书学是秘书人员应掌握的专业知识,它不仅从理论上阐明秘书活动的基本规律、本质特征以及职能范畴,而且包括秘书活动发展史以及秘书人员必备的各种技能在内。文书学侧重于文书处理,而档案学则是专门阐述档案的形成、作用、收集、鉴别、整理、加工及利用。秘书专业的写作学除阐述一般写作规律外,应侧重于应用写作规律的研究。中国秘书史、中国文书档案史以及外国秘书活动的研究,是形成秘书学这门学科的基础,也是进行古今中外秘书活动比较研究不可缺少的组成部分。

秘书专业知识的另一部分,应当是行业知识与秘书专业知识的结合,如已经在我国出现的公务秘书学、企业秘书学,公安秘书学等等。把社会行业知识与秘书专业知识融汇结合,是目前亟待解决的研究课题。对此,人们已进行了许多有益的探索,但还有待更进一步发展完善。

(三)边缘知识

社会对秘书人员的普遍要求是杂家,是通才。这就是说,秘书人员要有广博的边缘知识。

一个秘书人员要在自己的职业活动中纵横自如，游刃有余，就应该掌握起码的边缘知识，如社会学、行政学、政治学、法学、心理学、领导科学、管理科学、公共关系学、文艺学、新闻学、计算机科学等等。许多秘书人员对边缘知识的学习不够重视，但在事实上，人与人之间在工作能力上的差距，往往就体现在对边缘知识的掌握和运用上，秘书人员在这方面更为明显。而且，社会的发展使得各类学科高度分化又高度融合，只有一技之长已经不适应时代需要。秘书人员只有不断拓宽自己的知识领域，变一技之长为多技之长，才能适应人才激烈竞争的发展趋势。

要形成以上三位一体的知识结构，单凭学校的正规教育是不行的。就目前来讲，我国的秘书专业教育还远远不能满足这种知识需要；即使在将来，仅仅凭借学校教育也难以完全解决这个问题。这就要求秘书人员在工作实践中不断地学习，不断地扩展自己的知识领域。要有超前眼光和战略意识，站在未来的制高点设计自己。在当前，特别应注意 3 个转变：一是由技能型向谋略型转变，即不能满足于掌握秘书活动的基本程序、基本方法和基本技能，而是要掌握为领导出谋划策、为群众排忧解难的谋略知识体系。二是由静态型向动态型转变，不满足于仅坐在办公室里，而是要投身到动态的社会中去，不断补充和更新知识。三是由单一型向多能型转变，集自然科学、社会科学、思维科学于一身，建立起新、博、精、深的知识体系，真正使自己成为“通才”和“杂家”。只有这样，才能适应时代发展的需要，在社会竞争、优化组合当中立于不败之地。

三、智能水平

秘书活动是脑力劳动，因而就必然要求秘书人员的智力素质要达到一定的水平。秘书活动又具有实实在在的可操作性，因而还要求秘书人员具备一定的实践能力。这样，智力与能力紧密结合的运用和发挥状况，就成了秘书人员素质中不可缺少的重要方面。

智力水平是指人对客观事物的认识和理解的力度。在职业活动中，秘书人员要捕捉、分析、研究重要的社会现象以及与本职工作有关的各种信息，判断其发展趋向、对本单位本部门的影响以及可能出现的结果；要分析研究既定的方针政策对本部门工作的作用与意义；要设想本部门新的策略与工作方案；要分析论证各种方案并加以完善和提高；要将领导的思想和组织的意图化为一项项具体的措施——所有这些，都要运用智力。因此，秘书人员应该具有观察力透彻、记忆力牢固、反应力灵敏、注意力集中、理解力深刻、品评力精湛、判断力准确、思维力高超的良好素质，而尤其在思维力方面应当具有较高的水平。

思维力是指人们对于客观事物运动规律的反应能力。思维就是具有意识的人的大脑对客体的反映，是一种高级神经活动。这种活动所运用的方式就是思维方式。在人类思维的发展史上，思维方式已经发生过 3 次大的变革，由最初由拟人化为特点的原始思维方式，变为以整体观为特点的朴素的辩证方式，继而又变为以分解为特点的形而上学的思维方式，进而又变为以分析和综合相统一为特点的自觉的辩证思维方式。思维方式中具体的、实质的部分就是思维方法。所谓思维方法，是指思维活动所遵守的规则，是思维活动获得成果必不可少的手段。思维方法多种多样，有正向思维与反向思维，侧向思维与多向思维；有聚敛思维与扩散思维；有封闭思维与开放思维；有模型化思维与理想化思维；有趋同思维与求异思维；有静态思维与动态思维;有横断思维与纵贯思维;有形象思维与逻辑思维等等。一名优秀的秘书人员,在其职能活动当中不仅要能够运用多种思维方法,而且要能够做到多种思维方法的结合,特别是求同思维与求异思维的结合,纵向思维法与横向思维法的结合以及单线思维法与发散思维法的结合。所谓求同思维法与求异思维法的结合,即不仅要能从已知的各种条件(领导意图、既定规程等)中寻找答案,而且要从假设的、推想的、从已知条件的反面去寻找别的途径。比如某一领导提出了一种设想,或某个部门、某个群众提出了一项要求,秘书人员就既要按照这些设想和要求进行思考,又要从这些设想和要求的侧面、反面去进行思考,这样既能保持求同思维的稳定性、可靠性,又不至于墨守成规,充当录音机或打字机。所谓纵向思维法与横向思维法的结合,即对每一项工作,不仅要考虑系统内部的纵向联系、事物本身的发展脉络,而且要考虑它的连带关系以及每个横断面所引起的社会反响。所谓单线思维法与发散思维法的结合,即遇到一个问题时,不仅要考虑问题本身的价值尺度、来龙去脉、历史渊源、发展方向,而且要让思维多方面辐射,或转向,或跨越,或变通。这样就能鸟飞高天,鱼跃阔海,从而取得较好的效果。

智力属于认识活动的范畴,而能力属于实践活动的范畴。能力即是指人能完成一定活动的本领。不同的实践活动对能力有不同的要求,而秘书职业则要求其人员应具备表达能力、协调能力、综合能力和应用能力。

表达能力包括两个方面,即口语表达能力和书面表达能力。美国各个高等院校和中等学校都把口才与交际学作为必修课开设,连小学都开设口语训练课,我国的学校教育却忽视了口语艺术,甚至连师范院校也没有开设口语艺术课。1984 年 10 月,我国接待了 3000 多名来访的日本青年。人们发现,不论是在大庭广众之中的演讲,还是三三两两地分散交谈,日本青年大都洒脱大方,善于言谈;而我国青年大多显得过于拘谨,有些人甚至是“足将进而趔趄,口将言而嗫嚅”。对于秘书人员来说,口语表达能力十分重要。因为处在枢纽地位的秘书人员,不论是汇报情况、传达指示、提出建议,还是协调商谈、应对宾客,都要大量使用口头语言。口语表达要在极短的时间内完成,没有仔细推敲的时间,因此往往比文字表达难度更大。秘书人员在口语表达方面应该做到:口齿清楚,条理分明,用词准确,应对敏捷,语气得体,这样才能适应职业活动的需要。

文字表达能力即写作能力,对秘书人员来说,主要是指应用类文书的写作能力。在这方面,世界各国都非常重视。我国的各类秘书人员向来就享有“笔杆子”的美誉,能否写一手好文章是能否胜任秘书工作的前提条件。历代选择秘书人员就首先考察其写作能力,现代社会对秘书人员的写作能力提出了更高的要求。美国总统卡特曾为 200 名官员办了应用文体学习班,倡导应用写作中要简洁明了、开门见山、直截了当、讲求实效。美国国防部针对军事公文写作中繁杂冗长的状况,在 1987 年专门成立了“美军公文写作办公室”,督导公文写作活动,并在全国各军事院校开设专门课程,对军官和文职人员专门进行写作训练。在香港,会不会写应用文,不仅是衡量一个人有无学问的标尺,而且是谋职竞争成败的关键。我们信手拈来任何一本关于秘书学方面的书籍,都可以毫不费力地从中找到关于应用文写作方面的经验指导或理论总结。这就可以证明,社会各界普遍要求秘书人员具备一定的写作能力,古今中外几乎无一例外。

协调能力也是秘书人员必备的工作能力之一。积极主动地为上下左右沟通信息、调节关系、商讨事项、协同步调是秘书的重要职责。秘书人员的协调能力包括在4个方面:一是善于"硬协调",即善于运用相关的政策、法令、规定、制度等等来规范和约束被协调各方的行动,这就要求秘书人员必须"吃透两头",即既要熟悉政策原则,又要熟悉实际工作,针对症结所在,有的放矢的对症下药。二是善于"软协调",即善于做思想工作,以说服各方互谅互让,发扬风格,顾全大局。三是善于沟通信息,使矛盾各方彼此了解情况,消除误会,加强团结协作。四是善于把握全局,正确处理宏观与微观、局部与全局、上级与下级以及领导之间、部门之间、兄弟单位之间的关系。这样就容易完成协调任务。

综合能力对秘书人员来说尤为重要。因为秘书部门是综合部门,它所面对的公众繁多,任务庞杂,头绪纷乱,倘若缺乏综合能力,便会陷入事务圈子当中不能自拔。其一,要有阅读概括能力,既要能在一份文件、一篇文章、一份材料当中迅速地概括出中心、要点,又要能在众多的文字材料当中归纳出倾向性的观点,发现新的动向。其二,善于综合社会各个行业的发展状况,发现与本单位的各项活动有关的苗头。其三,善于综合本单位本部门的各项工作,区分轻重缓急,有条不紊地安排各项活动。其四,文字表达或口头表达时善于综述,以避免一开口一动笔即就事论事的缺陷。

应用能力是指掌握运用新兴的科学技术的能力。主要包括办公自动化、计算机应用技术、打字技术、速记技术、录音录像技术、复印技术、摄影技术等等。在各种各样的现代化设备进入办公室的当今社会,具备多种新技术的应用能力,不仅是职业活动对秘书人员的必然要求,也是提高秘书活动效率和水平的重要保证。

第三节　秘书队伍的女性化趋势

当我们注目于世界各国的秘书队伍发展走向的时候,我们看到了这样一种事实:许多国家的秘书人员中女性占了明显的优势。就美国来说,据《美国百科全书》介绍,在20世纪60年代中期美国有200万女性受雇从事秘书工作,几乎占当时美国人口的1%,而从事这种工作的男性却微乎其微;同时还有65万属于秘书人员范围的办公打字员,其中95%是女性。另据日本城西大学的江光教授提供的材料,在1978年美国政府机构所有的秘书人员中,女性竟占99.3%,其中绝大多数是一般行政秘书。[1]在日本,秘书"这种职业对女性而言是一种代表性的职业,是女性在现代化企业中能做的唯一项目。"[2]"在德国,对于许多文科中等学校毕业的女性来说,经过培训使自己成为欧洲女秘书是她们的最佳选择。"[3]在巴黎、在布鲁塞尔,在许多国家的行政部门、外交部门、企业集团以及联合国的许多组织中,都能看到从维也

[1]参见《秘书之友》总第29期。

[2]李建平:《日本的秘书为什么女性居多》,载《秘书之友》总第13期。

[3]参见杨宇成:《令人青睐的欧洲女秘书》,载《秘书之友》总第34期。

纳女秘书高等专科学院毕业的女秘书的身影。因此,秘书这一职业领域在许多国家里被公认为是“女性的一统天下”,而从事一般秘书工作则被视为女性的一种专门职业。作为一种社会存在的反映,英语世界各国出版的有关秘书工作的书刊乃至权威的词典、百科全书等,凡需以第三人称指代秘书时,一概用“she”(她)而不用“he”(他);小说,电影、电视中出现的秘书人物,也几乎毫无例外地安排女性。这都证明,人们已普遍承认并接受了秘书女性化的事实。因此,从秘书的性别构成这一角度可以说,女性化趋势是秘书队伍的一个极为显著的特征。这就迫使理论界对此特征给予必要的关注。

一、女性的特征与秘书职业要求的吻合

秘书队伍的女性化趋势,首先是女性的特征与秘书职业的要求相吻合的结果。换言之,是由于女性具备秘书职业所要求的一般特点而然。

任何职业都有区别于其他职业的特殊性,因而,任何职业都对其职业人员有着特定的要求。心理学的研究证明,不同的性别决定了个人的行为、性格、情感等一般特征都有差异。在文字能力上,男女没有多大差别,而女性在数字统计、艺术才能及社交能力等方面明显优于男性。国际上的“欧卡诺手指灵巧测验”、“欧卡诺用镊灵测验”、“普度钉板测验”等,都证明在手眼紧密灵巧的配合上,女性优于男性。“库达兴趣测验”的结果还证明,男性在机械、科研、权力使用等方面较强;而女性在文学、音乐、文书、社会服务等领域具有优于男性的特点。因此,有不少职业出于本身的特殊性而对任职者的性别作出相应的规定,以便使任职者的一般特征适合职业特性的需要。比如,有着强体力劳动特征的井下挖煤工种、炼钢工种等等,都要求体力强壮的男性承担,而营业员、话务员等等一般都是女性。同样,作为一种社会职业,秘书工作本身具有一些特殊的性质,如中介性、隐匿性、角色的多重性等等,较多地表现出服务性特征。因此,秘书职业必然要求任职者的特征要与职业特点吻合,而女性的特点恰恰适应这种需要。

其一,女性耐心、细致、感情细腻、文雅、谨慎,富于同情心,这些特点用于秘书服务性方面的工作明显优于男性。秘书部门的一切活动都从属于所在机关, 为各个方面提供各种服务,以保证工作顺利进行。秘书的所作所为必须符合领导者的意图和要求,有事无事都要坚守工作岗位,随时准备接受和执行任务。领导在挑选秘书人员时,必定会注意挑选具有服务才能的人员, 而大多数女性的服务才能优于男性, 使她们在秘书职业的竞争中容易受到青睐。

其二,女性普遍都具有条理性强、管事细心、理财有方等方面的内在素质,在事业和生活中具有“多功能”才干,并表现出较强的耐力和韧性。这些内在素质和优点,恰恰是秘书人员所要具备的。秘书工作具有事务性较强的特点,工作中有许多琐碎、繁杂的事,如接电话、迎来送往、会议服务、收发文件、管理财物等等,这些工作女性做起来得心应手,也能使领导放心、满意。

其三,女性具有独特的处理人际关系的方法,对于人与人之间的关系很敏感,善于发挥语言表达技巧。一位心理学家归纳了男女沟通思想的 7 点不同,其中有两条是这样的:(1)女性的谈话方式比男性生动活泼,而男性注重语言力量上的表达;(2)一般而言,女性显露笑容

的机会较男性为多。因此,在记者、律师、翻译、旅游、销售、公关、信息、情报等接触人较多的工作领域里,女性处理事务与人际关系的才干往往使男子叹服。目前,公共关系、情报信息等方面的任务在秘书活动范围内占很大比重,特别是工商企业内部更是如此。领导们也很希望自己的秘书具有以上几方面的才干。

其四,女性的打字天赋在秘书这一职业领域里有广泛的适用性。19世纪70年代发明的字母打字机是文化史上继造纸术和印刷术之后的第三项重要的文化工具的发明。由于打字机具有能大大提高书写的工作效率以及字迹规范、一致等优点,所以在秘书活动中打字机的使用已成必需。秘书活动,在一定意义上可以说是一种信息处理活动,而这些信息大多是以文字的形式出现的。因此,打字机发明后不久,就成为秘书人员不可缺少的重要工具。也正因为如此,许多国家都十分强调秘书的打字能力,在招聘秘书的启事上往往把它列为业务方面的第一要求。德国就要求秘书人员用德文打字每分钟至少280次触键,英文打字每分钟至少240次触键。培训秘书的学校也就把"打字"列为技能方面的一门主课。而据男女分组打字实验证明,由于女性手指灵巧,女性的击键打字能力远远胜过男性。既然女性具有擅长打字的天赋,而秘书活动又离不开打字,所以打字机的发明,为青年女性从事办公室工作创造了一种机会和需要,因为人们很快发现女性特别适合担任秘书工作。于是,从20世纪最初开始,在不少国家的职业教育中出现了让男性专学簿记,而让女性专学打字和速记的趋向,这样就导致一代又一代的女性秘书的连续产生,为秘书女性化奠定了基础。第二次世界大战以后,随着微型计算机、文字处理机等一系列附有打字键盘装置的办公机器进入办公室,各国对秘书人员的打字能力更加重视,女性的打字天赋在秘书这一职业领域也因而有更广阔的用武之地。当今在许多国家里,一个不会打字或达不到起码打字要求的人员谋取秘书职位,就如同记者不会采访写稿,医生不会诊断开处方那样不可思议。

二、秘书女性化是女性就业观的体现

就业观,或者说就业选择态度,是一个人在其经济地位、教育程度、家庭背景以及所在社会文化、传统、时尚等因素综合作用下形成的对选择职业的看法。秘书活动属于脑力劳动的范畴。相对于体力劳动而言,在办公室内进行的秘书活动显然比较轻松、舒适。从事办公室工作的人在国内外被统称为"白领工人"(即"脑力工作者")。与"蓝领工人"("体力劳动者")相比,他们的社会地位比较高,在社会上也显得比较体面。因此,从事办公室工作从而跻身于"白领工人"的行列,历来是受过教育的人们在选择职业时优先考虑的目标之一,而其中的秘书工作更是知识女性所垂青、向往的一种。随着第二次世界大战以后西方资本主义国家社会经济的迅速发展,中产阶层的急剧增加,经济收入的多少已不再是人们(这里指中产阶级)在选择职业时的首要考虑因素,至少已不再是唯一予以考虑的因素。而以往长期忽视,甚至根本不予考虑的社会地位、名声、情趣、环境乃至自由度及自身的价值等等因素,已上升到与经济收入并驾齐驱甚至更高的位置。所以,虽然体力劳动者的经济收入要比一般的"白领工人"优厚,但大多数女性还是愿意跻身于"白领工人"的行列。就以女性选择职业时的考虑因素来说,在学校毕业之后、建立家庭之前这段时期就业的女性中,大部分人之所以参加工作,在相当程度上是为了获取一种观察、了解外部世界(这个世界对她们来说还是陌生的)的社会体验,决不仅仅是为了挣钱;而对婚后就业的女性而言,与其说是为了挣钱补贴家用,不如说是为了充实自己的生活、提高自身的价值更符合实际。既然如此,她们在选择职业时首先考虑的是这一职业的社会地位如何,而不是单纯计较从事这一职业能得到多少收入。于是,报酬虽不十分优厚,但环境舒适且又有一定社会地位的秘书职业,就自然成了女性注目的热点。如果说女性的性别特点,在客观上为秘书女性化的倾向打下了基础,那么女性的就业选择态度即就业观,则是在主观上促成了秘书女性化的趋势。

三、秘书女性化是人们审美心理的一种折射

从美学的角度看,不同的性别具有不同的美。如果说男性美是以阳刚气概、雄健有力为标志的话,那么温柔、贤淑则是女性美的特征。虽然从理论上说,不同性别的美的价值没有高低之分,但是女性美却历来受到人们更多的注目、欣赏和赞誉。就以文学作品来说,历代大文豪在描摹女性美时往往不吝笔墨,而在状写男性美时却少见这种慷慨。也正由于此,闻名世界的一些人物塑像、肖像画的主角大多数是女性。常言道,爱美之心,人皆有之。但为什么女性美能够得到人们的偏爱呢?关于这种倾斜的审美心理形成原因是错综复杂的,决不能以简单的"非分之想"、"越轨心理"来定论。作为这种审美心理的一种折射,不少职业职位(尤其是与公众接触较多的职业职位)指定女性从事、担任,并因此而出现了一些如"空中小姐"、"公关小姐"等专用名词。国外相当一部分雇主和担任领导职位的人(大多数为男性)之所以要求女性担任自己的秘书,除上述几方面的原因之外,在很大程度上也是出于这种审美心理。因为在他们看来,温柔、贤淑的女性的存在,使工作场所的气氛能够变得更明朗、更快活。即使在一系列办公机器相继问世,秘书工作开始进入所谓"办公室自动化"时代的今天,他们还是认为,女性秘书依然是办公室中不可缺少的角色。究其原因,不仅在于任何办公机器都需要人的操作、管理,而女性的一般特征除了适宜从事传统的秘书工作之外,也同样适宜操作、管理现代化的办公机器;还在于女性的活泼、温柔能调节环境气氛以及女性富有同情心和人情味等等特征,是任何办公机器所无法替代的。例如,早在听写机开始进入办公室的50年代,当时的英国首相温斯顿·丘吉尔就曾直言不讳地对美国前总统尼克松说:"与其使用一架冷冰冰的、没有人性的机器,我更希望让一个漂亮的女秘书听写。"[1]丘吉尔的看法是有相当代表性的。因此可以说,秘书女性化是人们审美意识的一种折射反映。

总之,秘书队伍的女性化已经成了一种世界性的趋势。秘书工作不仅是充分施展妇女才华的宽敞舞台,而且是适合妇女从事的最佳职业之一。《中华人民共和国宪法》明确规定:"中华人民共和国妇女在政治的、经济的、文化的、社会的和家庭的生活等各方面享有同男子平等的权利。国家保护妇女的权利和利益,实行男女同工同酬,培养和选拔妇女干部。"就我国来说,在秘书队伍中扩大女性成分也是适应我国政治、经济发展需要的。第一,我国现今的各级领导班子中都有妇女成员,有女部长、女局长、女县长、女书记、女厂长、女经理等等。安排女秘书,对协助她们深入调查研究、处理事务、开展各项工作会有许多方便。第二,我国妇女占人口的半数,很多工厂、商店、学校中女职工占绝大多数。妇女之间比较亲近,共同语言较

[1]参见顾孝华:《国外秘书女性化之成因》,载《秘书之友》总第29期。

多,选用女秘书能为领导掌握信息、制定决策提供多方面的情况。第三,秘书工作能够锻炼多方面的才能,选用女性担任秘书,有利于培养妇女人才。我们的老一辈革命家宋庆龄、邓颖超等都曾从事过秘书工作。第四,科学技术向前发展,办公设备不断更新,秘书岗位上迫切需要大量的收集处理情报及办公室机器操作等方面的工作人员,"国际化社会"也需要大量的笔译人才和口译人员,而女性是这类人才的理想候选人。第五,党和国家为提高妇女文化、政治素质创造了良好的条件,现代妇女也越来越注重自身各方面素质的锻炼和修养。据有关资料显示,我国1987年在校学生中,女生占30%;参加成人高校学习的女干部达36万多人,接受高等函授教育的达1200多万人。[1]这就说明我国妇女具有强烈的自信力和进取心。为扩大女秘书队伍,促使秘书性别结构的变化准备了大量的人才。

不仅如此,扩大女秘书队伍还是适应我国妇女解放的需要,是适应改革开放的需要。我国实行改革开放政策以来,与世界各国的交往日益频繁。我们需要大量的女翻译、女秘书、女导游来接待对方的妇女人员。从世界范围内来看,秘书职业的女性化确实已呈现出一种发展趋势,这是在秘书队伍的建设问题上应予以关注的现实。

---

[1]参见刘小红:《女秘书的优势与发展前景》,载《秘书之友》总第55期。

第十一章　秘书活动的管理

马克思曾经指出:"一切规模较大的直接社会劳动或共同劳动,都或多或少地需要指挥,以协调个人的活动,并执行生产总体的运动——不同于这一总体的独立器官的运动——所产生的各种一般职能。一个单独的提琴手是自己指挥自己,一个乐队就需要一个乐队指挥。"[1]秘书活动作为一种社会活动,也需要实施指挥和管理,而且这种管理要以遵循秘书活动的基本规律为一般前提,以提高秘书职能活动的效率为根本目的。

第一节　秘书机构的合理设置

秘书活动的管理,必须首先注意合理地设置秘书机构。秘书机构的合理设置,对于秘书活动的计划、指挥、监督、控制;对于严密组织,明确职责;对于充分调动秘书人员的积极性,发挥每个人的才干专长;对于既合理分工又密切协作,形成一个强有力的战斗集体,都有着十分重要的意义和作用。

一、秘书机构的一般模式

秘书机构是秘书人员群体集合的组织形式。从管理体系来看,它是领导机关的办事机构,是一个社会集团内各职能部门之间分工合作、协调配合的综合部门。从决策体系来看,它属于决策与执行的转换中介,既是决策层和执行层的结合部,又是决策层和职能管理层的纽带。从秘书人员的职业行为来看,它是变秘书人员的个体功能为整体效能的功能凝聚集团。如果秘书机构设置不合理,分工不具体,职责不分明,制度不健全,综合反映出来的必然是办事效率低,工作质量差,就很难适应现代管理对秘书工作提出的要求。这样就给秘书活动的

[1]马克思:《资本论》第1卷,第367页,人民出版社1976年版。

管理首先提出了合理设置秘书机构的问题。

现代社会各类机关组织形式的多样性和秘书工作的复杂性，决定了秘书机构不可能以同一种模式出现。尽管秘书机构千差万别，但从总体来看却不外乎以下几种模式。

(一)总体办公型模式——综理制

这种模式，是以组织和领导机关运转的整体需要为原则而设立的一个统一的办公机构。这种机构，把秘书部门的办文、办会、办事等综合性职能和专业性职能结合在一起，由统一的办公厅(室)统筹安排，全面管理。这种模式由于结构较简单且权力集中，责任分明，有利于统一领导、统筹规划、综合协调，并发挥整体功能。但同时也要求办公厅(室)主任有较强的全面统筹能力；秘书人员之间不仅要有整体上的分工合作，而且还必须具备多方面的工作能力。否则，整个机关将陷于群龙无首或疲于应付之地。

综理制模式横向间协调配合，联系紧密，但组织内部仍分两到三个层级，每个层级又有专人负责掌管全面工作；纵向间分级管理，政令统一，但在整体职能指导下也要进行职能分工。一般来说，办公室下设秘书科、文书科、接待科、信访科、调研科、后勤事务管理科等等。(见图 11-1、图 11-2)

在综理制的组织形式中，只设立一个秘书机构，把整个秘书工作集中到核心的秘书部门。综理制的秘书机构适合于机关驻地集中、工作业务面较窄、内设机构层次较少的单位。采取综理制的组织形式，可以及时迅速地进行信息反馈，尽快地为领导决策提供依据，既可缩短办事时间，又可节省人力、物力，简化工作程序，达到优质高效的目的。

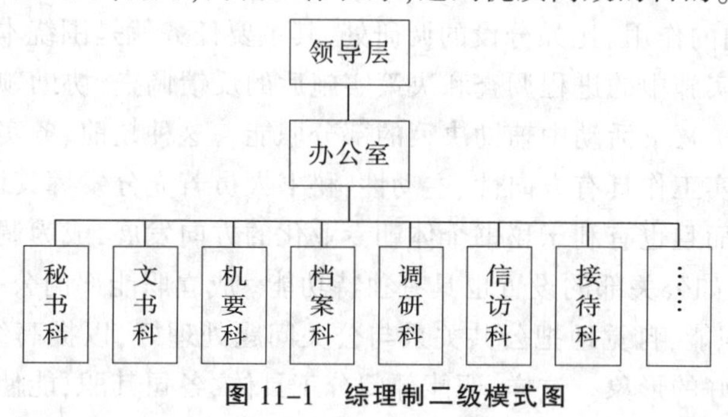

图 11-1 综理制二级模式图

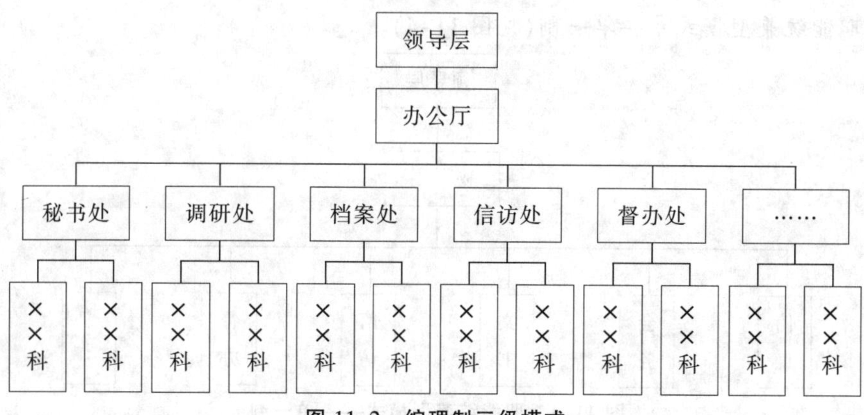

图 11-2 综理制三级模式

（二）职能分工型模式——分理制

职能分工型模式，是为适应现代管理日趋复杂，分工渐细而又需各部门相互协调而产生的，它能充分发挥职能部门专业管理的作用。在一些大中型机关，由于工作联系面广，需要处理的公务很多，若采取总体办公型模式，由办公厅（室）主任统一领导，统筹安排，势必力不从心，难以全面周到。相反，若采取职能分工型模式，将领导集团的办公需要分解成若干方面，分别交由各职能部门或有关人员，不仅适应了职能分工复杂的局面，也利于秘书个体发展专业及综合才能（见图 11–3）。

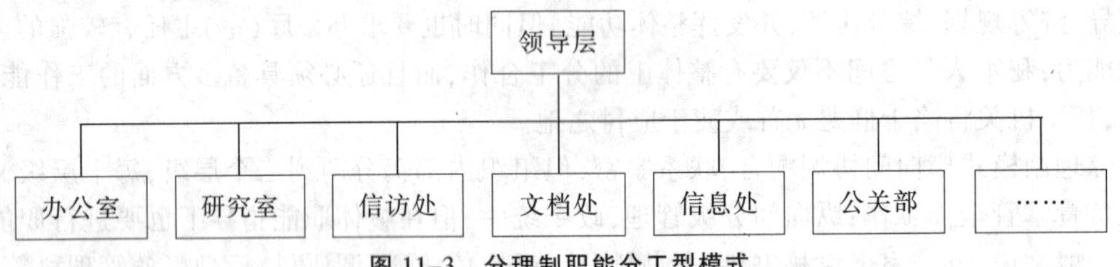

图 11–3 分理制职能分工型模式

在设置综合枢纽性办公室的同时，根据实际需要，设调研处、文档处、督办处、信息处等专职部门，即组成分理制的秘书机构。这种形式主要适合于管理面较宽的大中型机关，或驻地相对分散，且工作联系面又广，需处理的公文又较多的机关。分理制的形式多种多样，不同类型的机关，可视不同的情况具体考虑。

分理制秘书机构的特点在于，将秘书活动的职能业务化整为零，各负其责，各司其职，以充分发挥各职能部门的作用。比如分设的调研处，其主要任务就是围绕本组织的重大决策前的可行性调查、决策实施中的进程调查和决策实施后的反馈调查，协助领导搞好本地区各方面工作的评价，承担了秘书活动中辅助决策的部分职能。这种超前、务实效应，立足于现实，着眼于未来，能使现实工作具有方向性、主动性，秘书人员若充分发挥其调研作用，不仅能提高组织的工作效率，而且也有利于秘书个体朝专业化的方向发展，成为调研员、信息员，或主导调研专项工作。又如公关部的设置也具有独特功能。成立职能部门公关部，可有意识有目的地推动执行公关职能，自觉地把公共关系与公关问题处理好，以提高组织的知名度、美誉度，在公众中树立良好的形象。这样，职能部门分工具体，各司其职，能使复杂的办公机构加速运转。

（三）职能统兼型模式——单一制（见图 11–4）。

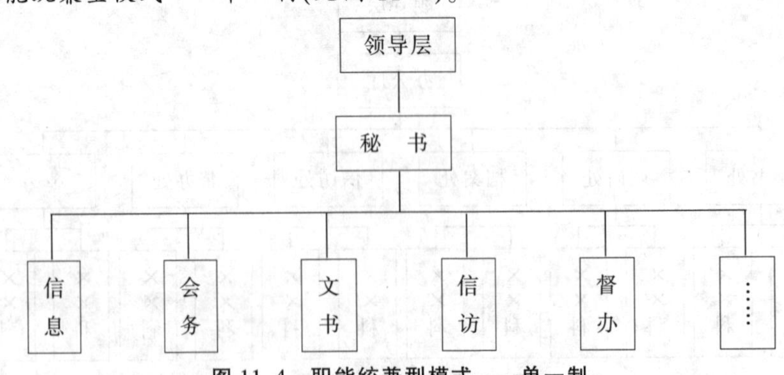

图 11–4 职能统兼型模式——单一制

一些规模较小的组织，由于机关规模不大，人数较少，业务方向单一，对外联系不多，形成和处理的文书有限，通常就只配有一名专职或兼职秘书人员。其工作业务，无论是辅助领导、安排会议、上传下达、督促检查，还是处理公文、接待群众来访等等，都由一名秘书人员来承担。这种单一制模式，表面上看起来仅有一人，但在功用上来说也体现着秘书部门的全套职能，因此也是秘书机构的一种。单一制模式与综理制、分理制模式相比，仅有工作量大小的不同，而没有质的区别，秘书活动的录事传导功能、参谋辅助功能、组织枢纽功能、综合协调功能等等都在一个人的工作中得以体现。

上述几类秘书机构的模式都是常见的稳定性机构，此外，还有不少以临时状态出现的秘书机构。比如，在常设机关里，结合上级机关在某一历史时期的中心工作，专门组织一些秘书机构来处理一些工作；或是适应某一会议，某种特定的临时活动的需要，从各个部门抽调一部分人员临时组织秘书机构等。例如，“争先创优活动办公室”、“第六次人口普查办公室”、“会议秘书处”等等即是。这种秘书机构，不属于国家机关的常设机构范围。其任务只是保证某一会议、某一活动的筹备和顺利进行，活动一旦结束，任务一旦完成，这些秘书机构就完成了使命。此类机构，虽然存在时间较短，但由于其任务紧迫，一般是机构一建立就要马上投入紧张运转，因此需要精心组织力量，实行严格分工与密切协作、有机配合，方能保质保量，尽职尽责。

二、秘书群体的优化组合

除了单一制的秘书机构是由一个人兼数职于一身之外，其他秘书机构——无论是综理制的，还是分理制的，都表现为群体，都有一个优化组合问题。按一般意义来说，群体是指为了共同的目标而进行活动的个体的集合。人是社会性的动物，任何人都不可能脱离社会、脱离群众而孤立地生活。因此，整个社会便由大大小小的各种各样的群体构成。大的有民族、国家、阶级、政党等等，小的有工厂、机关、学校、班组、家庭等等。秘书机构也是一种群体组合的形式。

群体有四个基本特征：其一，有一定的组织结构，有共同遵守的群体规范；其二，有共同的行动目标；其三，每个成员在群体内有一定地位、责任和义务；其四，组成群体的成员之间有相互依存的关系，能发生相互影响。正由于群体的这些特点，群体对于个人就会产生特殊的心理效应：一是归属感和认同感。群体的每个成员都意识到自己是这个群体中的一员，同时在感情上也属于这个群体。个人的这种属于群体，依赖群体的情感就是归属感。当群体取得荣誉时，其成员会激发自豪感；当群体受到压力时，其成员会加强团结，共同承担压力；当个体成员遇到困难时，也会依靠群体来解决。二是标准化倾向。每个群体都有明确规定的或潜在的群体行为标准，其成员都必须按照这些标准行事，否则就会受到群体的责难和冷落。群体的标准化倾向还有激发作用，一个群体成员其行为标准越高，就越在群众中受到尊敬。

群体的素质高低关键在于组合，秘书群体也正是这样。合理的秘书群体结构应该是在知识、智能、气质、年龄等方面协调互补的有机结合体。

(一)知识结构

秘书群体的知识结构不能要求整齐划一，而应当是一个高低搭配、既专又全的层次结构。这是因为,秘书活动的职能是多方面的,而秘书个体的知识广度和深度毕竟有限,真正的"通才"毕竟是少见的。这就要求秘书群体在知识结构方面进行有机组合,以个体互补的状态呈现群体的"通才"特点,以个体的多侧面组成群体的立体型知识结构。这种多侧面的知识互补主要体现在专业知识与边缘知识上。比如秘书学可与领导科学、管理科学为一个侧面,有这类知识特长的人员可以统揽一个秘书群体的全部活动,充当秘书群体的组织者与领导者;写作学与文学、新闻等为一个侧面,在这方面有专长的人员可以主要承担文字表达任务;国内外秘书活动与社会学、公共关系学为一个侧面,具备这类知识的人员可以多担负沟通、协调工作;文书学、档案学与文书档案史、计算机知识可为一个侧面,在这方面有专长的人可以运用先进的技术处理文书档案。这样,就每个秘书人员个体来说,只有一两项专长,而将这些专长有机地组合起来,秘书群体就能体现"通才"的特点。

(二)智能结构

智力和能力的结合即构成一个人的特长。前面我们所述的对秘书个体的智能要求,要使每个秘书人员都达到是极为困难的。因为每个人成长的文化环境不同,受这种文化氛围的熏陶,其智能的形成也会出现不同状态。就思维来讲,有人喜欢单线思维,抓住一个问题就要追根寻源,"打破沙锅问(纹)到底";有人却擅长辐射性思维,从某一点出发,就能很快想到其他方面。有人惯于正向求同思维,只要有人引导,他就能沿着别人的思路继续进行深入的探索;而有人却喜欢反向求异思维,对什么事情都以怀疑的态度去探索。有人惯于纵向比较,有人惯于横向联系,如此等等,不一而足。要使秘书群体的智能结构达到优化,就要合理配备不同智能的个体,以智能互补来体现群体优势。一般来说,在一个秘书群体中,既要有能谋善断、出谋划策的智士,又要有行动果敢、办事精明的能手;既要有文思敏捷、落笔神速的秀才,又要有善于沟通、擅长协调的活动家;既要有能高度综合、统揽全局的核心人物,又要有善于应变、能办具体事务的人员。形成这种智能互补的局面,秘书群体才能显示出它的高素质与高水平。

(三)气质结构

气质是指人的生理、心理素质,主要表现在情绪体验的快慢、强弱,表现的隐显以及动作的灵敏与迟钝等方面。中国古代医学家把人分为五型,即好动的太阳型和少阳型,喜静的太阴型和少阴型,动静适中的阴阳和平型。前苏联心学理家巴甫洛夫根据古希腊罗马以人体内4种体液(血、粘液、黄胆汁、黑胆汁)多寡不同的假设,把人分为性情急躁、动作迅猛的胆汁质兴奋型;性情活跃、动作灵敏的多血质活泼型;性情沉静、动作缓慢的粘液质安静型和性情脆弱、动作迟钝的抑郁质弱型四大类。当然大多数人是以某一气质为主的混合型,纯粹的单一的气质类型的人是极少数。

气质是高级神经活动类型的特点在人的行为中的表现,是在人的生理条件影响的基础下形成的。气质体现人的个性色彩,每个人的气质特点往往通过人与人的交往而显示出来。有一则例子说,有4个人同时去听一次学术讲座,但都迟到了10分钟。第一位表现得很冲动,以自己的手表时间没到而同门卫争吵起来;第二位却很机智地从别的门里进入了讲座大厅;第三位认为讲座则刚开始,可能还没进入正题,便在门外等候,想在中间休息的时候再进去;第四位觉得扫兴,索性回去不听了。很显然,这4个人属于4种气质类型。

人的气质没有好坏之分，每一种气质都有其所长，也有其所短。而在一个群体内部，人员个体气质的相容与相悖却直接影响着活动效果。气质的相容与相悖在一个组织中表现为两组力的结构：一组是向心力与离心力，另一组是作用力与反作用力。向心力大于离心力，作用力大于反作用力，这就是一个团结协作、富有生气的群体；向心力小于离心力，作用力小于反作用力，这就是一个松松垮垮的群体；向心力等于离心力，作用力等于反作用力，这就是一个摩擦不断，只能因循守旧、维持现状的群体。一个较为理想的秘书群体，在气质组合上应该注意 3 点：一是较多选用多血质和粘液质两种气质类型的人员作为群体的主体，再配合以少量的胆汁质和抑郁质人员。因为多血质的人员机智敏锐、活泼好动，适应性强，兴趣广泛，善于交际，与周围人员容易友好相处；粘液质的人员情绪稳定、性格温和、注意力集中、踏实肯干、不尚空谈。以这两类人员为主，配合少量的胆汁质和抑郁质人员，就能利用后两类人员大胆泼辣、坦诚外露和认真细致、多思敏感的长处，形成一种良好的相容的气质结构，避免内耗摩擦，增强向心凝聚力，这样才能在整个群体的活动中收到整体功能大于个体功能之和的良好效果。

(四)年龄结构

秘书群体中的年龄结构也是一项重要的因素。因为人的生理发展对人的知识、智力以及能力有不可忽视的作用。一般来说，老同志阅历深，经验丰富，办事稳定，但往往心力不济，缺乏锐气；青年同志精力旺盛，敢想敢干，但知识不丰富，经验不足，易于冲动。实践证明，在秘书群体结构中，老中青人员的比例以 1:5:4 为宜，即老同志占 10%，中年人占 50%，青年人占 40%，这样，既有利于秘书群体的稳定发展，又有利于承上启下，解决后继乏人的问题。这种年龄结构是以中年为主体，以他们较完备的知识体系，充沛的精力，较多的工作经验来弥补老年人的精力不足、智能衰退和青年人的知识单一，经验缺乏；同时，秘书群体内部要有适量的老同志，以其丰富的经验和崇高的威望来弥补青年人的威望不高和阅历不足；还要有一批锐意进取、勇于创新的青年为秘书群体不断注入新鲜活力。这样一个秘书群体，就会有蓬勃的朝气，达到或接近群体优化的目标。

三、秘书机构设置的客观依据

合理地设置秘书机构，科学地优化秘书群体，并不是凭空想象就能做到的，而必须有一定的客观依据。也就是说，一个社会组织中秘书机构的设置，必须与组织的整体设置相配套，必须符合组织整体运转高效率、高质量、高标准的原则，使秘书机构在其运转过程中能够全面地完成为领导服务、为各部门服务、为人民群众服务的职能任务。具体来说，秘书机构的合理设置，应当以本组织的业务范围、领导集团的构成与分工情况以及本组织面对的社会公众为客观依据。

本组织的业务范围是设置秘书机构首先应该考虑的客观因素。每个社会组织的性质不同、职能不同、工作任务不同、机构大小不同、权力与责任不同，其业务范围也必然显示出差异。即使同一性质的组织，其业务范围也往往有不同的层面。比如同是政府机关，少数民族地区的政府机关与汉族地区的政府机关就有所不同。前者业务范围的主要组成部分是民族性的政务事务，这就需要在设置秘书机构时，考虑到民族种类、民族语言文字、民族习俗、民族宗教信仰、民族生活方式、民族文化传统等等业务问题，配备大量的少数民族人员以适应工作需要。而后者因为牵涉较少的民族事务，因此在设置秘书机构时，就无需在这方面投入大量的人力。再比如政治部门的业务范围是组织发展、干部考察、思想政治工作等等；经济部门的业务范围是生产经营，投入产出等等；文化部门的业务范围是舆论宣传、文化教育等等，这在秘书机构的设置上必然体现出客观的差异。如果一个基层单位不顾自己的实际需要，而只是一味地搞上行下效，使本单位的机构设置与中央的机构设置一一对应而成龙配套，那就势必造成机构臃肿庞大、人浮于事，不仅不能提高工作效率，反而会引出许多矛盾。因此，本组织的业务范围是设置秘书机构的首要依据。

其次，领导集团的构成及分工情况是设置秘书机构的又一客观依据。秘书机构的直接服务对象是本组织的领导集团。因此，秘书机构的设置必须考虑领导集团的构成及分工情况。在过去一段时间内，我国许多组织的领导集团是党政合一的，由此也就出现了一体化的综合性办办室这样的秘书机构。实行党政职能分开之后，这种综合性办公室也就必然分为党委办公室和行政办公室两套机构。我国的各个机关实行的是集体领导。一个组织中的领导层往往不是一个人，而是由几位领导成员组成集团型的结构。这样，领导集团内必然要进行分工，而秘书机构就需适应领导的分工而进行合理的设置。如果领导集团内有明确分工而秘书机构内浑然一体，就难以全面发挥秘书的参谋助手作用。因此，秘书机构的设置必须考虑领导集团的构成及分工情况。

再次，秘书机构设置还要顾及本组织面对社会公众。这里的“公众”，应该将上级组织、下级组织、不相隶属的各类社会组织及人民群众都包括在内。由于秘书部门不仅要面对本组织的领导集团和职能部门，而且要面对社会各界，因此在设置秘书机构时必须考虑到社会公众这一客观因素。比如一个大型的旅游管理部门，在设置秘书机构时不仅要考虑到本国游客，还要考虑接待外国游客；再比如一个科研机构，一般不设置专职的信访秘书；而一个党委机关或政府机关，则不仅要有专职的信访秘书人员，甚至要设相当规模的信访机构。这些都是出于面对公众的客观需要而进行的必要考虑。

当然，合理地设置秘书机构，科学地组合秘书群体，是一项复杂的系统工程。对于秘书机构组成形式的选择以及人员的配备，要以本机关的业务需要、领导集团的组合状况、本机关所面对的公众范围以及其他方面进行综合考虑，从高质量、高标准、高效率以及精兵简政的原则出发，依据客观现实而行，才是正确有效的可靠途径。

第二节 秘书活动的计划与指挥

对任何集团性活动实施管理，都必须有科学的计划和正确的指挥。没有计划，其活动便是盲目的、无序的；没有指挥，其活动便是散兵游勇，无法统一。同样，对秘书活动的管理也必须加强计划性和指挥力，才能使秘书活动充分发挥其职能作用。

秘书活动的计划和指挥一般是由秘书部门的主管（秘书长、秘书处长、秘书科长、办公厅主任或办公室主任等)来实施的。从其职能地位看,这些主管人员既是秘书活动的管理者,又是一个组织内的职能部门负责人。他们要根据组织的目标和要求建立起本部门的目标管理和指挥体系,以保证秘书部门的工作和组织机构的同步运转,还要搞好秘书部门的管理和队伍建设,积极培养秘书人才,提高秘书人员的素质和秘书部门的工作效率。

一、秘书活动的弹性分工与灵活调度

任何集团性的活动都需要由分工与协作来共同完成。马克思指出:“由于协作和分工产生的生产力,不费资本分文,这是社会活动的自然力。”[1]秘书活动也这样,既要有以岗位责任为基础的分工,又要有分工不同的秘书人员之间的相互配合。在一般情况下,秘书部门要按照群体工作任务和个人的专业特长,进行合理分工,做到职责明确、各把一关;而在突击任务中,则要强调机动性,加强配合,发挥整体功能。因此,秘书部门的分工不可能像工厂车间的工人分工那样,按具体工种严格划分,而必须内含一定的弹性,以保持秘书部门各项工作之间的紧密联系,共同完成某些任务。诸如负责信访工作的秘书与负责调研的秘书,领导人的专职秘书与机关负责接待的秘书,负责文字起草的秘书与负责文书处理的秘书等等,很多工作任务难以绝对划分,一项具体工作任务需要多方的共同努力才能完成。弹性分工要有分工配合的合理制度,要强调秘书人员积极主动的负责精神。否则,任何绝对划分的工作分配方式都难以符合秘书活动的需要。

秘书部门与社会各方面有着广泛的联系,组织内外环境条件的各种变化,秘书部门都必须作出反应。组织运转模式的变化,秘书部门要作出相应的改变;领导人活动的变化,秘书部门要随之提供相应的服务。由此,在秘书活动中,经常出现某些工作岗位的秘书因出差或搞中心工作,需要其他秘书顶替其工作;出现某些需要秘书人员全班人马日夜加班才能完成的紧急工作任务。这种情况,既需要秘书部门主管在分工调度中有极大的灵活性,又要求秘书人员具有比较全面的工作能力,能够应付各种变化,完成各项工作任务。如负责文字起草工作的秘书若随领导出差后,可调其他秘书人员暂时替补,担当起文字起草工作任务;搞接待的秘书人员忙于接待重要来宾,别的秘书人员可以按照接待程序,接待其他来宾。只有这样,才能在繁杂的工作任务中避免出现疏漏。

二、为领导集团服务的周密安排

在一个组织内部,秘书部门所面对的领导往往是一个集团,所有领导人的工作都需要秘书人员协助和提供服务。这种情况,就要求秘书活动要适应整个领导集团的工作需要,适应领导群体的多重需要。既要对口接受领导,避免对一件件具体工作多头请示汇报而引发不必要的矛盾;又要按照领导集团内的不同分工而调配力量,为各个领导成员提供服务。因此,对秘书活动的计划和指挥既要突出重点,也要周密地考虑全面工作。重点工作是秘书部门发挥职能作用的关键,重点工作的忽视或疏漏,就会造成重大失误;全面工作都是与组织运转不可分割的,无论忽视哪一方面,都会出现漏洞。

---

[1]《马克思恩格斯全集》第23卷,第424页,人民出版社1974年版。

在组织的运转过程中，主要领导人承担着全面指挥的责任。毋庸置疑，秘书部门应该把为主要领导人提供各类服务作为重点。不仅要全力以赴地及时完成主要领导人交办的工作任务，而且要主动地为主要领导人收集信息，了解动向，提供参谋建议，以协助主要领导人顺利地实施指挥任务。主要领导人的工作成效，对组织全面工作效益影响极大。秘书部门若能周到、及时地为主要领导人的工作提供有效的服务，就抓住了发挥其职能作用的重点和关键。但是，其他领导人也分别担负着各自的领导职责，对组织运转也起着重要的作用。秘书部门绝不能只为主要领导人服务而不为其他领导人提供必要的服务。如果借为主要领导人服务为由，不接受或拖延其他领导人交办的工作任务，不仅会影响其他领导人的工作，还可能造成领导班子之间的误会以至发生矛盾。秘书部门必须在为主要领导人提供重点服务的同时，对其他领导人也提供必要的服务；在集中力量辅助主要领导工作的同时，还必须安排足够的力量协助其他领导工作。这样才能真正全面地发挥秘书活动的职能作用。

三、对常规性工作和突击性工作的合理部署

秘书活动有其自身的工作节奏和运转规律。在正常情况下，需要有长期的计划和稳定的部署，使秘书活动一环套一环地按常规运行。然而在一个组织的全部活动中，往往会有一些突击性的工作任务需要秘书部门承担。这类性质的工作，任务集中，时限紧迫，要求严格，稍有迟缓和疏漏就会造成不良后果。这就要求必须对秘书活动中的突击性工作与经常性工作进行合理部署。面对突击性工作，秘书部门不能按部就班、常规运转，否则就会因为行动迟缓或力量不足完不成任务。同时，也不能因为突击工作任务就停止经常性工作，或者放松经常性工作。在突击性工作任务到来之际，秘书部门主管在调动主要力量、保证完成突击工作任务的同时，还要分配一定的力量坚持常规性工作，以保持常规性工作的连续和组织整体的正常运转。合理部署突击性工作和经常性工作，要使工作有张有弛。而如果一味加班加点，打疲劳战，秘书人员就难以保持旺盛的精力，也就很难提高工作效率。

对待常规性工作，秘书部门一般靠平时对人员的职能分工即可完成；而面对突击性任务，秘书部门的负责人必须暂时打破平时的分工界线，统一调度，统一安排，共同完成任务。一般情况下，当突击性任务到来之际，秘书部门要集中力量，组织临时工作班子（必要时还要抽调其他部门的人参与），再进行分工，明确职责，确定各项具体工作由谁领导、由谁实施、何时完成、要达到什么标准、提出验收检查的时间、要求等等。这样，突击性任务就由临时工作班子承担；而其他秘书人员则可以用弹性调度的办法保证常规性工作依旧进行。

四、掌握秘书活动有张有弛的工作节奏

秘书部门的工作任务是繁重的，成年累月不得空闲。这就要求在秘书活动的计划和指挥过程中把握好有张有弛的工作节奏，防止造成紧张时日夜加班，轻松时无事可干；时而超负荷运转，时而疲沓松懈；突击任务到来时，被动地“打疲劳战”，较宽松时又一味地坐等任务的现象。如果这样，久而久之会造成疲惫松懈、工作效率低下的状况。

秘书部门的工作计划应该适应组织运转需要，合理安排节奏，疏密有致，把握不同时期的工作重点。就一般情况而言，组织运转过程中一般是每年年初制订和贯彻计划；年中有较

多的检查督办工作和调查研究工作；年终则有必须的总结评比任务。不同时期秘书部门应抓住不同的工作重点，把握好工作节奏。忙时全力突击，闲时安排学习、进修。非紧急任务，不要轻易在节假日全体加班，可利用轮流值班的办法，保持工作的连续性或应付随机发生的事情。要使秘书人员得到应有的脑力和体力补充，有一定的时间进行学习，以保持秘书人员旺盛的精力，不断提高工作效能。

总之，要对秘书活动进行科学的计划和正确的指挥，就需要秘书部门的领导人既关注组织运转的全面情况，又掌握各个时期、各个阶段组织运转的主要动向、工作重点，善于“弹钢琴”，有点有面、有主有次、有张有弛地进行计划与指挥，把工作安排得井井有条，便于全面地完成工作任务。

第三节　秘书活动的监督与控制

监督与控制是实施管理的有效手段。科学的监控机制，不仅制约着管理对象的工作目标和活动范围，而且规范着管理对象的行为模式。秘书部门作为组织管理成员和管理对象，其工作范围、目标和行为模式必然受到组织规范的制约。组织领导不仅要以组织普通成员的规范来制约秘书人员的行为，而且要根据秘书职能活动的特点，对秘书人员的职业行为进行监控。组织管理就监督与控制的本质而言，是为了使组织成员的行为更加符合组织规范，使管理系统的活动符合组织目标，以提高组织成员的工作效率和组织系统的整体效能。科学的监控机制是有效管理的重要环节，也是提高秘书工作效能的必要条件。

监督与控制是由人实施的，往往带有主观随意性。实施监控者如果不能考虑到监控对象主观和客观的各个方面，就会束缚秘书人员的手脚，对秘书活动起到阻碍作用，其影响是消极的。因此，在管理活动中，不仅秘书活动的管理者要研究组织的监控策略，秘书部门自身也要研究组织的监控机制对自身行为的影响，从而自觉地遵循监控规律，克服工作中可能出现的不良行为，使秘书活动由“无序”向“有序”发展，逐步达到科学化、规范化、制度化的标准。

一、秘书活动范围的弹性控制

秘书活动的范围是领导活动范围的投影，它与领导活动及其机关管理活动密切相关。因此，秘书活动范围受组织运转的需要、环境变化的态势、领导人的个体特征及其信任程度的影响，具有多种可变的因素。一般来说，秘书活动范围可以用为领导服务、为部门服务和为人民群众服务来界定，但这个界定是抽象的，有着极大的弹性。此外，从秘书工作的多种分工和密切配合的角度讲，秘书活动的范围也应有较大的弹性。诸如信访工作和调研工作，文稿起草和信息处理，其工作范围都很难截然分开。有时，一个秘书人员负责数项工作；有时，一项工作需几个秘书人员共同配合完成。因此，秘书活动本身就具有明显的弹性。

对秘书活动范围的弹性控制，是组织正常运转的需要。在组织层次体系严密、职能分工界线明确的情况下，秘书活动的范围一般限制在日常办公服务的范围内，大多是撰制公文、组织会议、管理文书、撰办事务等等。在组织管理层次节制体系比较宽松，权力分配富有弹性的组织体系内，秘书活动的范围比较宽泛，只要不违犯组织原则，秘书人员就可以根据组织需要和领导意图，能动地发挥作用，创造性地为领导、为组织管理活动提供综合服务。因此，领导对秘书职能活动的控制都应该既富有弹性，又要把握一定的限度。对秘书工作范围控制过度或失控，都会影响组织的正常运转。控制过度会使秘书人员在工作中处处陷于被动，抑制他们的灵活性和创造精神，不能发挥其正常职能。失控则会使秘书人员放任自流，或使他们无所事事，起不到应有的作用；或者造成秘书越权、甚至秘书专权的严重后果。因此，从组织运转的需要来看，对秘书活动的范围进行弹性控制，使秘书人员在其职能活动中，既符合组织规范，又能充分发挥其创造性和主动性及其枢纽综合的优势。

不仅如此，对秘书活动范围的弹性控制，也是组织内外环境条件变化的需要。任何监督与控制只有适应环境的变化，才能恰当地发挥作用。随着组织内外环境的不断变化，领导工作及组织运转状态也必须变化。在多变的环境中，对秘书活动的控制，就只能运用弹性控制手段，以便增强秘书活动的机动性、灵活性以及生机与活力。比如秘书人员收集信息的工作，除了规定在常规性信息网络中收集和处理信息外，对于一些突发性的、随机出现而又重要的信息，要允许秘书人员根据与组织运转相关的情况，超越正常的收集范围，而进行广泛收集，并在鉴别之后传送给领导，为领导正确决策提供参考。如果把秘书的收集处理信息的功能，限制在常规网络内，秘书人员就不能及时准确地收集处理发生重大变化的特殊信息，思维就受到了禁锢，就难以很好地发挥信息枢纽的职能作用。同样，对秘书部门的协调职能，除常规性的公务协调外，还应允许随着环境和对象的变化，对领导之间、部门之间、群众之间的关系给予协调。如果不顾情况的变化，而只把秘书部门的协调职能限制在协调领导与部门、领导与群众关系的范围内，就难以充分发挥秘书部门综合协调的作用。

需要特别指出的是，对秘书活动范围的弹性控制，是领导集团变化的需要。领导集团在组织中居于主导地位，对组织运转起着决定性作用。但领导集团本身也是处于经常变化状态的群体，不论是领导集团的构成，还是领导者的个性特征，都是经常变化的。从领导集团的构成方面看，不同的领导者有不同的素质、工作作风和工作方式，因此，要求秘书提供的服务内容就有所不同。文化层次较低的领导者，往往需要秘书人员更多地在文字写作方面提供服务；而文化素质较高、写作能力较强的领导者，则希望秘书更多地提供来自各方面的信息资料；活动能力强的领导者，更多地希望秘书在人际交往等工作中提供服务；而喜欢坐镇指挥的领导者，则希望秘书人员多搞调查研究，更多地完成授权理事的工作。不仅如此，随着环境的变化和时间的推移，即使同一个领导者的个性特征也是有变化的，在不同时期和环境下，对秘书人员提供服务的要求也有所不同。某些领导者年轻的时候，往往要求秘书人员在协调、决策咨询等方面更多地提供服务；而年老的时候，则希望秘书提供收集信息和督办等方面的服务；在外出开会时，要求秘书及时提供有关会议材料讲稿方面的服务；在本单位时，则希望秘书能提供全面的综合服务。由此看来，在同一个组织体系内的不同领导者或同一领导的不同时期，对秘书活动的范围都将提出不同的要求。因此，对秘书活动进行适时的、恰当的弹性控制，既可以促使秘书部门保证职能活动的规范，又能最大限度发挥其积极性、主动性及创造精神，收到良好的活动效果。

二、秘书活动效率的定性监控

秘书活动的效率,一般只能实施定性监控。秘书活动的主要对象是领导者,因而衡量秘书活动的效果如何,通常用秘书活动能否促进领导工作效率的提高作为重要标准。对领导工作效率起牵制和消极的作用,领导者就会对秘书活动作出服务效率低、服务效果差的评价,受到这种评价的秘书人员,要么改进工作方法和态度,提高工作效率,使领导者改变原来的评价;要么无力改变或不愿改变,就会被领导人以其定性评价作为依据,以不适应工作需要为由,而淘汰或调换其岗位。所以秘书人员必须以领导需要为导向机制,以提高领导者的工作效率和优化领导者的工作效果为目的,自觉地遵从领导者的定性监控,不断提高自己的工作能力,以适应领导者的工作需要。

在组织体系中,秘书人员除为领导工作服务外,还要与职能部门和组织成员有密切的工作往来。这不仅体现了秘书活动为组织管理综合服务的特征,而且对组织的各个相关方面的工作效果也产生影响。秘书部门办文、办会、办事的质量和效率,对组织的各个相关部门都产生着作用。从某种程度上说,秘书活动的效果,从组织的各职能部门及组织成员与秘书部门的工作交往中就可以得到客观的反映。各职能系统和组织成员对秘书活动的定性评价,能够反映出秘书活动的效率和效果,因而也对秘书活动起着定性监控作用。如果各职能系统和其组织成员对秘书活动评价不高,那么领导者就会受到这种评价的影响,而逐渐对秘书部门失去信任。因此,秘书人员在其职能活动中,不能不考虑到职能部门及群众的评价。这样,在对秘书活动的监控管理中,既要重视领导者对秘书活动的评价,又要重视各相关方面的反应,从而把握定性监控的机制。如果偏重于一方,或者只重视领导的评价,而不顾群众的反映;或者只重视群众的意见而忽视领导的评价,都不能构成科学的定性监控机制。

三、秘书活动目标的考核监控

对秘书活动的监督与控制,仅有范围方面的弹性控制和效率方面的定性监控是不够的,人们在实践中还常常运用目标考核的办法对秘书活动实施监督与控制。细致而具体的目标考核方法,不仅有利于一个组织的全体成员对秘书活动实施监督,而且也便于秘书部门自身(包括秘书部门的领导者及秘书人员在内)及时地实施行为调节。

组织运转过程中的各个环节、各种职能都是为了实现组织的总体目标。秘书部门的一切活动也都是组织实现整体目标的组成部分。因此,根据组织运转的需要,在组织整体目标的指导下,制定秘书部门的活动目标,实施目标考核监督,是对秘书活动实施管理的有效方法。要实施目标考核的监控机制,首先必须建立科学、合理的目标体系,即以组织整体目标需要为指导,根据秘书部门的职能作用、职能地位和日常实务的内容,把秘书活动中的各项职能,分解为秘书人员的具体工作目标和工作任务,并规定参数标准和质量要求,使每一位秘书人员都明确自己的责任和义务,也就是在秘书部门内部建立岗位责任体系。合理地建立这种岗位责任体系,对于事务繁杂、随机性较大的秘书部门来说,不是一件很容易的事。必须从实际出发,根据不同的工作内容划分岗位职责,确定各类目标。如对于文书工作、信访工作、机要和印信管理等可分专人负责的工作,可根据工作要求,制定明确的目标责任;对于会务工作、信息工作,需要群体合作的突击性工作实务,应以服务的满意程度、工作的客观效果、整体配合情况、个人的工作态度和工作行为的规范性等等,综合提出具有弹性的目标要求;对于参谋建议活动、综合协调活动,则应重视其影响的大小、作用的好坏,以及实际效果等,制定原则性目标要求。这样,由个体的具体目标要求、群体活动的弹性目标要求以及综合职能的原则目标要求,构成秘书部门的目标管理体系。这样的目标体系,再配以量化的考核参数,既便于秘书部门的负责人,按照目标体系确定的岗位职责分配工作任务,进行工作指导,并采取必要的监督、控制措施,又便于对各类秘书人员的工作实绩、效果进行检验和评价。不折不扣地达到了目标,其考核评估必然是最佳;目标要求与实际工作情况的差异程度,则反映出被考核对象完成目标任务的状况(见表 11–1)。

表 11–1　办公室主任的职责目标及考核参数(百分制)

序号	目标要求	标分	考　核	扣分
1	组织全体人员各司其职,做到领导、部门、群众、往来单位四满意。	15	管理不当,办公室出现差错一次。	3
			因工作疏漏、失误引起有关方面不满一次。	4
			内部成员受到行政处分一人次。	3
2	调查研究、辅助决策,向领导提供有价值的调查报告。	10	每月下基层三次以上,缺一次。	3
			提供虚假信息	5
			重要情况知情不报。	10
3	及时传达领导的决定和工作要求,并监督落实。	10	传达不及时,影响执行进度一次	4
			督策不力,受到上级批评一次。	3
4	亲自起草报告、总结和其他重要文字材料。	10	该亲自写的不动手写,影响材料完成的进度和质量一次。	4
			文字把关不严,出现重大差错一次。	4
5	组织各种会务工作,检查下级工作任务完成的情况。	5	计划、安排不周到,影响会议进程和效果一次。	3
			检查不力,影响整个工作进程一次。	2
6	联系和协调组织内外的各种关系,沟通信息,统一认识,相互配合,促进工作顺利进行。	10	出现矛盾、拖拉现象,影响工作一次。	3
			造成与有关方面关系紧张,责任在自己,不及时作自我批评一次。	2

续表 11-1

序号	目标要求	标分	考核	扣分
7	把握组织内外环境、条件发展变化的趋势，了解动态，进行预测，并提供领导参考。	5	预测失误一次或根本不了解环境条件变化情况，不作科学预测。	3
8	安排和组织接待来宾和公共交往。	5	未组织好，影响接待效果。	2
			领导、客人有意见。	3
9	完成领导交办的任务，包括交给办公室的任务和办公室主任自己的任务。	10	未按要求完成一次	5
			办事拖拉、推诿或拒不接受一次。	5
10	抓好办公室自身建设，包括组织建设、思想建设、业务提高三方面。	10	放任自流，无明确计划。	5
			某一方面未抓好。	3
11	完成中心工作、突击任务和其他工作任务。	10	基本上完成任务，出现局部疏漏一次。	3
			完成任务不好或没有完成任务一次。	4

表 11-2 秘书人员职责目标及考核参数(百分制)

序号	目标要求	标分	考核	扣分
1	起草、审核报告、总结等文件材料。	20	漏核一次。	2
			差错一次。	2
			一件未按时完成。	3
2	调查研究、分析整理工作情况、信息资料。	20	重要信息未及时处理一次。	3
			信息失真一次。	2
3	负责编印《情况反映》。	15	反映失实或滞后一次。	2
			不能及时印发一次。	4
4	负责准备会议事务。	15	材料准备不充分差一份。	3
			会场事务处理不当，出一次差错。	5
5	综合协调成功效率达到90%以上。	10	低于90%。	2
			低于80%。	3
			低于75%。	5
6	完成领导临时交办的事项。	10	完成任务效果不好一次。	2
			延长了完成任务的时间。	2
7	与其他秘书或其他部门工作人员相互配合完成工作任务。	10	与他人合作不当，出一次矛盾纠纷。	2
			有意不与他人合作一次。	5

表 11-1、11-2 仅是举例,并非既定模式。由于各组织的运转方式和秘书部门的地位和作用不同,对秘书活动的岗位责任目标和考核监控体系不可能有统一的模式。但以上两表并非凭空创造,而是秘书活动管理的实践总结。这就说明,对秘书活动实行目标考核的监督控制办法,不仅是必要的,而且是可能的。

第四节　秘书活动的管理原则

人类从丰富的社会实践中总结出了许多较为科学的管理原则。当我们对秘书活动的管理进行探讨的时候,不能不注意到许多闪烁着人类智慧之光的管理思想,特别是不能不注意到现代科学管理的一系列原则。中国的《周礼》、《孟子》、《管子》等典籍中蕴涵着深邃的管理思想,西方被称为"科学管理之父"的泰罗的管理理论及被称为"效率大祭司"的爱默生的"十二项效率原则"都是管理思想的典范,仅从第一个明确提出和阐明"一般管理理论"的法国人亨利·法约所倡导的"十四点管理原则"中,就能得到很大的启发:

(一)分工。劳动专业化是各种机构、团体进步和发展的正常方法。不只适用于工人,而且适应于一切管理人员。

(二)权威和责任。权威和责任是互相联系的,委以责任而不授以相应的权威,那是组织上的缺陷。

(三)纪律。纪律是管理所必需的。没有纪律,任何机构、团体、事业都难以办好。纪律应该尽可能明确、公正。

(四)统一命令。一个组织中的某一个人员只能接受一个上级的命令,否则,权力会受损害,纪律会被破坏,秩序要被打乱,稳定就有危险。

(五)统一指导。具有同一目的的团体,只能在一个领导和一个计划指导下协同力量,统一行动。

(六)个人利益服从整体。领导应公正地协调每个下属同整个集体之间不同方面的利益,并经常进行监督。

(七)人员报酬。报酬必须公平合理,尽可能地使个人与单位双方满意。奖励不得超过合理的界限。特别要注意关心职工的健康、教育、道德以及收入的稳定性,改善他们的生活和工作条件。

(八)集中。任何单位集权和分权的程度,不能千篇一律,固定不变。应根据其规模、条件、经理人员的个性、道德、品质,以及从属人员的可靠性等因素来确定。

(九)等级链(亦称权威线)。从最高级别到最低级别的各级领导及管理人员之间应该建立关系明确的权威等级链结构,以保证上下沟通灵敏。

(十)秩序。"物皆有位,物在其位",以保证工作效率,而且必须"人皆人位,人称其职",使每个职工都处在他能最好地作出贡献的职位上。

(十一)公平。必须以同样的原则和态度对待每一个职工。才能建立公正和平的气氛。

(十二)工作稳定。人事不断变动,工作将永远不能顺利完成。

(十三)首创性。首创性是事业壮大的巨大源泉。

(十四)集体精神。必须注意保持同一集体中团结、协作、融洽的关系。[1]

从亨利·法约的管理原则中可以体味到,现代管理既要有以权控制的一面,又要有调动被管理者积极性的一面,这是传统的管理思想与现代管理思想的结合。传统的管理理论认为,管理的任务就是指挥与控制,就是命令被管理者该做什么,怎么去做,并监督他们做好;管理行为应以威力、严峻、强制、惩处为主。这种理论建立在对人的消极假设的基础之上,即一般人都有厌恶劳动、尽可能少做工作的特性,而且怕负责任,胸无大志,明哲保身。因此,对大多数人必须强制实施监督指挥,惩罚胁迫,才能使其努力工作。美国麻省理工学院的麦克雷戈教授针对这种传统的"X 理论"提出了与此完全不同的"Y 理论":

(1)人在工作中运用智力、体力是自然的。人并不天生都厌恶工作;人们对工作是喜爱还是憎恶,决定于这工作对他是一种满足,还是一种惩罚。

(2)外部的控制、惩罚的威胁并不是使人完成目标的唯一方法,人在执行自愿的任务中能够自我指挥和自我监督。

(3)对人们取得的每一个成就都给以相应的报酬,有助于他们为更大的目标做出贡献;所有"报酬"中最重要的是尊重他们的工作,使他们看到自己工作的意义,"自我实现"的需要得到满足。

(4)怕负责任,胸无大志,明哲保身,常常是经验的结果,而不是人的本性。

(5)大多数人都是具有一定的想象力、独创性和工作才能,而在现代工作生产条件下,一般人这方面的智慧潜力没有得到充分的发挥。

这样,管理的任务就是要发挥被管理者的潜力,创造条件,使个人的需要与组织的目标结合起来,不断鼓舞大家发挥自己的能力、知识、技术,努力实现组织的目标,从而获得个人需要的满足。麦克雷戈把这种个人需要与组织目标的一致性称为"一体化原则"。[2]这种管理理论就更加强了调动被管理者的主观能动性,因此受到了普遍的赞同。

从一般管理的原则出发,结合秘书活动的特殊性,可以提出秘书活动管理过程中最基本的三项管理原则,即人本原则、能级原则和激励原则。

一、"人本"原则

马克思主义的历史唯物论告诉我们,社会实践的主体是人民群众,任何社会活动都是人在进行的活动。离开了人及人的能动性,任何活动目标都实现不了。因此,任何社会实践领域内的管理活动,其核心都是对人的管理。虽然在管理活动中涉及人、财、物、信息、时间、士气、方法等等要素,但管理活动的各个环节——计划、组织、指挥、监督、协调、控制等等,都要以"人"为根本。对秘书活动的管理也是这样,也必须坚持"人本"原则。

---

[1]引自何钟秀著:《现代管理学》,第 26 页,浙江教育出版社 1989 年版。

[2]参见何钟秀:《现代管理学》,第 44-45 页,浙江教育出版社 1989 年版。

坚持“人本”原则,首先必须对“人”进行全面认识。“人”并不是抽象的,而是具体的。任何人,都既是“生物人”,又是“社会人”,而且是“职业人”。换言之,人既是生物的实体,又是社会的实体,而且是职业的实体。说人是生物的实体,即是说,人属于大千世界的生物系列中哺乳类的人类种,具有自己所特有的形体组织和构造——高度发达的大脑,能够制造和使用工具的双手,完善的消化吸收及血液循环系统,能够独立行走的腿脚等等。说人是社会的实体,即是说,人不仅是生物性的,同时也是社会性的;不仅是生物进化中的产物,而且是社会生活和劳动的产物。人之所以区别于动物的本质属性,在于它的社会实质。人的社会生活决定了社会意识的产生,于是人便具备了他所特有的特征:有立场观点,有思想愿望,有兴趣爱好,有不同个性,有气质差异,有各种能力……这一切都是社会生活所给予的,因此,“人的本质并不是单个人所固有的抽象物,在其现实性上,它是一切社会关系的总和。”[1]说人是职业的实体,即是说,人都在一定的职业范围内活动,因而每个人都体现着他所从事的职业的特点。秘书活动中的“人”也是如此。因而,对秘书活动的管理首先必须体现以人为根本这一基本的原则——认识人、理解人、尊重人、体贴人、爱护人、关心人、帮助人,特别是要从秘书职业特点出发,去认识、理解、尊重、体贴、关心、爱护、帮助秘书这种“职业人”。

人是有着自觉的意识、强烈的欲望和多种需要的生物体。一般来说,人的任何社会行为的产生,都是一个“需要—欲望—行动—满足”的连锁反应循环往复的过程(见图 11-5):

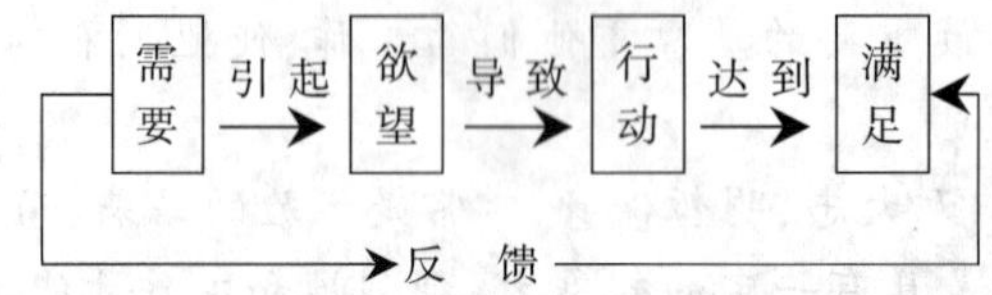

图 11-5 人的社会行为产生的过程及循环

这里有两个基本前提:一是人的需要是多层次的,一种需要得到满足之后,便会相继出现更高层次的需要,因此,人永远没有完全满足的时候,人在他的有生之年便会不懈地努力奋斗。二是已经满足的需要不再能刺激人的欲望,而只有尚未满足的需要才能引起欲望而导致行动。那么,人的需要究竟是些什么呢?美国的马斯洛把人的需要分为 5 个层次:(1)生理的需要。衣、食、住、结婚、治病等。(2)安全的需要。劳动和职业的保障、财产和住所的安全、社会保险等。(3)社交的需要。伙伴之间的友谊,同事之间的融洽,社会集体的欢迎等。(4)尊严的需要。自尊心、声誉、社会地位等。(5)“自我实现”的需要。理想抱负,充分实现自己潜在的才干和能力等等。[2]马斯洛的论述并不完善,但他指出了不可忽视的一些基本方面。普通的人是这样,具体到“职业人”身上,就有更为复杂的问题,需要紧密结合不同职业的特点来进行分析。秘书活动这种职业活动有录事传导、参谋辅助、综合枢纽、组织协调等多种社会功能,但这种职业活动本质上是中介性质的。它为上下左右内外各方面的人员服务,它的活动成果是隐匿性的,它的活动主体扮演着多重角色,它经常处于被动与主动、综合性与专业性、常规性与随机性的矛盾之中。因此,对秘书活动的管理,首先必须认识这种职业的特点。正由

[1]马克思:《关于费尔巴哈的提纲》、《马克思恩格斯选集》第 1 卷,第 18 页,人民出版社 1972 年版。

[2]参见孙汝亭、宋书文:《管理心理学》,第 256 页,广西人民出版社 1987 年版。

于这些特点,使得秘书人员这种“职业人”必须以忠心诚实、吃苦耐劳、埋头苦干、无私奉献的精神状态去从事职业活动。然而他们究竟有哪些需要——生理上的、心理上的、物质上的、精神上的?又怎样才能使他们的需要得到满足呢?这就是管理者必须考虑的问题。如果忽视了这一点,就难以对秘书活动进行有效的管理。

从人本原则出发,秘书活动的管理者,就应该正确认识秘书人员这种“职业人”——他们是有着自觉意识和多种需要的生命体,不能把他们当“工具”看待;就应该理解这种“职业人”——他们担负着多重任务,扮演着多重角色,其工作难度是相当大的,不能说秘书活动是轻松的差事;就应该尊重这种“职业人”——他们的劳动融化在各种社会成果当中,因而从表面上看不出他们的丰功伟绩,但他们确实应当受到尊重;就应该体贴这种“职业人”——他们往往由于扮演多重角色而蒙受委屈,又有苦难言,不仅享受不到掌声、喝彩与勋章,而且常常要替人受过,他们需要人的体贴;就应该关心这种“职业人”——他们往往公而忘私,为了事业而放弃了许多个人的追求,包括家庭温暖,天伦之乐,学习、深造的机会等等,因而他们需要有人对他们在政治上、生活上、学习上给予关怀;就应该爱护这种“职业人”——他们往往为了工作夜以继日地埋头苦干,或舞笔于案头,或周旋于内外,或奔波于上下,精力、体力、智力的损耗要不断补充;就应该帮助这种“职业人”——他们在工作、学习、生活等方面都会遇到不少难处,这就需要有人来帮助他们。所有这些,都是秘书活动管理过程中应该认真考虑,认真实施的问题。

二、能级原则

“能”虽然是物理学中物体做功的量的概念,但在管理活动中也同样存在。人们常说某某能力很强、能量很大或很有能耐,都是指人的能量而言。任何组织、任何个人都有一个能量问题。能量有大小之分,能量大,即具有较大的做功本领;能量小,即做功的本领较小。能量还有种类之别,“骏马能历险,耕田不如牛;坚车能负重,渡河不若舟”,正是说的这个道理。既然如此,能量就有一个分级分类问题。在秘书活动的管理过程中,按照每个秘书人员能量的大小、种类的差异而施之不同的管理方法,也是不可忽视的一项管理原则。

世界上许多国家,都以能级标准对秘书人员进行测试鉴定。日本就由文部省制定秘书技能的一、二、三级标准,并由全国性专业组织“日本实务技能鉴定协会秘书鉴定部”具体负责对秘书人员进行鉴定考核。符合哪一级标准,就发给“文部省认定秘书技能鉴定×级合格”的资格证明,等待就职的人员就有了就职的条件,在职的秘书也就有了评价其业务能力的依据。[1]比如秘书一级标准的评审内容为:

(一)秘书的资质

1.当秘书的必备条件:作为秘书,应具备关于专门工作的充分的处理能力;具备有效的判断能力和行动能力;讲究礼貌和仪表,通情达理。

2.必须具备的品质。具有保守机密、诚实、开朗、服从领导、勤奋等资质。

[1]参见王正、李景祥:《日本秘书技能鉴定述略》,载《秘书之友》总第32期。

(二)业务知识

1.了解秘书对组织的作用;

2.从理论上认识秘书的作用;

3.能了解领导工作的细节,能代行事务工作。

(三)一般知识

1.社会常识。对社会常识、时事问题有所理解。

2.经营学。懂得有关经营学的知识;掌握有关一般经营、管理、组织、人事劳动、销售学、生产技术、情报处理、组织机构、国际经营和知识;

3.一般会计财务。有关于簿记、会计、税务的相当知识。

4.经营、法律事务。有关票据、支票法、商法、劳动法的相当知识。

(四)接待知识

1.人际关系。能应用人际关系的理论指导实践;能为人际关系的改善进行考虑;懂得商业心理学。

2.态度。接待态度灵活运用;能充分掌握有关化妆、举止动作、民族服装和西装、礼服方面的一般知识。

3.谈话、接待方法。了解谈话的原则和条件,了解人际关系的联系点;能高度灵活地运用敬语;能进行复杂的面谈和适当的电话会议;能作复杂的长篇报告;能处理抱怨和进行困难的说服工作;有办法抓住真正意思来听;懂得积极地接受忠告的方法,有使人感受良好的忠告方法;能根据情况使用恰当的词语。

4.人际业务。熟悉办喜事、丧事的顺序及庶务工作;掌握赠品及答谢品的决定办法;能就广告、交易等收集必需的情报;能根据领导的指示办理事务;能办理加入各种社会团体的事务。

(五)技能

1.会议。对于会议有深厚的知识;有关于会议进行步骤的知识;能进行计划和准备;能进行事后处理。

2.文件写作。能写简单的公司内外文件;能作口述要领的速记;能作会议记录;能根据目的选择并画出线状图表、柱状图表和圆形图表。

3.办理文件。能办理收发信件;能选择适当的邮寄方法;有办理秘密文件的知识。

4.复印机的应用。能对复印机进行适当的选择和正确的使用。

5.文件整理归档。能进行适当的归档立卷和整理保管工作。

6.资料管理。能进行名片的卡片式整理;能整理商品名目、杂志、录音带、照片等资料;能按要求搜集公司的内外的资料。

7.编制日程。能编制和管理日程。

8.整理环境。有配备办公室的知识,能进行整理、管理;为整理环境,能想适当的办法。

9.办公用品、备品。能对办公用品、备品进行选择、安排、补充等。

10.英语。有文部省认定实用英语审定考核二级以上或与之相当的实际能力。

【备考】

1.事例研究。要附加与秘书日常遇到实例近似的简单事例的审查。

2.面试。关于适应性,要附加面试审查。

3.选择科目。就下列各科,要附加一选择科目接受审查。但有该科目的技能审定实施机关发的合格证时,审查可以免试:

(1)日文打字,要有日本商工会议所日文打字审定考核三级(或其他同种审定考试同等以上)以上,或与之相当的实际能力;

(2)英文打字,要有日本商工会议所英文打字审定考核C组(或其他同种审定考试同等以上)以上,或与之相当的实际能力;

(3)日文速记,要有日本速记协会实施文部省认定技能审定考核三级以上或与之相当的实际能力;

(4)英文速记,把以1分钟60个词的速度朗读的英文,具有错误不超过5%的翻译记录能力;

(5)钢笔字,有日本书写技能审定协会实施文部省认定硬笔书写技能审定考核三级以上或与之相当的实际能力;

(6)珠算,有日本商工会议所能力检定考试三级(或其他同种审定考试同等以上)以上,或与之相当的实际能力。[1]

这就告诉我们,按照能级原则对秘书的活动进行管理,不仅是必要的,而且是可能的。

按能级原则对秘书活动施行管理,首先必须知人善任,任人唯贤。东汉班彪总结刘邦的业绩时曾指出,刘邦之所以得天下,其中一个重要原因就是知人善任,任人唯贤。刘邦敢于打破论资排辈的封建宗法观念,能做到举才择人,量才授职,选贤任能,不分亲疏,这给了我们深刻的启示。得才兴邦,古今同理。而要真正得到人才,就必须任人唯贤,而不能任人唯亲。毛泽东同志谆谆告诫我们:"共产党的干部政策,应是以能否坚决地执行党的路线,服从党的纪律,和群众有密切的联系,有独立的工作能力,积极肯干,不谋私利为标准,这就是'任人唯贤'的路线"。[2]在秘书活动的管理当中也是如此。

其次,按能级原则对秘书活动施行管理,还必须做到用人所长,使人尽其才。唐太宗李世民曾说过:"君子用人如器,各取所长,古之施治者,岂借才于异代乎?正患己不能知,安可诬一世之人。"[3]这正指出了用人的诀窍在于用其所长。金无足赤,人无完人。每个人都有自己的长处,也必然有自己的短处。十全十美、百样精通的通才是不存在的,秘书队伍的状况也是如此。有的人有胆识、有创见、有魄力,意志顽强、工作拿得起,放得下,能打开局面。有的人具有高瞻远瞩的战略眼光,善于决断,有永不衰竭的事业进取心,有出色的组织才能。有的人善于领会上级意图,执行决议忠实坚决,能埋头苦干,任劳任怨。有的人思想敏锐,知识兴趣广泛,吸收新鲜事物快。有的人综合分析能力强,能明辨是非,透过现象看出本质。有的人公道

[1]详见日本《秘书技能检定考试应考指导书》,阿拉发出版社1983年日文版。

[2]《中国共产党在民族战争中的地位》,《毛泽东选集》第2卷,493页,人民出版社1967年版。

[3]《资治通鉴·唐太宗令封德彝举贤》。

正派,铁面无私,勇于坚持真理,修正错误。有的人善言谈,有的人善书写,有的人善管理,有的人善交际。如此等等,不一而足。管理者就应根据个人所长,安排他们到适宜的岗位,以尽可能地用其所长,避其所短。同时,管理者还应有容人之量和爱人之心。要允许秘书人员有这样那样的缺点,在实践中给他们创造机会,使他们得以锻炼能力,提高水平,加强修养,陶冶性情,发扬长处,改正缺点,这是秘书活动的管理能够取得成功的保证。

与能级管理原则紧密联系的是,对秘书活动施行管理,还要求对不同气质的人员安排不同的工作任务,并运用不同的管理方法。人的气质各有不同,管理过程中也就要因人施治。对性情急躁、动作迅猛的胆汁质兴奋型人员,可安排紧急任务;对性情活跃、动作灵敏的多血质活动型人员可多安排社会交际活动;对性情沉静、动作稳健的粘液质安静型人员,可多安排文字工作;对性情脆弱,动作缓慢的抑郁型的弱质人员,可多安排文书档案管理工作。这样就能用其所长,避其所短,有利于发挥每个人的个性特长。同时,对不同气质类型的人员还应注意运用不同的管理方法。对胆汁质人员要促使其勤于思考,工作中讲究方式,以改变其情绪激昂、暴躁的缺陷;对多血质的人员要引导他们踏实耐心,克服草率轻信、见异思迁的缺点;对粘液质的人员要引导其活泼向上,以改变其性格内向、沉默寡言的不足;对抑郁质的人员则要体贴入微、多加关心,引导其克服心胸狭窄、感情脆弱的缺点。这样有的放矢对症下药地施行管理,就会收到良好的效果。

三、激励原则

所谓激励原则,是指通过一定的刺激手段来促使人们产生积极向上的心理,从而充分发挥出主动性、创造性的管理原则。激励原则的实质在于,要运用多种管理手段来启发、调动秘书人员发挥积极性与创造性,而不是压抑、控制、削弱甚至打击这种积极性。心理学的研究表明,实行激励,对于提高劳动生产率具有很大的作用。有一项对计时工资、分红工资和计件工资加以比较的实验表明,实行计时工资时劳动生产率最低,实行分红工资比实行计时工资劳动生产率有明显提高,而实行计件工资比实行分红工资劳动生产率还要有所增加。[1]这种运用工资激励使生产者改变意愿而提高劳动生产率的结果,就生动地证明了激励原则在管理活动中的巨大作用。

坚持激励原则,就要注意正确运用激励因素。激励因素内涵很广,但最基本的有物质因素和精神因素两大方面。物质是人类生活的基础。辩证唯物主义告诉我们,物质是第一性的,物的存在决定人的意识。在一切用于激励的因素当中,物质因素是基础因素。正如恩格斯所说"人们首先必须吃、喝、住、穿,而后才能从事政治、科学、艺术、宗教等等。"[2]没有一定的物质保障,人类就难以生存,就更谈不上在工作中发挥积极性。

运用物质因素来对秘书人员进行激励,就是要切实体现按劳分配、多劳多得的社会主义分配制度,使秘书人员的劳动得到合理的报酬。在生活和工作中,每个人都会自觉不自觉地把自己付出的劳动和所得的报酬与他人付出劳动所得到的报酬进行比较,也会把自己现在

[1]参见孙汝亭、宋书文:《管理心理学》,第203页,广西人民出版社1987年版。

[2]《在马克思墓前的演说》,《马克思恩格斯文选》第2卷,第166页,外国文书籍出版局1955年版。

付出的劳动和所得的报酬与自己过去的劳动和所得报酬进行个人历史的比较。如果发现比例正常、增长适度,就能心情舒畅、努力工作;反之则会满腔怒气、产生消极情绪。而且当秘书人员付出了超额劳动之后,应当得到额外的补偿报酬,这符合社会主义物质分配原则。正如中国共产党十三届三中全会《关于经济体制改革的决定》中指出的那样:“当劳动者的主人翁地位在企业的各项制度中得到切实的保障,他们的劳动又与自身的物质利益紧密联系的时候,劳动者的积极性、智慧和创造力就能充分地发挥出来。”

在我国各种管理活动的激励因素中,还必须对于精神鼓励的作用给予极大的重视。其根本原因是:建设社会主义现代化国家的伟大目标和全心全意为人民服务的崇高理想,能促使人们为国家为民族做贡献。热爱祖国、热爱人民、热爱社会主义已成为各方面工作的动力,激励人们努力做好本职工作,为开创社会主义建设新局面,为社会主义物质文明和精神文明的建设而努力奋斗。对秘书活动进行管理的过程中,也必不可少地要运用理想教育这种精神因素来进行激励。秘书人员是默默无闻地奉献者,他们所从事的秘书职业活动是铺垫性、服务性的劳动,几乎没有能够立功扬名,显实绩于社会的机会,因而在心理上特别期望得到社会的承认,得到人们的理解。这就要求对秘书活动的管理特别要注意精神鼓励。在日常工作中,管理者应时时注意到秘书人员的劳动成果,经常肯定他们取得的成绩,鼓励他们在平凡的岗位上做出不平凡的贡献。在提升职务、评定职称、评选先进模范,以至于考察参观、进修升造等等机会到来之际不能忘记他们。当秘书人员的劳动受到肯定,其愿望一步步得以实现的时候,他们的积极性和创造性就会不断地爆发出来。

第十二章 秘书活动的变革

秘书活动和其他社会活动同样，随着时代的变革而变革。

人类社会已进入了21世纪，这是信息时代，市场经济时代，经济全球化时代，挑战与机遇并存的时代。

信息爆炸，知识经济，网络覆盖，经济全球化，政治多极化，文化多元化……世界变成了“地球村”，各个国家、地区之间的联系日益紧密，人们交流更加频繁。自由市场经济转变为现代市场经济。在社会化大生产和商品经济充分发展、科学技术日新月异的情况下，实行国家干预、计划导向、宏观调控的现代市场经济，是世界经济发展的基本趋势。在全球化进程中，“金砖四国”——中国、印度、巴西、俄罗斯的崛起，美国金融危机的震荡和欧洲经济的衰退，都在改变着世界经济、政治、文化格局。日新月异的社会变革决定了秘书活动必然变革。作为秘书学的基础理论，虽然一时还难以准确地描述这种变革的脉搏和走向，但有必要轮廓性地勾画秘书活动变革的趋势，特别是把握变革的总体态势，把握变革最为明显的政务秘书活动、企业秘书活动两个领域。

第一节 秘书活动变革的总体态势

中国的崛起无疑是21世纪世界公认的重大事实，中国秘书活动的变革在秘书界具有代表性。我国实行社会主义市场经济，推动了秘书活动全方位的变革。承接20世纪70年代末的改革开放，中共中央在90年代初作出了《关于建立社会主义市场经济体制若干问题的决定》。1993年3月29日，第八届全国人民代表大会第一次会议通过的《中华人民共和国宪法》(修正案)中，将“国家实行社会主义市场经济”庄严地写进了宪法。这是我国经济生活、政治生活以至整个社会生活发生巨大变革的一个新起点。2001年12月11日，中国终于叩开世贸组织大门，成为WTO第143个成员。加入世贸组织，在经济上融入世界大家庭而参与世界市场的竞争，在政治生活中也赢得了影响全球事务的话语权。随之而来的视野开阔、思想解放、观念转变、管理方式更新以及整个社会运行机制的转变，都使秘书活动的变革成为必然。最为显著的变革表现为：秘书职业地位的明朗化，秘书活动手段的信息化，秘书行业分工的细密化，秘书职业意识的社会化和运作方式的现代化。

一、职业地位的明朗化

（一）21世纪秘书活动最有代表性的变革是秘书职业地位的明朗化

秘书职业资格获得社会公认，使得秘书职业在社会行业中占有了一席显著的地位。1997年，我国劳动和社会保障部制定了秘书职业标准，自1998年起，统一组织了秘书职业资格的全国统一考试鉴定，并开始实行秘书资格证书制度，这在我国秘书事业发展史上具有里程碑意义，标志着我国秘书职业体制走向规范化、制度化，并开始与国际接轨。秘书职业标准划分出3个等级，即初级（国家职业资格五级）、中级（国家职业资格四级）、高级（国家职业资格三级），其中包含了信息工作、接待工作、档案工作、文书拟写与处理、会议组织、协调工作及办公室日常事务等多个方面的职业资格要求，培养和考核秘书职业人员有了依据。按照全国统一标准、统一教材、统一命题、统一考务、统一证书的质量控制原则，在培训、鉴定、考务、证书核发等主要环节进行了统一规划与组织管理，保证了秘书职业资格认证的质量，大大提高了秘书职业国家职业资格证书的含金量。全国秘书职业培训鉴定统一使用由劳动和社会保障部中国就业培训技术指导中心组织编写的《秘书职业技能培训鉴定教材》，申报条件也有如下明确的规定：

1.具备以下条件之一者，可申报秘书职业资格（初级）鉴定：

（1）从事秘书职业1年以上；

（2）职业学校秘书专业毕业；

（3）经本职业初级正规培训（指经过劳动和社会保障部门批准的办学机构秘书培训并结业）。

2.具备以下条件之一者，可申报秘书职业资格（中级）鉴定：

（1）取得初级秘书职业资格证书后，从事秘书工作两年以上并经过劳动和社会保障部门批准的办学机构秘书职业中级正规培训结业；

（2）取得初级秘书职业资格证书后并从事秘书工作3年以上；

（3）从事秘书工作4年以上并经过劳动和社会保障部门批准的办学机构秘书职业中级正规培训结业；

（4）秘书专业（含中文、新闻、管理、历史、社会、档案、经济等专业）大学专科毕业以上。

3.具备以下条件之一者，可申报秘书职业资格（高级）鉴定：

（1）取得中级秘书职业资格证书后，从事秘书工作两年以上并经过劳动和社会保障部门批准的办学机构秘书职业高级正规培训结业；

（2）取得中级秘书职业资格证书后，并从事秘书工作3年以上；

（3）从事秘书工作10年以上并经过劳动和社会保障部门批准的办学机构秘书职业正规培训结业；

(4)大学专科秘书专业(含中文、新闻、管理、历史、社会、档案、经济等专业)毕业后并从事秘书工作3年以上;

(5)大学本科秘书专业(含中文、新闻、管理、历史、社会、档案、经济等专业)毕业后并从事秘书工作两年以上。[1]

作为国家劳动和社会保障部推出的第一个全国统考职业,秘书职业资格全国统一鉴定工作在社会各界引起了强烈反响,受到了普遍欢迎。十多年来的全国统考,几百万人的报名参加,使得秘书职业已成为一个影响日益巨大、社会化愈加明显的职业领域。

(二)秘书职业资格的明朗化推动了秘书人才录用方式的改变

招聘制的广泛运用,既破除了从组织内部选人的传统方式,拓宽了选用社会各界的优秀人才的渠道,又实现了领导者和秘书人员的双向选择,改变了领导单向选用秘书、秘书无法选择领导的状况。具有秘书工作专业技能和工作实绩的秘书人员,可以自主地在社会人才市场上选择适合自己充分发挥才干的场所。这就彻底地从用人制度上破除了领导与秘书人身依附的关系,有利于领导与秘书工作上的和谐配合,有利于秘书人员坚持原则,秉公办事,恪守职业道德。像工程技术人员、财务管理人员、科教人员一样,凭着自己的学识和能力发挥才干,为社会多作贡献。

(三)"助理"成为秘书队伍中的新成员

随着行政首长负责制、厂长(经理)负责制等新的管理体制在社会实体中普遍实施,各级政府及企事业单位主要负责人的决策、指挥职责加重。因此,领导对秘书辅佐和公务服务的要求更高,更为迫切。不仅在办文、办会、办事等日常办公事务方面提出了更高的要求,而且在处理信息、综合协调,提出有价值的参谋建议方案和代表领导人受权理事方面,提出了更高的要求。秘书人员中出现了"市长助理"、"厂长助理"、"局长助理"、"经理助理"等直接参与高层次管理活动的领导助手。这种"助理"型秘书,与领导者的活动更加一体化,不仅要操办大量的秘书业务,而且还能在领导授权后,以领导者代表的身份出席各种公务场合,处理有关事务,对内具有更大的影响力,对外具有更大的活动范围。虽然"助理"与"秘书"在职业称谓上、在人们的传统观念中仍有区别,但从工作性质到基本职能都趋向一致。因此,从理论上把"助理"归入秘书队伍中的一类,是有充分理由的。

二、活动手段的信息化

21世纪是信息时代,在秘书活动领域,活动手段的信息化是又一显著的变革。信息化是培育、发展以智能化工具为代表的新的生产力并使之造福于社会的历史过程。国家信息化就是在国家统一规划和组织下,在农业、工业、科学技术、国防及社会生活各个方面应用现代信息技术,深入开发、广泛利用信息资源,加速实现国家现代化进程。实现信息化就要构筑和完善6个要素的国家信息化体系,即:开发利用信息资源,建设国家信息网络,推进信息技术应用,发展信息技术和产业,培育信息化人才,制定和完善信息化政策。信息化代表了一种信息技术被高度应用,信息资源被高度共享,从而使得人的智能潜力以及社会物质资源潜力被充

[1]见《北京娱乐信报》,2002年9月16日,转引自《中国网》www.china.org.cn.

分发挥,个人行为、组织决策和社会运行趋于合理化的理想状态。因此,信息化生产力是迄今人类最先进的生产力,它要求要有先进的生产关系和上层建筑与之相适应,一切不适应该生产力的生产关系和上层建筑将随之改变。

秘书活动中信息化最集中的表现是办公自动化。

办公自动化(Office Automation,简称OA)是处理信息的系统,是将现代化办公和计算机网络功能结合起来的一种新型的办公方式,即以计算机为中心,利用先进的科学技术,采用一系列现代化的办公设备和先进的通信技术,广泛、全面、迅速地收集、整理、加工、存储和使用信息,使部分办公业务活动物化于人以外的各种现代化办公设备中,由人与技术设备构成服务于办公业务目的的"人—机"信息处理系统。一体化、网络化的办公自动化系统,不仅在本单位内可以使办公信息的运转更为紧凑有效,而且也有利于和外界的信息沟通,使信息通信的范围更广,能更方便、快捷地建立远距离的办公机构间的信息通讯,并且可以融入世界范围内的信息资源共享。因此,办公自动化改变了以往复杂、低效的手工办公方式,大大提高了工作效率。

办公自动化这一"人—机"系统,由两大要素构成。人是系统的第一要素,即办公人员,除了传统意义上的秘书角色外,包括操作和管理设备的专业技术人员,如计算机工程师、网络安全工程师等设备维护人员等。技术设备是系统的另一要素,分硬件和软件两部分:硬件指各种机器,如计算机、打印机、复印机、速印机、电话机、传真机、网络设备、光盘机等等;软件指一系列按照特定顺序组织的计算机数据和指令的集合,即可以在计算机上运行的电脑程序以及与这些电脑程序相关的文档,如计算机的操作系统、网络操作系统、文字处理软件、专项工作程序软件等等。

计算机技术、数据库技术和网络通讯技术是支持办公自动化的三大核心支柱技术。概括来说,办公自动化就是用信息技术把办公过程电子化、数字化,就是要创造一个集成的办公环境,使所有的办公人员都在同一个桌面环境下一起工作。因为办公自动化系统具备多种功能:

——能进行文字处理和图像处理。包括文件的输入、编辑、修改、合并、生成、存储、打印、复制和印刷等。文字处理机、智能复印机和电子照排轻印刷设备等就能轻松地完成这些任务。用光学字符阅读器直接将印刷体字母和数字输入计算机,用光电扫描仪或数字化仪将图形文字输入计算机,配置图像处理系统,就具有图像识别、增强、压缩和复原等功能。

——能完成文件管理。包括文件的登记、存档、分类、检索、保密、制表等,一般通过建立公用的或专用的分布式关系数据库系统来实现。

——能辅助行政管理。包括图表生成、日程安排、工作计划、人事管理、财务管理和物资管理等,主要依靠计算机的图形系统、数据库和各种应用软件来实现。

——能实现信息交流。主要是通过电子邮件和电子会议等方式交流信息,已从采用电话网、用户电报网、计算机网发展到采用综合业务数字网。

在秘书活动中,办公自动化的用途极为广泛:

1.建立组织内部的通信平台。在组织内部建立电子邮件系统,就能使组织内部的信息交流方便、快捷、畅通。

2.建立信息发布平台。在组织内部建立一个有效的信息发布和交流的场所,例如区域网络、电子公告、电子论坛、电子网站,就能使组织的规章制度、业务公告、新闻简报、技术交流等得到广泛的传播,使社会各界很方便地了解单位的动态。

3.实现工作流程的自动化。即对组织的各项活动运转过程实时监控、跟踪,解决多岗位、多部门之间的协同工作,实现高效率的协作。例如公文的处理、收发文、各种审批、请示、汇报等流程化的工作,通过实现工作流程的自动化,就可以规范运行,提高工作效率。

4.实现文档管理的自动化。将各种文档(包括各种文件、资料、信息)电子化,可使各类文档能够按权限进行保存、共享、查找和使用。

5.辅助办公。如会议管理、车辆管理、物品管理、图书管理等与日常事务性的办公工作相结合的各种辅助办公,都可以借助办公的自动化来实现。

6.信息集成。每一个单位都存在大量的业务系统,办公自动化系统可以实现业务系统的集成,使相关的人员能够有效地获得整体的信息,提高整体的反应速度和决策能力。

7.实现分布式办公。支持多分支机构、跨地域的办公模式以及移动办公。业务地域分布越来越广的部门和系统,移动办公和跨地域办公已成为迫切的需求。

集成化、智能化、多媒体化、电子数据交换等等,标志着办公自动化的发展方向,前景广阔。秘书活动信息化的步伐还在加快。

三、行业分工的细密化

如果说近现代社会化大生产促进了秘书工作职业化的话，现代市场经济则促进了秘书行业内部分工的细化。党务、行政、企业、政法、科教、外交、公安等不同行业的秘书工作之间,行业特征越来越显著,为形成各具特点的党务秘书、行政秘书、企业秘书、司法秘书、公安秘书、科教秘书、外交秘书等创造了条件;而且在同一行业的秘书系列中又有了信息秘书、文字秘书、会务秘书、机要秘书等细密的分类。同时还应看到,各类助理、计算机工程师、软件工程师、网络安全工程师等人员也成了秘书队伍不可缺少的成员。这种分工细密化的趋势,改变了计划经济时期党政秘书单一模式的现象，使各社会系统均有符合自身运转要求和行业特征的秘书活动方式和内容。同时,这种分工的细密化,对秘书人员的专业素质有了更高的要求,对提高秘书工作的效率,全方位地发挥秘书工作的功能,都有巨大的变革意义。

四、职业意识的社会化

职业地位的明朗化,改变了秘书行业人员的价值观念,促使秘书人员在职业活动中更加注重从实际需要出发,确定自己的工作方向和工作重点,自觉养成面向社会现实、务实求真的良好风气。社会主义市场经济使各级各类组织对社会的依赖性更强,各行各业都必须把不断加强和优化与社会公众的关系当成自己生存发展的第一要务。失去社会公众的理解、支持和信任,组织都会失去生存发展的生机与活力。作为组织运转枢纽和门面的秘书部门,必须自觉地摒弃“摆花架子”的形式主义,摒弃“门难进,脸难看,话难说,事难办”的衙门作风,加强公众意识,维护组织形象,加强组织与公众的联系,从而促进组织的发展。

社会信息是社会主义市场经济体制下整个社会的脉搏与神经系统。作为组织信息中心的秘书部门，不仅要及时、准确、全面地搜集社会信息，还要经过科学的加工、处理和升华，并有针对性地提供确有使用价值的高层次信息，以辅助决策。秘书信息工作的成效，已成为秘书全部工作实绩的核心部分，它与整个组织运转绩效密切关联。因此，秘书人员的信息意识，信息搜集的灵敏度，信息处理水平，已成为衡量秘书业务水平的重要尺度。当代秘书人员必须不断强化信息意识，不断提高信息工作水平，才能适应组织运转的需要。

在现代市场经济蓬勃发展的大背景下，务实求真意识、公仆意识、公众意识、信息意识等等，已融合成一种社会化意识。这种社会化意识，与市场的基础性配置作用密切关联。这种社会化意识的不断强化，就会取得主动，取得发展；这种社会化意识的淡薄，就会失去市场提供的机遇，失去社会的支持，从而陷入困境。在组织系统中，秘书工作是与社会交往最多，与社会公众接触最广泛的工作，往往集中、具体地体现组织形象，代表组织行为。因此，这种社会化意识必须融入秘书的职业意识，才能使秘书工作更符合时代的要求。

五、运作方式的现代化

市场经济体制使经济的发展按照社会需求和市场状况发展变化。这就使得仅凭主观意向对组织活动的设计失去了实际价值。组织运作必须符合客观事物的发展规律。由此，对秘书工作的运作方式也提出了新的要求。

一是由传统的从被动中求主动，到主动辅助领导适应变革。在传统的计划体制时期，领导者总是率先从上级得到指令，然后根据本单位的实际传达贯彻执行；秘书只能被动地根据领导者的传达性指示、执行性指示推行公务，开展职能活动。实行市场经济体制后，各管理组织的活动依据，除了国家宏观调控、法规约束和上级的指导外，更多地要依靠多渠道的社会信息和市场信息。秘书部门就要更加及时有效地为领导提供高质量的信息服务，以辅助领导者适应外界环境条件的变化，科学地作出应变决策。秘书处理信息的水平越高、越主动，科学预测质量越高、越准确，对领导者的公务服务和决策辅佐也就越有效。因此，秘书虽仍处于服务和辅助地位，但如果被动地等待领导指示后才去搜集有关信息情况，可能会造成领导决策的滞后而贻误时机；等到领导询问才提供有关情况，也难适应发展和变化；只有主动地做大量的信息搜集处理和预测工作，并主动地辅助领导者适应变化，才能提供高质量的公务服务。

二是由以中心工作为核心，到以社会需求变化为导向。传统的秘书工作往往以不同时期的中心工作为核心展开。中心工作期间，秘书工作者夜以继日，处理纷繁的办公事务；中心工作结束后，秘书活动相对减少。而中心工作大多是由上而下的行政指令部署的。实行市场经济体制以后，这类行政指令性的中心工作大量减少，组织必须按社会需求的变化自行决定自己的工作内容和工作节奏。因此，秘书工作必须根据组织内外社会需求的变化，对领导工作提供公务服务。信息、调研、接待、信访、办文、办会、协调、公关活动等工作实务，无一不是以客观实际的需要为导向。脱离客观实际的需要，就会陷入无的放矢的盲目境地。

三是从维持性辅助，到发展性辅助。传统的秘书工作，其主要任务是辅助领导者按指令计划目标，维持组织在计划的框架内运转，秘书活动也大多以组织内部的常规事务为主。实行市场经济体制则要求各级组织的领导者，抓住组织内外环境条件的有利因素和机遇，不失时机地促进组织发展。因此,秘书活动的主要任务也就变成了辅助领导者推进组织发展。特别是竞争性组织,不发展或发展滞后于竞争对手,就会陷入被动。陷入被动或落伍的组织,不管它按常规运转得如何井然有序,都是没有优势的。秘书部门不仅要协助领导处理好组织的内部事务,同样要为领导者处理外部事务提供有效的服务,以推动组织的发展。如果对外部环境变化的信息处理不灵,沟通联络失当,推进公关不力,协调关系无方,谋求合作和处理竞争事务方面等不能为领导者提供有效的服务,就难以为辅助领导者推动组织发展尽职尽责。

第二节 政务秘书活动的变革

政务秘书活动主要是指国家权力机关和行政机关的秘书活动。在秘书活动全方位的变革中,政务秘书活动是变革较大的领域之一。在传统的计划经济体制向社会主义市场经济体制转换的过程中,国家机关对经济和社会事务的调控职能发生了转变。作为推进日常公务的秘书活动,其指导思想、运转模式和工作方法,必然适应这一划时代的变化而变化,以有效地发挥其职能作用。

一、辅助决策思路的转变

随着现代市场经济的培育和发展,市场的基础性配置作用在社会经济生活中的影响越来越大。为了适应这一新的发展和变化,政府对经济的政治式调控职能逐步走向社会式调控,众多的社会事务大量地进入政府的职能调控系统,职能调控手段也由集权式走向分权式,由高度集权的管理转向合理授权和分权的管理。作为政府秘书人员,必须更加注重了解社情民意。在辅助决策中,应由单一的注重政治导向,转向关心人民群众物质生活与精神生活水平的提高,转向关注社会生活各要素的发展变化,以便辅助领导进行科学决策。政府秘书人员必须从协助领导从行政指令式调控转向协助领导进行宏观指导式调控。在服务于决策的调查研究、收集处理信息等工作中,必须更加注重了解社会生活的全面状况和整体变化趋势,除了要深入了解问题真实、准确的状态外,还要理清各相关要素的相互关系和相互影响,以便领导者从全局角度进行思考,全面促进社会进步。

二、推行公务手段的改变

现代市场经济要求国家机关对社会经济的管理从直接的调控方式走向间接式的调控,从过去微观地直接管理纷繁的社会事务,转向宏观的间接调控。过去自上而下管理国民经济和人民生活的每一个具体部门,现在侧重于总体和战略的控制。主要是运用法律法规、经济政策、通过市场机制来引导企业的经济行为,而不是运用行政命令、指令性计划指挥企业的经济活动。国家机关秘书人员推行公务,不能仅限于隶属关系中垂直的上传下达,必须更加注重横向的沟通联络。必须从过去协助领导采用从上到下的权威式管理,转向协助领导进行协调管理。由此,秘书人员过去推进公务中自觉或不自觉地凭借行政领导的权力惯性和行政机关的职权威势对辖区范围内的影响力，现在则更要强化公仆意识，加强思想感情的交流和信息沟通，促进相互的理解和信任。秘书人员到各社会组织和企事业单位进行督促检查，受权办事等公务活动，必须十分注意不侵越该单位的管理职权，更不能干扰该单位的正常业务活动，而要尊重各社会组织依法独立行使自己的职权。

现代市场经济条件下国家机关秘书活动手段的变化，最有代表性的是公文种类的变化。公文作为秘书活动中的重要工具，其种类的设置必然要适应时代和社会发展变化的需要，否则就难以成为推行公务的有力手段。2001年1月1日，全国人民代表大会常务委员会办公厅印发了《人大机关公文处理办法》，废止1998年2月6日印发实施的《人大机关公文处理办法（试行）》，将公文种类确定为：公告，决议，决定，法、条例、规则、实施办法，议案，建议、批评和意见，请示，批复，报告，通知，通报，函，意见，会议纪要等14类18种，对公文办理做了明确的规定。2000年8月24日，国务院办公厅发布了新修订的《国家行政机关公文处理办法》，废止了1994年1月1日发布实施的《国家行政机关公文处理办法》，公文种类中取消了“指令”、“决议”、“布告”3种，增加了“议案”，将原来的15种公文减为13种。这就体现了政府行政命令职能的相对缩减和社会化控制协调职责的强化，从而给政府秘书活动的手段带来了明显的变革。

三、公务服务更加注重从实际出发

在传统的计划经济体制下，各级政府工作以完成既定的行政计划为依归；现在则更注重根据社会环境的发展变化，通过市场的基础配置作用，推动社会全面和快速的发展。行政首长关注的不再只是完成静止的计划任务，而是追求通过市场机制，以最小的投入获得最大的经济效益。由此，政府秘书人员不能以一成不变的观点和方式去处理事务，而要面临大量新情况和新问题。不管是为直接领导服务还是为领导机关服务，不管是为上级领导服务还是为相关领导服务，秘书人员都必须根据领导工作的实际需要和客观环境发展的要求，高效地处理信息，敏捷地办理事务，适时地有价值地参谋建议，及时地满足领导工作的各种需要。随着社会的发展，社会总需求和总供给的关系处在不断地变化之中。行政秘书人员只有从实际出发，及时地、有效地为领导提供综合性公务服务，才能尽到自己的职责。

现代市场经济使政府已由管理企业、管理工程项目、管理人财物产供销的衔接，转向管理宏观计划目标、管理重点建设和综合平衡，管理技术进步和市场环境，并进行检查监督、协调关系、提供服务。由此，政府秘书工作中要改变向各社会组织印发大量“决议”、“决定”、“指示”、“规程”等下行指令性文件，也要大量减少各社会组织对政府的“请示”、“总结”、“报告”、“报表”等上行文件和资料数据。政府秘书人员要协助领导，通过宏观引导，提供信息，协调关系等方式，为企业和社会组织提供服务。

政府秘书人员还应了解社会及市场运行的总体发展趋势，社会资金运动状态，经济秩序和经济环境的状况，以便协助领导充分发挥政府职能，实施宏观调控，从而稳定市场秩序，保证公平竞争，促进社会主义市场经济的健康发展。同时，政府秘书人员还必须协助行政首长了解社会保障体系的运转情况，劳动就业，人才流动，职业培训等机制是否正常运转，从而维护人民群众的合法权益。以上诸方面，政府秘书人员不仅要与各社会组织保持密切的联系，还要广泛地深入群众，了解情况，协助政府领导对社会存在的问题进行宏观调控，以体现人民政府为人民服务的根本宗旨。

随着我国对外开放步伐的加快,我国经济更具活力地参与全球经济运行。国际市场对全球资源的基础性配置作用势必也会影响我国的经济发展。过去政府秘书办文办会办事一般不大容易受到国际因素的影响,现在要在一个开放的社会系统中辅助决策,处理公共事务,政治、经济、科技、文化等方面的对外事务日益增多。政府秘书人员必须及时、充分、全面、准确地分析国际国内各种利益关系和相关方面的需求,为行政领导人及时提供可靠的信息资料;必须协助行政领导人,加强对外商、国际友人和外国专家学者以及国际社团组织的信息沟通和友好交往,协调对外往来中的各种关系。国际环境中的变化因素很多,关系复杂,仅凭行政领导人个人的智力和精力是难以驾驭的。这就需要政府各职能部门的参谋助手,特别是领导身边的秘书人员,承担起更多的辅佐任务。

第三节　企业秘书活动的变革

建立社会主义市场经济体制是一场深层次的社会变革。在这场伟大的变革中,社会生活的运行模式在转变,作为社会主义经济的基础单位——企业,其营运方式正在发生重大的变化。作为辅助决策、综合协调、信息沟通和处理日常公务的企业秘书工作,无论在工作内容和工作方法上,都必须适应这一变化,才能符合这一变革时代的需要。

一、适应多种经济成分长期共存的所有制结构,企业秘书理论与实践的领域正在拓宽

我国传统的企业秘书工作,主要是指国有企业中的秘书工作。自我国秘书学的诞生至20世纪90年代初期的企业秘书理论,主要是国有企业秘书工作实践经验积累和升华,并借鉴党政秘书工作的理论框架而产生的理论体系。这个理论体系,对于集体所有制企业、私营企业、外资与合资企业的秘书工作很少涉及,特别是对新型的股份制企业的秘书工作论及更少。在改革大潮中,集体企业、乡镇企业和外资、合资企业等非国有企业如雨后春笋般蓬勃发展,已成为我国社会主义经济成分中不可缺少的组成部分。近年来,我国不少地区,特别是东南沿海经济发展较快的地区,非国有企业的产值已占国民经济总产值一半左右。这些企业的秘书工作,虽然在工作内容方面与国有企业大体相似,但其所处的工作环境,所服务的对象,所在组织的管理体制,以及所面临的工作实务差异很大。若完全照搬传统的国有企业秘书的理论和方法去开展工作,就很难取得良好的效果。

不同的所有制构成有着不同的经营管理体制,不同经营管理体制的企业对秘书工作的要求也有所不同。如我国传统的国有大中型企业秘书工作基本上是以秘书群体活动为主,而不少个体、私营、合资、独资及乡镇企业的秘书工作,大多以秘书个体活动为主;我国传统的国有大、中型企业秘书工作受党政秘书工作的影响很大,工作内容和目标指向上均不同程度地带有政治色彩;而个体、私营、外资、合资企业的秘书工作则更强调为实现企业经济效益最

大化服务;传统的国有大中型企业秘书工作存在发展的历史较长,充分吸收了我国丰富的传统文化,特别是源远流长的幕僚、吏员性秘书文化的影响,基础理论已成体系,工作操作已成规范化程序;而个体、私营、外资、合资企业,虽在新中国成立前早已有过,但为数甚少,改革开放则使这类企业形成规模,其秘书活动受我国传统文化、特别是古代秘书文化的影响很少,基础理论尚未形成,没有形成统一的模式,运作方式上受海外秘书工作的影响较大,强调实用,注重权变。在乡镇企业,由于其企业领导和企业成员大多是改革开放后从农民中分离出来的,企业主管使用秘书的观念上不同程度地带有手工作坊式的家长作风,秘书人员也或多或少带有作坊徒弟对师傅的被动服从。随着乡镇企业的发展和成熟,不少企业在经营管理上也逐步实现科学化,其秘书工作也逐步向现代化发展。不少发展较快的乡镇企业,在经营管理手段和策略上,已赶上或超过了某些国有企业,其秘书工作也在向国有企业或外资合资企业的秘书工作靠近。

对于上述种种现象,传统的企业秘书理论与实践就需要拓宽领域,从不同企业的经济构成模式、运转特点和发展背景,有区别而又有联系地加以研究,以便有针对性地解决企业秘书活动中的实际问题。

二、企业组织形式和经营方式的变革使企业秘书工作面临着许多新课题

现代市场经济的培育和发展,必然要求建立适应市场机制的现代企业制度。除特殊行业外,所有竞争性企业都进入市场,自主经营,自负盈亏,实行政企分开,建立包括股份制在内的企业组织形式和经营方式。企业组织形式和经营方式的变革,对企业秘书工作,特别是对国有企业的秘书工作提出了很多新的要求。

传统的企业秘书辅助决策,其主要依据是国家经济管理部门对企业下达的指令性计划。企业秘书人员"吃透上头"的指令性计划和方针政策法令,深入调查研究,全面、深入地了解本企业的实际,做到"吃透下头",就具备了辅助决策的基本条件,只要勤于实践,善于思考,就可能提出颇具参考价值的建议方案,或者对决策方案起到补充、完善和优化的参谋作用。企业进入市场后,"上头"具体的指令没有了,代之以弹性和灵活度很大的宏观指导。企业经营管理决策必须适应市场机制的运行和价格杠杆的调控,遵从法令规章的制约。企业决策的科学化要求和企业经营风险性考验,已与企业的生存发展兴衰胜败紧密地联系在一起。企业主管对决策辅助要求更高而且更为迫切。企业秘书如何"吃透上头"的政府宏观指导和调控,如何理解国家经济法规的要求,如何适应"外头"的市场需求变化,如何预测国内外经济、科技、经营管理的竞争态势,如何准确把握本企业所属各部门营运状况和"下头"各基层资金、技术、人才、设备实力的消长,如何将"上头"、"下头",特别是"外头"市场三者结合起来,将多要素融合在一起进行辅助决策的思考,这是社会主义市场经济体制对企业秘书辅助决策的客观要求。这不仅要求企业秘书人员要具备更高的智能素质,而且要求其在职能活动中,观察问题的视野要更加开阔,分析问题的思路要更加全面而且要具有适变应变的灵活性,提出解决问题的办法要更具有创新性、可行性和实效性。

传统的企业秘书工作的一项重要职能是对上级政府主管部门和下属企业子系统"上传下达",进行直线信息沟通。政企分开,企业进入市场后,仅靠这种直线沟通无法适应市场变

化。企业必须与销售市场、技术市场、资金市场、人才市场、原材料能源市场以及同行业和相关行业等保持极为密切、极为广泛的沟通联络与合作往来。传统的企业信息网络结构已不适应企业营运的需要,新的企业信息网络应按照本企业与国内外市场的关系来构建。我国的大多数企业的信息网络尚不健全。有的企业仅凭设在各地的办事处收集经济技术情报;有的靠业务员推销员收集经济技术情报,有的从商场、代销店了解商品需求和市场反馈信息;还有的靠企业主管、秘书人员、销售人员做市场调查等等。这些方法,在实践中均能起到一定的作用。但如何将各种信息渠道编织成有机运行的网络,如何从各种渠道中选择和印证及时、真实、准确、有效的市场信息,企业秘书人员在新的企业信息网络中应如何发挥中枢作用等,均需从实践上和理论上进行探讨。

国有企业实行股份制、承包制、租赁制以后,企业秘书工作必须适应新的管理体制的需要。不同体制的企业,秘书工作有着各自的特点和特殊的工作内容。如股份制企业,秘书应协助企业主管定期或不定期向董事会、股东会汇报工作,向股东代表和股票持有者介绍企业营运情况和发展前景,协助企业主管争取股东的广泛理解、信任、支持与合作。承包制和租赁制企业,秘书人员应辅助承包者或租赁者合理合法地行使职权,按依法签订的承包或租赁合同进行经营管理,应协助承包者租赁者向企业资产所有者汇报工作,要帮助他们尊重工人的主人翁地位,调动职工群众的积极性,在办文办会办事中既要维护承包者租赁者的经营管理权,又要维护国家利益、群众利益和社会利益,遵从民主管理规范和国家法制要求。其中有大量的协调工作、疏导工作、劝谏工作、沟通工作要做。

发挥市场机制在资源配置中的基础性作用,必须培育和发展市场体系。形成统一、开放、竞争、有序的大市场。一切商品和生产要素都进入市场,形成以商品市场为基础,生产要素市场为重点的统一开放竞争有序的现代市场体系后,企业秘书工作中的信息沟通、调查研究、综合协调、内外联络要大为拓展。不管是“秀才笔杆子”还是善理内务的“管家”,用传统的企业秘书仅在组织内部系统内部发挥作用的封闭或半封闭工作模式,均难适应市场经济运行的需要。企业秘书人员必须与企业主管一起,熟悉市场,把握市场规律,随时了解和预测市场需求的变化,有效地发挥其参谋助手作用。在政府与企业实物管理脱钩以后,企业秘书应协助企业主管,科学地运用市场变化的信息流引导和调控企业物质流,以达到实物平衡和价值增值。这种引导和调控本来是企业主管的职权范围,但企业秘书人员对此要有一定的了解,才能辅助决策和执行操作。

三、权力运行关系的转变,使得企业秘书工作的侧重点必须转移

现代市场经济条件下,我国社会管理已从高度集中方式的统一管理,走向用权力下放和授权的方式进行调控。在实行厂长经理负责制的新的权力运行方式和调控体制中,企业秘书工作理论与实践必须从集权模式的框架内,转移到科学的权利分配体系内。过去企业秘书督促检查、受权理事侧重于强调贯彻领导意图,着眼于统一行动,步调一致;现在则既要贯彻领导的意图,又要充分尊重下级单位和子系统法定的自主权;既要强调企业经营管理目标的一致性,又要区别不同的情况,允许下属经营单位根据各自不同的环境条件,在具体的经营管理举措上具有较大的灵活性和权变性。若不顾新的权力分配体系各经营管理层次或各部门

的法定经营管理权,仍以过去"领导机关代表"的姿态和"一竿子插到底"的办法,不仅起不到提高效率,促进工作的作用,而且会造成经营管理系统的混乱,使企业遭受损失。

新的权力运行关系对企业文书工作也产生了不可低估的影响。政府对企业的指令性文件代之以宏观指导性文件,来自政府的下行文将相应减少;企业对政府的业务性上行文也将大量减少,代之以营运态势的信息沟通和对国有资产所有者的总体利润增值和产业增殖状况的汇报。而企业与流通领域、要素市场、同业和相关行业间的横向沟通的平行文书将大量增加,经济合同、合作协议、营销契约等经济业务文书,以经济法规的严密性、效益测算的准确性制订和实施程序的合法性要求,取代了传统企业文书中计划指令的权威性;企业内部的文书运行以有利于促进企业效益提高为依归,将摒弃形式主义的"文山会海"与"公文旅行";与国际经济文书并轨的企业应用文体将大量采用,突破行政文书的种类规范。企业秘书人员撰制和处理企业文书,所必备的不仅仅是各类文体的写作规范和办理程序,更重要的是有关市场经济知识、法规知识、效益预测能力以及和各类市场合作伙伴打交道的应变能力。在这种情况下,企业秘书部门在撰制和处理企业文书过程中,必须更加强调与营销、技术、财务等企业职能部门的通力合作,对具体的文书工作从各个侧面综合全面地考虑,才能适应市场经济对企业文书工作的需要。

四、企业营运的目标和导向机制的转变,迫使企业秘书活动更新思路

企业按市场需求组织生产经营,以提高劳动生产率和经济效益为目的。由此,企业必然要从维持式管理经营,转向发展式管理经营。过去企业运行的目标大多是维护一个既定的目标系统和价值系统;现在更注重根据市场基础配置作用所提供的机遇,全面提高企业效益,大幅度增加利润,推动企业快速发展。过去企业秘书人员参与企业营销计划、生产计划和发展规划的草拟和制订工作,一般是按上级计划目标的层层分解和展开,根据前一段企业营运的状况的总结来推断未来;现在则更加注重市场需求的变化,根据市场的基础性配置作用和价格杠杆规律,实现企业盈利的最大化。企业秘书办文、办会、办事等日常办公活动,都必须以适应市场、追求尽可能多的经济效益为重心。一切有利于提高企业效益的工作都必须尽可能多做、做好,一切不利或无益于提高企业经济效益的就尽可能不做。发文要讲发文的效益;会议要讲会议效益;办事要讲办事效益。既要在每一项具体的秘书工作中注重减少投入,提高效果,又要把每一项秘书工作与企业总体经济效益目标联系起来,一切为实现这个目标服务。因此,已有不少企业作出决定,可发可不发的文件一律不发;可开可不开的会议一律不开;可办可不办的事(如形式主义的检查评比)一律不办。简言之,企业办公事务要讲经济效益。这一运行方式的效益化转变,无疑有益于我们努力多年但禁而不止的形式主义的东西在企业彻底清除。不少企业用经济赏罚制度,制约企业领导和企业秘书部门负责人,以克服办文、办会、办事中的低效现象。从本质上看,这是一时代性的进步,是市场经济条件下企业经营管理科学化的必然结果。

在计划经济时期,一般企业均强调统一的规范式调控,随着市场的快节奏变化,现在企业更注重适应市场的灵活权变的调控。过去企业秘书人员要花很大精力去协助企业领导制订统一的相当长时期不变的管理规范,并为此去调查研究,组织讨论,宣传贯彻,为执行管理

规范去督促检查、沟通协调和监督控制。其目的是协助领导,控制所有的子系统不得游离于管理规范系统。现在企业更加强调适应社会环境日新月异的变化,企业秘书人员必须协助企业领导,不断地更新管理手段,并帮助和鼓励各子系统根据不同的情况,灵活机动地处理各自职权范围内的经营管理事务。在新时期,企业秘书人员辅助决策、沟通协调、受权理事、调查研究以及办文办会推进日常公务的职能活动的作用仍不可低估,但其工作思路,必须彻底从唯上唯书照章办事,转向研究市场变化,适应市场需求,为实现企业经济效益最大化服务。

五、企业运转的活动范围的扩大,使得企业秘书人员的视野更加开阔

我国正坚定不移地实行对外开放政策,加快对开放步伐,充分利用国际国内两个市场,两种资源,优化资源配置,积极参与国际竞争与国际经济合作,发挥我国经济的比较优势,发展开放型经济,使国内经济与国际经济实现互接互补。由此,我国具备一定实力的企业,不仅要进入国际市场,参与国际经济大循环,而且要主动介入国际生活,积极参与国际市场竞争。不少企业营运已从内向式营运走向外向式营运。企业秘书人员的职能活动要适应外向型企业营运的需要。企业办文、办会、办事不仅要从企业内部伸延到企业外部的商品市场,而且还要拓展到海外要素市场和国际流通领域。国际工商业务往来中的办文、办会、办事,既有国际社会交往共同遵从的规范体系,又有各国政治、经济、文化和民俗的个性特征;既有国际公用的文书规范,又有国别间的文书体式差别;既有约定俗成的国际交往礼仪,又有各国传统的民族礼节。国际间的公共交往、贸易洽谈、业务商讨、技术合作、约请会见、新闻发布、订货展销等等,种类繁多,程序规范,既有合作也有竞争,既要讲信誉友谊,又要讲商场谋略;既有谋求经济利益的互补互利,又有种政治因素渗透参与。企业主管在国际市场的活动,特别需要精明能干的秘书辅助。稍有不慎,就会造成严重的经济损失,或者造成有失国格的政治影响。企业主管和企业秘书人员在国际商场中活动,代表的不仅是个人,还代表着中国企业,体现的是民族形象。因此,企业秘书人员无论在理论上还是在实际上,对国际商场事务必须加以研究,提高素质,才能适应进入国际市场的需要。

参考文献

1.[前苏联]前苏联社会科学院.世界通史.北京:三联书店,1959.

2.[前苏联]科瓦略夫.古代罗马史.北京:三联书店,1957.

3.范文澜,等.中国通史:1—7册.北京:人民出版社,1978—1983.

4.庄锡昌,顾晓鸣,顾云深,等.多维视野中的文化理论.杭州:浙江人民出版社,1987.

5.冯天瑜,周积明.中国古文化的奥秘.长沙:湖北人民出版社,1986.

6.赵常林,林娅.马克思主义文化学.北京:中国文化书院,1987.

7.董继超.公务秘书学.哈尔滨:黑龙江科学技术出版社,1989.

8.蒋良揆,宋斌.秘书学通论.桂林:漓江出版社,1986.

9.刘登山,等.秘书学教程.北京:中国政法大学出版社,1988.

10.刘化樵,等.领导与信息.济南:山东人民出版社,1987.

11.黄学忠.经济信息与管理.北京:人民出版社,1985.

12. [美]安娜·埃克丝蕾,安娜·约翰逊.韦氏秘书手册.上海大学文学院中文系,译.北京:中国新闻出版社,1985.

13.王铭.文书学理论与文书工作.武汉:武汉大学出版社,1988.

14.司马云杰.文化社会学.济南:山东人民出版社,1986.

15.赵宝煦,等.政治学概论.北京:北京大学出版社,1982.

16.肖明,等.管理哲学纲要.北京:红旗出版社,1987.

17.孙汝亭,宋书文.管理心理学.南宁:广西人民出版社,1987.

18.王汉昌.中国古代人事制度.北京:劳动人事出版社,1986.

19.杨剑宇.中国秘书史.上海:同济大学出版社,1988.

20.潘林杉.中国古代秘书通论.合肥:安徽人民出版社,1991.

21.张清明,等.机关写作学教程.武汉:武汉大学出版社,1989.